当/代/中/国/区/域/发

U0608156

The Study on Regional
Specialization and
Economic Growth in China

中国地区专业化与经济增长研究

蒋媛媛 ● 著

经济管理出版社
ECONOMY & MANAGEMENT PUBLISHING HOUSE

图书在版编目（CIP）数据

中国地区专业化与经济增长研究/蒋媛媛著. —北京：
经济管理出版社，2012.5

ISBN 978 - 7 - 5096 - 1871 - 4

Ⅰ.①中… Ⅱ.①蒋… Ⅲ.①地区专业化— 影响—经济
增长—研究—中国 Ⅳ.①F124

中国版本图书馆 CIP 数据核字（2012）第 070439 号

出版发行：经济管理出版社

北京市海淀区北蜂窝8号中雅大厦11层

电话：(010)51915602 邮编：100038

印刷：北京广益印刷有限公司 经销：新华书店

组稿编辑：申桂萍 责任编辑：魏晨红
责任印制：黄 铄 责任校对：蒋 方

720mm×1000mm/16 13.75 印张 218 千字
2012 年 5 月第 1 版 2012 年 5 月第 1 次印刷
定价：39.00 元
书号：ISBN 978 - 7 - 5096 - 1871 - 4

前　言

　　地区专业化是现代经济中较为普遍存在的现象。改革开放后，尤其在 20世纪 90 年代中后期，专业化生产使我国东南沿海省份实现了经济快速发展，涌现了大量的专业化城镇，如温州、泉州的服装和鞋业专业镇，绍兴的纺织专业镇，永康的五金专业镇，东莞的小家电专业镇等。与此同时，区域产业同构已成为制约我国区域经济发展的主要因素之一。因此，研究我国地区专业化的形成机理，深入分析中国地区专业化的发展历程与地区经济结构演变，对我国省域专业化对经济增长的影响进行科学测算，具有重要的实践意义。

　　目前，对地区专业化形成机理以及地区专业化与经济增长的关系，理论界未形成统一的观点。区际分工与贸易理论、马歇尔产业区理论、新经济地理学等侧重从单一角度对地区专业化决定因素进行分析。而地区专业化与经济增长的相关理论尚未成熟，未形成完整的理论体系，现有的研究主要集中在对这种关系的经验识别。因此，在一个统合的框架下，探究地区专业化的形成机理，深入剖析地区专业化对经济增长的作用机制具有重要的理论价值。

　　本书在一个综合视角下，探讨了地区专业化形成的一般机理，地区专业化的形成是供给因素、需求因素、区位因素、历史因素和制度因素等多种因素综合作用的结果。本书区分了三种类型的地区专业化形成动力机制，并分析了地区专业化部门形成的生命周期。进而分析了地区专业化促进经济增长的实现机制，归纳分析了地区专业化的经济增长效应，探究不同区域分工模式下地区专业化与地区差异之间的关系。地区专业化主要是通过作用于要素配置方式来对经济增长产生累积循环的影响，这种特定的要素配置方式具有高密度性、高效性、高流动性、高积累率和高扩张性。当地区专业化部门一旦确立，就会对经济增长产生一系列的效应，如生产率效应、创新效应、劳动力市场效应、收入效应和产品市场效应。不同的专业化分工模式对地区差异的影响也有所不同，由于不同类型的区域分工模型决定了参与分工和专业化的各个地区的区域利益分配模式，从而引起地区差异的扩大或者缩小。

在理论分析的基础上，本书对 1990 年以来的中国地区专业化进行了实证分析，讨论了中国地区专业化的特征和决定因素，地区专业化对中国地区经济增长的作用以及对地区收入差异的影响，并提出促进中国地区专业化优化的相关政策建议。研究表明，中国地区专业化的历史发展，主要经历了近代静态比较优势主导下的被动发展，新中国成立初期至改革开放前，平衡发展战略下的缓慢发展，以及改革开放以来，对外开放和市场集聚主导的迅速发展三个阶段。1990 年以来，中国地区专业化总体省域部门间专业化水平在逐步提高，表现出显著的地域特征和产业特征。中国四大区域之间的区际产业分工格局已由改革开放初期的"东部沿海—内陆"的单一型垂直分工转向多种分工模式并存的局面。这主要是由于城市化经济、本地市场规模和区位因素有力地促进了中国地区专业化的发展，分工不足、区域市场封锁和内陆地区对外开放程度低则制约了中国地区专业化部门的发展和区际分工模式的升级。同时，中国地区专业化与经济增长关系密切，1990～2007 年，中国地区专业化总体水平与经济发展水平呈倒"U"形关系，专业化部门实力和地区经济发展水平存在正相关关系；1999 年以来，专业化部门对地区经济增长的实际贡献率显著提高；地区生产结构效应和专业化部门的生产率效应明显改善，但是地区间重复建设问题有所加深；中国地区专业化和地区收入差异之间存在长期稳定的正相关关系。

理论研究和实证研究的目的是指导实践。当前，中国经济的火车头已驶入结构调整和产业转型升级的重要关口，地区专业化是区域经济结构调整的重要方面，既关系着本地优势的发挥和经济增长的质量，又决定着国内区域分工格局的科学性和合理性。因而，中央政府和地方政府应给予充分重视，把握好地区专业化的方向，扭转地方政府行为短期化的定式，采取长期的多样化政策和短期专业化政策相配套，以同时促进稳定与增长，规避单一专业化的风险；打破区域市场壁垒，扩大中西部地区的对外开放和城市化进程，建立新型区域协调机制，从而构建新型区域分工格局；进一步促进东中西部地区专业化部门优化升级。

本书还存在些许不足，这将成为日后努力研究的方向。首先，由于数据缺乏，本书仅探讨了中国省域一级地域单元的地区专业化，没有讨论城市的专业化问题，对专业化分工的分析也局限于部门间分工，没有扩展到部门内分工和产业链分工，这也是今后研究的重要拓展方向。其次，实证分析中未能对地区专业化的经济增长效应展开较为全面的分析，这将成为未来研究的重要内容。

目 录

第一章 导 论

本书在一个综合视角下，探讨地区专业化形成的一般机理，进而分析地区专业化促进经济增长的实现机制，归纳分析地区专业化的各种经济增长效应和风险，探究不同专业化模式与地区差异之间的关系。在此基础上，对1990年以来的中国地区专业化进行实证分析，探讨中国地区专业化的特征、决定因素及其对中国地区经济增长的影响，并提出优化中国地区专业化的相关政策建议。

一、问题的提出

地区专业化是现代经济中较为普遍存在的现象。改革开放后，尤其在20世纪90年代中后期，我国东南沿海省份涌现了大量的专业化城镇，如温州、泉州的服装和鞋业专业镇，绍兴的纺织专业镇，永康的五金专业镇，东莞的小家电专业镇等。专业化生产使这些地区的经济实现了快速发展。与此同时，区域产业同构已成为制约我国区域经济发展的主要因素之一。因此，研究我国地区专业化的形成机理，深入分析我国地区专业化的发展历程与地区经济结构演变，对科学测算我国省域专业化对经济增长的影响具有重要的实践意义。一方面，可以为我国区域经济发展提供理论上的指导；另一方面，可以为国家或区域经济政策的制定提供依据。

地区专业化虽然不是影响经济增长的唯一因素，但其作用却不可小视。目前，对地区专业化形成机理以及地区专业化与经济增长的关系，在理论界缺乏统一的观点。区际分工与贸易理论、马歇尔产业区理论、新经济地理学等侧重从单一角度对地区专业化决定因素进行分析。而地区专业化与经济增长的相关理论尚未成熟，未形成完整的理论体系（Conroy，1975；Siegel 等，1995；Chandra，2003），现有的研究主要集中在对这种关系的经验识别上。因此，在一个统合的框架下，探究地区专业化的形成机理，深入剖析地区专业化对经济增长的作用机制具有重要的理论价值。

二、概念界定

1. 专业化、区域分工与地区专业化

专业化（Specialization）是以社会分工为基础，把一些生产过程、产品制造和工业加工过程等从原来的部门或企业中分离出来，形成新的部门或企业的过程。① 随着分工的发展，一个人或组织的生产活动集中于更少的、不同的职能操作上。专业化在地域空间上就表现为地区专业化（Regional Specialization）。地区专业化是区域分工不断深化的结果，是相互关联的社会生产体系受一定利益机制的支配而在地理空间上发生的分异。② 在区域分工条件下，各地区根据各自的自然条件、资源禀赋和市场需求进行专业化生产，整个国家（地区）形成一个专业化体系，地区间通过区际贸易实现各自的区域利益。因此，列宁将地区专业化定义为"各个地区专门生产某种产品，有时是某一类产品甚至是产品的某一部分"，③ 这就是所谓的"一地一品"和"一地一业"，即产品完全地区专业化和产业完全地区专业化。由于地区专业化水平反映了一个地区产业分布的不均匀程度，因而常常被作为地区产业结构的间接度量指标和地区间产业结构差异比较的重要指标。

2. 地区专业化与产业地理集中

地区专业化与产业地理集中是两个联系非常紧密且容易混淆的概念，它们都是从生产结构的角度定义的。地区专业化是从区域的角度，通过将一个

---

① 安虎森：《区域经济学通论》，经济科学出版社，2004 年版，第 535～538 页。
② 杨开忠：《中国区域发展研究》，海洋出版社，1989 年版，第 40 页。
③ 《列宁全集》第 3 卷，人民出版社，1972 年版，第 389 页。

地区特定产业的生产（或就业）份额分布与地区平均水平比较来考察该地区的产业空间分布特点。如果一个地区某一产业拥有比该地区平均水平较高的生产（或就业）份额，则该地区专业化于这一产业。换言之，如果一个地区的少数产业占据了该地区的大部分生产（或就业）份额，则该地区的生产结构是"高度专业化"的（Traistaru 和 Iara，2002）。因此，地区专业化是指某一地区专门从事某一产业的生产或者专门生产某一产品。产业地理集中是指某些产业在少数几个地区范围内的集聚现象，它衡量的是特定产业的区域份额分布情况，是从产业的区位角度来考察其空间分布特点。如果一个产业的大部分生产在少数几个区域进行，则该产业是"高度集中"的。在某种程度上，地区专业化考察的是各地区的产业部门构成（Sectional Composition），而产业地理集中则是考察产业的空间分布。在某些时候，地区专业化和产业地理集中的概念是重叠的。Batisse（2002）认为，地区专业化就是同一产业的企业在某个地区集中。一个地区专业化部门的特征及其规模决定了这个地区在国内分工体系中的地位。如果某些产业在特定地区的集中程度相当高，可以说该地区的专业化特征明显。在这种情况下，地区专业化也可以看成是某些产业在特定地区的集中程度。有时，产业地理集中也可以表现为几个特定地区在这个产业的地区专业化。但其前提是，该产业在该地区的生产、就业占有较高的比重。在统计上，地区专业化与产业地理集中也存在差别：地区专业化是以产业作为自变量来衡量特定地区中产业的分布情况，而产业地理集中则是以区域作为自变量来考察特定产业的空间分布。①

3. 地区专业化与地区多样化

专业化与多样化是分工的两个方面，二者都是分工演进的结果。随着分工的不断深入，一方面是不断的专业化而形成的生产方式的迂回，另一方面是不断出现新的产业部门而形成的产业多样化。专业化和多样化都能大大提高劳动生产率，因此，斯密认为，只要是报酬递增，那么采取多样化发展还是专业化发展都是无关紧要的。② 地区多样化（Regional Diversification）是与

① 魏后凯：《现代区域经济学》，经济管理出版社，2006 年版，第 152～153、160～161 页。
② 安虎森：《区域经济学通论》，经济科学出版社，2004 年版，第 21～22 页。

地区专业化相对应的概念，通常是指地区产业发展的多样性程度。一般来说，地区专业化程度越低，就说明其多样化程度越高。地区多样化与经济规模大小以及研究的空间尺度有关。在通常情况下，地区经济规模越大，其包括的经济活动类型也就越多，地区多样化程度也越高，而研究对象的空间范围越大，也越趋于多样化。在现实的城市中，存在着大量地区专业化与地区多样化的事实：专业化城市与多样化城市并存；大城市倾向于多样化，而同种类型的专业化城市的规模相近；同一城市中的专业化活动具有较强的稳定性；专业化和多样化同时影响着城市的增长（Duranton 和 Puga，2002）。因此，地区专业化与地区多样化并不是绝对对立的。Duranton 和 Puga（2002）认为，一个城市拥有一个主要产业，并同时拥有其他产业时，就可以被认为同时存在专业化和多样化。也有学者认为，地区多样化与多种专业化的存在有关，多样化的产业综合体具有较强的产业间联系（Malizia 和 Ke，1993；Siegel 等，1995；Wager 和 Deller，1998）。还有学者在产业集群研究中提出了"多样化的专业化"（Diversified Specialization）概念（Malizia 和 Ke，1993；Dissart，2003）。由于区域经济结构是一个从专业化向多样化发展的连续过程，在某种意义上，纯粹的专业化区域和纯粹的多样化区域都是不存在的。目前，用于衡量地区多样化的常用指标主要有吉布斯—马丁多样化指数、赫芬达尔多样化指数、相对多样化指数以及区域乘数等。[①]

三、研究思路与方法

1. 研究思路

本书的基本思路是：以区际分工与贸易理论、马歇尔产业区理论、新经济地理学等理论学说为基础，试图在一个综合视角下，从时间维度和空间维度对地区专业化的形成机理进行探讨。进而对地区专业化对经济增长的影响进行梳理。在此基础上，采取多种方法对中国地区专业化水平进行测算；并

---

① 魏后凯：《现代区域经济学》，经济管理出版社，2006 年版，第 166 ~ 167 页。

建立相应理论假说，对中国地区专业化的决定因素进行实证分析；进一步考察中国地区专业化对经济增长和地区收入差异的影响，见图 1-1。

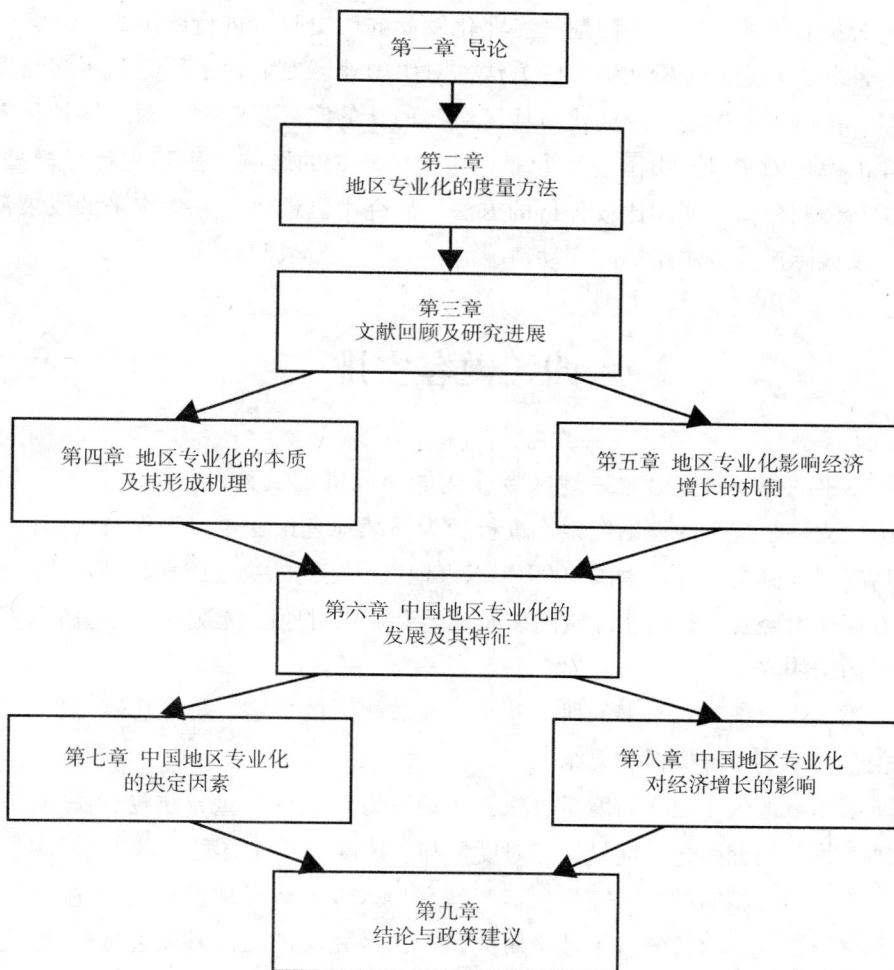

```
┌─────────────────────┐
│      第一章 导论      │
└─────────────────────┘
           ↓
┌─────────────────────┐
│       第二章         │
│   地区专业化的度量方法  │
└─────────────────────┘
           ↓
┌─────────────────────┐
│       第三章         │
│   文献回顾及研究进展    │
└─────────────────────┘
       ↙        ↘
┌──────────────┐  ┌──────────────┐
│ 第四章 地区专业化的本质 │  │ 第五章 地区专业化影响经济 │
│    及其形成机理    │  │     增长的机制     │
└──────────────┘  └──────────────┘
       ↘        ↙
┌─────────────────────┐
│ 第六章 中国地区专业化的  │
│      发展及其特征     │
└─────────────────────┘
       ↙        ↘
┌──────────────┐  ┌──────────────┐
│ 第七章 中国地区专业化 │  │ 第八章 中国地区专业化 │
│    的决定因素     │  │    对经济增长的影响   │
└──────────────┘  └──────────────┘
       ↘        ↙
┌─────────────────────┐
│       第九章         │
│    结论与政策建议      │
└─────────────────────┘
```

图 1-1 本书的研究思路

2. 研究方法

在研究过程中，①使用规范研究与实证研究相结合的方法，在理论上和实证上解释中国地区专业化的决定因素以及地区专业化与经济增长之间的关系。②运用经济分析中常用的逻辑演绎方法对地区专业化的形成机理、地区专业化促进经济增长的实现机制进行推理，运用历史归纳的方法对地区专业化的分类和本质特征、中国地区专业化发展的历史阶段进行归纳总结。③坚持定性分析与定量分析相结合的方法，对中国地区专业化水平进行了多角度度量，测算了中国地区专业化对地区经济增长的实际贡献率，对中国地区专业化的决定因素以及中国地区专业化对地区增长的影响分别建立计量模型，并进行回归分析。④用比较分析的方法，研究中国地区专业化水平的发展演变以及区际产业分工格局的变动情况。

四、内容安排

本书的主要研究对象是地区专业化的形成机理及其对经济增长的影响，试图建立一个统合的理论框架，进行较为系统地理论探讨；进而对中国的实际情况展开分析，讨论中国1990年以来地区专业化的决定因素，并对中国地区专业化对经济增长的实际贡献以及地区专业化对地区收敛的影响进行测算。本书的结构安排如下：

第一章导论。对本书的研究意义、相关概念的界定、研究思路与方法以及创新与不足作了概括和总结。

第二章地区专业化的度量方法。对地区专业化的度量方法进行了总结和归纳，将其划分为绝对度量、相对度量和总体度量三种类型。

第三章文献回顾及研究进展。对解释地区专业化形成的相关理论、地区专业化影响经济增长的若干理论研究路径以及相关的国内外研究成果做了扼要述评。

第四章地区专业化的本质及其形成机理。剖析了地区专业化的各种类型，以及地区专业化的经济性和部门特征；将地区专业化的形成看作是综合因素影响下的产物，并把这些影响因素归纳为供给因素、需求因素、区位因素、历史因素和制度因素；在时间维度和空间维度下，分别探讨了地区专业化形成的动力机制和地区专业化部门形成的微观基础。

第五章地区专业化影响经济增长的机制。分析了地区专业化促进经济增长的实现机制、地区专业化的增长效应和存在的风险以及专业化模式与地区差异之间的关系。

第六章中国地区专业化的发展及其特征。首先，对中国地区专业化的三个历史发展阶段进行简要回顾。其次，运用多种方法测算了1990年以来，中国省域部门专业化的发展变化及其特征。最后，分析了中国区际产业分工格局的变动。

第七章中国地区专业化的决定因素。比较了中国地区生产结构变化和专业化部门发展的决定因素的异同。

第八章中国地区专业化对经济增长的影响。①分析中国地区专业化与经济发展水平之间的关系。②对地区专业化对经济增长的实际贡献进行测算。③使用偏离份额分析法间接度量了地区专业化的结构效应和生产率效应。④对中国地区专业化对地区收入差异之间的关系进行实证研究。

第九章结论与政策建议。

五、创新与不足

在梳理地区专业化的理论解释和相关经验研究的基础上，本书尝试建立一个统合的框架，分析地区专业化形成的一般机理，剖析地区专业化影响经济增长的机制，并运用相应理论，对中国地区专业化的决定因素以及中国地区专业化对地区经济增长的影响进行实证分析。本书的创新之处主要是：

（1）尝试从新的角度分析地区专业化的形成机理，把地区专业化的形成看作是供给因素、需求因素、区位因素、历史因素和制度因素等因素综合影响的产物；分析了不同的动力机制下地区专业化的形成过程，并将地区专业化大致划分为要素驱动型、市场驱动型和创新驱动型；在微观视角下，探讨了专业化部门生命周期的不同阶段，决定因素的演变。

（2）对地区专业化与经济增长的关系进行了较为全面、系统的讨论。地区专业化促进经济增长是通过一条累积循环路径来实现的，在这种高报酬、高密度、高流动性和高积累率的要素配置方式下，地区专业化通过利用内外部规模经济引起地区收入的增加，这也同时提高了本地居民的消费能力，促进本地市场潜力扩大和集聚经济的发展，进而推动专业化部门的发展，循环往复；地区专业化促进经济增长的效应可以大致概括为五个方面：生产率效应、创新效应、劳动力市场效应、收入效应和产品市场效应；不同类型的分工和专业化模式对地区差异的影响也不尽相同：垂直型分工下的地区专业化倾向于扩大地区间收入差异、水平型分工下的地区专业化则容易引起地区差异缩小、混合型分工下的地区专业化对地区差异的影响则取决于何种分工模式占主导地位。

（3）在实证方面，笔者对1990年以来的连续时间集上的中国地区专业化水平进行了多角度系统测算，进而对中国地区专业化的决定因素、地区专业化对经济增长的贡献率、地区专业化对地区收入差异的作用等问题进行了研究，得到了一系列的结论：城市化经济、本地市场规模和区位因素有力地促进了中国地区专业化的发展，分工不足、区域市场封锁和内陆地区对外开放程度低则制约了中国地区专业化的发展和区际分工模式的升级；中国地区专业化与经济增长关系密切，1990～2007年，中国地区专业化总体水平与经济发展水平呈倒"U"形关系；从各地区情况看，经济发达地区的生产结构趋于多样化，经济欠发达地区的生产结构则趋于专业化，专业化部门实力和经济发展水平存在正相关关系；1999年以来，专业化部门对经济增长的实际贡献率显著提高，地区生产结构效应和专业化部门的生产率效应明显改善，但是地区间重复建设问题有所加深；中国地区专业化和地区收入差异都存在长期稳定的正相关，其根源在于，垂直型分工与专业化为主导的区域分工格局总是倾向于扩大地区收入差异。这些结论对于进一步探讨我国新型区域分工格局，以及促进新型区域协调机制的建立都具有重要的理论意义和实践意义。

由于各方面的原因，本书还存在一些不足：①由于数据缺乏，本书仅探讨了中国省域一级地域单元的地区专业化，没有讨论城市的专业化问题，对专业化分工的分析也局限于部门间分工，没有扩展到部门内分工和产业链分工，这也是今后研究的重要拓展方向。②由于数据可得性的局限，实证分析中未能对地区专业化的经济增长效应展开较为全面的分析，这将成为未来研究的重要内容。③仅探讨了相关政策的大体方向，具体的政策措施有待进一步的深入讨论。

第二章 地区专业化的度量方法

地区专业化的度量可以分为绝对度量、相对度量和总体度量。绝对度量指标主要单独考察特定地区的专业化水平，相对度量指标则用于不同地区之间专业化水平的比较及其生产结构差异的衡量，而总体度量指标则注重考察一个国家（或地区）的地区专业化总体水平或者平均水平。目前，学界常用的绝对度量指标包括赫芬达尔专业化指数、区域熵指数和地区专业化产业集中度指数等；较为常用的相对度量指标包括贸易指标、绝对专业化指数和相对专业化指数、区位商、克鲁格曼专业化指数等；较为常用的总体度量指标包括加权克鲁格曼指数等（Traistaru 和 Iara，2002；魏后凯，2006）。

一、绝对度量

1. 赫芬达尔地区专业化指数

赫芬达尔地区专业化指数（the Herfindahl Index of Regional Specialization）常作为对地区专业化的绝对衡量，它来源于计算产业集中度的赫芬达尔指数，主要用于衡量地区产业的总体专业化程度。它由一个地区全部产业的所有产业份额的平方和计算，其计算公式为：

$$HS_i^s = \sum_{j=1}^n (s_{ij}^s)^2 \qquad (1-1)$$

式中，n 表示地区的全部产业数；s_{ij}^s 表示产业 j 在 i 地区的就业份额。HS_i^s 取值范围为 $\frac{1}{n} \sim 1$，且与地区专业化正相关，即 HS_i^s 的值越接近 1，表示该地区的产业结构越不均衡，地区专业化程度就越高。当 HS_j^s 的值为 $\frac{1}{n}$ 时，则反映该地区各产业规模较为平均，地区产业结构趋于多样化；当 HS_i^s 的值为 1 时，反映的是完全专业化的情况，即该地区专业化于一个部门或产品的生产。赫芬达尔地区专业化指数的缺点在于它的取值没有确切含义，且总是偏向规模较大的部门。

2. 区域熵指数

与赫芬达尔地区专业化指数强调规模大的产业不同，区位熵指数（the Entropy Index of Specialization）以产业份额的对数为权值，比较强调规模小的产业的权数（Aiginer 和 Davies，2004）。其计算公式为：

$$SE_i = \sum_{i=1}^{n} s_{ij}^s \log_2 \ (s_{ij}^s)^{-1} \tag{1-2}$$

式中，SE_i 值为 $0 \sim \log_2 n$，其值越趋近于 0，表示该地区专业化的程度越高。如果该地区所有产业份额都相同，即对于所有 j 都有 $s_{ij}^s = \dfrac{1}{n}$，$SE_i = \ln (n)$；如果只专业化于一个产业，则有 $SE_i = \ln 1 = 0$。SE_i 随着一个地区生产活动越分散，值越高，所以它是专业化的反面衡量（Inverse Measure）。

对 SE_i 进行适当变换，可以得到相对区位熵指数 RSE。其计算公式为：

$$RSE_i = \frac{SE_i}{\log_2 n} = \frac{\sum_{i=1}^{n} s_{ij}^s \log_2 \ (s_{ij}^s)^{-1}}{\log_2 n} \tag{1-3}$$

式中，RSE 值为 $0 \sim 1$，其值越小，表示该地区的专业化程度越高。

3. 地区专业化产业集中度指数

地区专业化产业集中度指数同样来源于产业组织理论中的集中度指数，考察的是地区的总体专业化程度，主要是借用产业集中率指标来衡量地区前几位产业所占的份额大小。其计算公式为：

$$SCR_m = \sum_{j=1}^{m} s_{ij}^s \tag{1-4}$$

式中，SCR 为前 m 个产业所占的就业份额之和；m 为按就业份额从高到低排列的前几位产业数，一般取值为 1、4 或 8。例如，SCR_4 表示地区前四位产业的就业份额之和，由此来考察地区的总体专业化程度。若 SCR 数值较大，则表示该地区的总体生产专业化程度较高，该地区就业岗位的提供主要来源于少数几个产业。SCR 计算方法较为简便，但它不能反映哪些产业属于专业化部门，且其数值因 m 的取值而异。

4. 绝对专业化指数

Duranton 和 Puga（2000）提出了研究城市专业化的绝对专业化指数。他们认为，不同城市专业化于不同部门的专业化，比较城市间专业化的一个有效的衡量便是每个城市就业份额最大的部门，如果定义 s_{ij} 为产业 j 在城市 i 的就业份额，就有绝对专业化指数（Specialization Index），即就业份额最大产业代表一个城市的专业化方向。其计算公式为：

$$ZI_i = \max_j \ (s_{ij}) \tag{1-5}$$

5. 本地专业化指数

本地专业化指数（Location Specialization Index）是由 Ellison 和 Glaeser（1999）发展的，建立在控制特定产业企业规模分布的基础之上，被认为是衡量专业化的一个很好的途径。但是，Ellison – Glaeser index 的计算需要使用企业层面的数据，由于中国的产业数据资源中，企业水平的数据十分有限，只有少数学者使用这个指数计算中国的地区专业化水平。其计算公式为：

$$\gamma_{EG} = \frac{\sum_{i=1}^{M}(s_i^2 - x_i^2) - (1 - \sum_{i=1}^{M} x_i^2)^2 H}{(1 - \sum_{i=1}^{M} x_i^2)(1 - H)} \tag{1-6}$$

式中，s_i 表示区域 i 的产业就业份额；x_i 表示 i 区域全部就业所占份额；$H = \sum_{j=1}^{N} z_j^2$ 是以企业水平计算的赫芬达尔地区专业化指数。

二、相对度量

1. 贸易指标

贸易指标是衡量地区专业化的传统指标，国家和地区的专业化主要是通过贸易实现的，因而贸易指标是研究专业化最理想的指标。常用的贸易指标主要有区域商品率、市场占有率和部门内贸易指数。

（1）区域商品率是指地区某种产品的净输出量占其生产总量的比重。它可以较好地反映产品的专业化程度，缺点是无法反映该产品在全国和地区经济中的地位。为此，在分析中，可采用地区某产品输出量占全国该产品总输出量的比重和占本地区输出总量的比重这两个指标作为补充。前者反映了该产品在全国同类产品贸易中的地位，后者反映其在地区经济中的地位。区域商品率的另一个缺点在于，它与地域规模大小有关。一般地，地域规模越小，其商品率越高。

（2）市场占有率是指一个地区某种产品的销售量或销售额占全国该产品销售总量或销售总额的比重。它的缺点同样在于受地域规模的影响大。一般情况下，较大地域规模的地区，其市场占有率较高。因此，通常计算相对市场占有率，即用绝对市场占有率除以其人口份额，以消除地域规模的影响。

（3）部门内贸易指数（The Index of Intra – industry Tade）是衡量部门内分工和国家之间（地区之间）专业化的重要指标。其计算公式为：

$$A_i = 1 - \frac{|X_i - M_i|}{X_i + M_i} \tag{1-7}$$

式中，X_i 为某地区 i 产品的输出额；M_i 为某地区 i 产品的输入额；A_i 为 i 产品的部门内贸易指数，A_i 的取值为 $0 \sim 1$，A_i 值越大，表明部门内分工和专业化程度越深，反之，部门内贸易越不发达，专业化水平也就越低。

一个地区的部门内贸易指数可由各种产品的部门内贸易指数加权平均求得，其计算公式为：

$$A_i = 1 - \frac{\sum_{i=1}^{k} |X_i - M_i|}{\sum_{i=1}^{k} X_i + \sum_{i=1}^{k} M_i} \tag{1-8}$$

式中，k 为地区产品的种类。由于缺乏统计数据，目前采用该方法来研究地区专业化具有一定难度。

2. 相对专业化指数

Duranton 和 Puga（2000）提出的城市相对专业化指数（Relative – specialization Index），又称为最大区位商。其计算公式为：

$$RZI_i = \max_j (s_{ij}/s_j) \tag{1-9}$$

式中，s_j 代表产业 j 在全国的就业份额，即相对就业份额最大的产业代表一个城市的专业化方向。

3. 区位商与集中系数

区位商（Location Quotation）又称专业化率，是长期以来得到最为广泛应用的衡量地区专业化的重要指标。它度量了特定地区相对于全国平均水平而言在某一特定地区的专业化水平，是以某地区某工业部门在全国该工业部门的比重与该地区整个工业部门占全国工业比重之比来计算的。在分析指标的选择上，较多使用就业指标，后来推广到使用产量、总产值、净产值、增加值和销售收入等指标。该指标既可用于产品分析，也可用于行业分析。其计算公式为：

$$LQ_{ij} = \frac{E_{ij}}{E_i} \bigg/ \frac{E_j}{E} = \frac{E_{ij}}{E_j} \bigg/ \frac{E_j}{E} \qquad (1-10)$$

式中，E 表示就业人数；i 表示地区；j 表示产业。

一般认为，LQ 大于 1，表明该部门的产品除区内消费外，还可以向外输出，属于专业化部门；若小于 1，表明该部门的产品不能满足本地需求，需要从区外调入，属于非专业化部门；若等于 1，表明该部门产品供需平衡，且具有全国平均水平的产业结构。所以，只有 LQ 值大于 1 的部门才能构成地区的专业化部门。LQ 值越大，说明该部门的专业化程度越高；反之亦然。区位商的缺点在于没有反映产业的规模信息及其在全国的地位。

如果对区位商进行适当的变换，使用产值或产量指标，并以人口分布作为参照，就可以得到集中系数。该系数是区域某产业的人均产出与全国相应产业的人均产出之比。其计算公式为：

$$CC_{ij} = \frac{OUTPUT_{ij}/P_i}{OUTPUT_{ij}/P} = \frac{OUTPUT_{ij}/OUTPUT_{ij}}{P_i/P} \qquad (1-11)$$

式中，CC_{ij} 为 i 地区 j 产业的集中系数；$OUTPUT_{ij}$ 为 i 地区 j 产业的产出；P_i 为 i 地区的人口；OUTPUT 为全国 j 产业的产出；P 为全国总人口。如果系数值大于 1，说明该产业比较集中，属于专业化部门。

显然，与区位商类似，集中系数也是一个相对指标，无法反映该产业在全国和地区经济中的地位。同时，该指标的重要假定前提是，各地区具有大体一致的消费需求结构。如果不是如此，我们就不能以 1 作为判断专业化的标准。[1]

4. 克鲁格曼专业化指数

克鲁格曼专业化指数（Krugman Specialization Index）是对地区专业化的相对衡量，首次被 Krugman（1991）用于比较美国和欧洲的产业结构。它通过计算 k 和 l 两个地区的产业结构差异的绝对值的和，来判断两个地区间的结构差异。其计算公式为：

$$K_{kl} = \sum_j \left| s_{jk}^s - s_{jl}^s \right| \tag{1-12}$$

式中，j 表示产业；s_{jk}^s 表示地区 k 产业 j 的就业份额；s_{jl}^s 表示地区 l 产业 j 的就业份额。K_{kl} 的取值为 0 ~ 2，当两个地区具有同样的产业结构时，指数取 0；当两个地区没有同样的产业构成时，指数取最大值 2。因此，该指标可以衡量地区结构差异，进而衡量地区分工和专业化的程度。K_{kl} 值越大，说明地区专业化程度越高。克鲁格曼地区专业化指数的缺点是，无法反映专业化指数分布的动态特征，如没有考虑具有相同生产结构地区可能存在不同的集群，也无法反映研究期内不同地区的专业化部门的变化。

5. 地区专业化差异指数

地区专业化差异指数（Dissimilarity Index of Regional Specialization）是对地区专业的相对衡量。它比较了一个地区的产业结构与全部地区产业分布的平均水平，即计算某一个地区某产业的份额与全部地区该产业的平均份额之差的绝对值之和。其计算公式为：

$$DSR_i = \sum_j \left| s_{ij}^s - s_j \right| \tag{1-13}$$

式中，S_j 表示全国产业 j 在所有制造业就业中的份额；DSR_i 取值为 0 ~ 2，取 0 时表示 i 地区与全国产业结构完全相同，取 2 时则表示 i 地区产业结构与全国平均水平完全差异化、高度专业化。

6. Hoover 专业化系数

地区专业化系数是从地区专业化差异指数中衍生出来的一种相对专业化

---

① 魏后凯：《现代区域经济学》，经济管理出版社，2006 年版，第 163 页。

指数（Hoover 和 Giarratani，1984），目前应用较为广泛。该指数实际上是由克鲁格曼专业化指数除以 2 得到的，因此又称克鲁格曼修正指数。其计算公式为：

$$\text{Hoover}_i = \frac{1}{2} \sum_j \left| s_{ij}^s - s_j \right| \tag{1-14}$$

式中，Hoover_i 值为 0～1。在分析中，既可以采用就业数据，也可以采用总产值、增加值或销售额数据。

7. 地区专业化基尼指数

在收入分配的实证研究中，地区专业化基尼指数（Gini Coefficient of Regional Specialization）被大量运用于不平衡分配程度的描述，它是由给定分布的洛伦兹曲线与假定的平均分配曲线之间的区域计算的。它在假设 0 为平均分布的情况下，度量相对集中水平。在地区专业化度量过程中，基尼指数估计了给定区域的产业分布均衡程度，其将给定区域的产业结构与某个单元的均值进行比较（例如，全国范围的产业分布）。其计算公式为：

$$\text{RSGINI}_j^s = \frac{2}{n^2 \overline{R}} \left[\sum_{i=1}^{n} \lambda_i \left| R_i - \overline{R} \right| \right] \tag{1-15}$$

式中，$R_i = \dfrac{s_{ij}^s}{s_i}$；$\overline{R} = \dfrac{1}{n} \sum_{i=1}^{n} R_i$。

基尼指数是对地区专业化水平的相对衡量，取值为 0～1。它的缺点是同样的基尼值可以产生于不同的产业结构分布，因此，基尼值相同的区域不一定具有相同的产业结构，使用基尼指数难以反映地区专业化比较分析中的重要差异。

8. Blair 专业化指数

Blair（1995）设计的地区专业化指数（Blair Index of Specialization）是产业就业份额的全国与地区正向差异的加总，计算公式如下：

$$\text{BIS} = \sum_{j=1}^{n} \delta_j \left[\frac{E_j}{E} - \frac{E_{ij}}{E_i} \right] \tag{1-16}$$

还可表示为：

$$\text{BIS} = \sum_{j=1}^{n} \delta_j \left[(1 - \text{LQ}_{ij}) \cdot \left(\frac{E_j}{E} \right) \right] \tag{1-17}$$

式中，j 表示产业；i 表示地区；E 表示全国就业人数；LQ_{ij} 表示区位商；δ_j 只有两种取值方法：当 $LQ_{ij} < 1$ 时，δ_j 取 1；当 $LQ_{ij} \geqslant 1$ 时，δ_j 取 0。

按照 Blair 的计算方法，我们也可以通过简单的变换得到负向差异的加总值，即设定当 $LQ_{ij} \geqslant 1$ 时，δ_j 取 1；$LQ_{ij} < 1$ 时，δ_j 取 0。

一个地区正的 Blair 专业化指数的值越大，则该地区的生产结构与全国平均水平趋同，该地区的专业化程度较低；而若该地区负的 Blair 专业化指数的绝对值越大，则该地区的生产结构与全国平均水平差异较大，该地区具有较高水平的地区专业化。

三、总体度量

地区专业化的总体度量（Measures of Aggregate Regional Specialization），度量的是一个国家（或地区）的地区专业化总体水平，前面介绍过的赫芬达尔地区专业化指数、区域熵指数、地区专业化产业集中度指数、专业化熵指数以及本地专业化指数同时也属于总体度量的范畴，下面介绍的四种度量方法，它们主要是通过特定权数加权各地区的专业化指数来度量一个国家（或地区）的地区专业化总体水平，计算中一般选用人口或产值、增加值、收入指标等作为权数。

1. 加权克鲁格曼指数

西方很多学者都使用加权克鲁格曼指数度量欧盟的地区专业化状况（Aiginer 和 Davies，2004；Ezcurra，2004），其计算公式为：

$$ESP^K = \sum_{i=1}^{n} \omega_i SPE_i^K \qquad (1-18)$$

式中，ω_i 表示地区 i 的经济或者人口权重，且有 $\sum_{i=1}^{n} \omega_i = 1$；$SPE_i^K$ 表示地区 i 的克鲁格曼专业化指数。ESP 取值为 0~2，取值越大，表明该国（或地区）的地区专业化程度越高，地区经济结构差异越大；反之，则表明该国（或地区）的地区专业化程度越小，地区经济结构趋同。

2. 全域专业化指数

由 Mulligan 和 Schmidt（2005）提出的全域专业化指数（Global Specialization Index），旨在描述一个国家或地区整个空间经济的地区专业化特征。它是以一国各地区的在全国的就业或产值份额为权数计算的各地区的地区专业化系数加权和。其计算公式为：

$$G(S) = \sum v_i CS_i; \quad v_i = x_i./x; \quad CS_i = \frac{1}{2}\sum_i |x_{ij}/x_i - x_j/x| \qquad (1-19)$$

式中，i 表示地区；j 表示产业；x_{ij} 表示地区 i 的产业 j 的就业量或产值；x_i 表示地区 i 的总就业或总产值；x_j 表示全国产业 j 的就业量或产值总和；v_i 表示地区 i 在全国的就业份额或产值份额；CS_i 表示地区 i 的地区专业化系数。G（S）的取值为 0~1，G（S）的值越大，表明产业的空间分布趋于集中，各地区的专业化较为明显；G（S）的值越小，则表明产业空间分布趋于分散，各地区的产业结构与全国平均水平越接近。

3. Young 专业化指数

Young（2000）早先也提出了一种计算一个国家的地区专业化指数的方法。其计算公式为：

$$KS = \frac{1}{nm}\sum_{k=1}^{n}\sum_{i=1}^{m} |s_{ki} - s_k| \qquad (1-20)$$

式中，s_{ki} 表示产业 k 在 i 地区的产出比重；s_k 表示产业 k 在全国的产出中所占的份额；n 和 m 分别表示产业数和地区个数。该指数实际上度量的是各地区的产业产出份额偏离全国份额的平均离差。[1]

4. 地区加权区位商指数

地区加权区位商指数（the Index of Regional Aggregate Weighted Location Quotation）是作者根据魏后凯提出的优势强度系数[2]而设计，用一个地区各专

---

[1] 魏后凯等：《中国产业集聚与集群发展战略》，经济管理出版社，2008 年版，第 99 页。

[2] 由于区位商不能反映该产业对地区工业发展的重要性，魏后凯提出优势强度系数，以某产业的区位商乘以其在地区工业总产值中所占的比重来综合衡量某产业部门专业化对某地区经济发展的重要性（魏后凯，2000）。

业化部门在全国的产值或就业份额作为权数计算的该地区所有专业化部门区位商的加权和表示，以反映一个地区的总体专业化水平。该指标不仅可以较为直观地反映该地区专业化部门的生产能力，同时还是该部门在全国生产体系中的地位以及市场竞争力的间接反映。其计算公式为：

$$RAWLQ_i = \sum_{j=1}^{n} \omega_{ij} LQ_{ij} \qquad (1-21)$$

式中，n 表示该地区专业化产业的数量；由于取的是地区专业化部门的区位商，故有 $LQ_{ij} > 1$；权重 ω_{ij} 选用的是该地区 j 产业在全国产值份额或就业份额指标。$RAWLQ_i$ 的指标值越大，表明该地区的地区专业化水平越高，专业化部门的实力也越强。

第三章 文献回顾及研究进展

本章对解释地区专业化形成的相关理论进行梳理，归纳地区专业化影响经济增长的若干理论研究路径，并对相关的国内外研究成果作扼要述评。

一、地区专业化的理论解释

目前，解释地区专业化形成的理论主要有五种，它们对地区专业化形成的看法各不相同，其中，区际分工与贸易理论强调比较优势或内部规模经济的决定作用；马歇尔产业区理论则主张，外部规模经济对地区专业化的形成具有决定性影响；新经济地理理论在新贸易理论基础上加入了地理因素的重要性；专业化城市理论探讨了不同城市体系一般均衡模型下，专业化城市的形成条件；劳动地域分工理论侧重内部规模经济和交通运输条件的改善对地区专业化形成的影响，并强调地区专业化影响因素的动态演变。

1. 区际分工与贸易理论

传统贸易理论和新贸易理论是区际分工与贸易理论的重要组成部分。传统贸易理论（Traditional Trade Theory，又称新古典贸易理论）强调基于地区间不同生产率（技术）差异或资源禀赋差异所产生的比较优势在地区专业化形成的决定作用。新贸易理论（New Trade Theory）则认为，在劳动力不可流动的情况下，规模经济、不完全竞争、市场规模差异会引起的本地市场效应，从而导致基于产业内分工和产业间分工的专业化与贸易。

传统贸易理论通过地区（国家）间的生产率（技术）（Ricardo，1817）或资源禀赋差异（Hechscher，1919；Ohlin，1933）引起的相对生产成本差异

（或者说比较优势）所导致的地区之间的部门间分工来解释地区（国家）之间的产业间贸易，及其导致的专业化格局。要素不可流动、完全竞争市场、同质产品和规模报酬不变是该理论所暗含的前提假设。其中，李嘉图模型（Ricardian Model）强调外生的技术差异形成的比较优势，认为一国或地区将专业化于具有相对劳动生产率优势的产业；赫克歇尔－俄林模型（Heckscher－Ohlin Model）则认为，比较优势来源于外生的要素禀赋差异，地区间的产业间贸易模式由要素禀赋的丰裕程度决定，生产要素的需求变动将引起所有国家和地区要素价格的均等化。因而，贸易自由化和经济一体化会导致生产的再区位和基于比较优势的专业化程度的加深。

新贸易理论则通过本地市场效应的存在来解释产业内和产业间贸易的发生，及其导致的专业化格局（Krugman，1980、1981；Helpman 和 Krugman，1985；Krugman 和 Venables，1990）。其模型以规模报酬递增、差异化产品和不完全竞争为基本假设，认为内部规模经济、贸易成本和消费者偏好的多样性决定了地区专业化和贸易的模式。新贸易理论假定生产要素和企业可流动，劳动力不可流动，每一个地区具有固定的市场规模。规模经济的存在使得空间集中生产更有效率，每个企业专业化于一种差异化产品的生产，通过扩大市场实现平均成本的降低，这也同时增加了向分散顾客销售产品的成本。因此，贸易成本和市场规模差异的存在使企业趋向将生产集中于拥有较大产品市场的国家或少数区位，以大规模销售来弥补这种成本的增加。这就是所谓的本地化市场效应，即某一种产品的出口国必定是该产品有较大本地市场的国家，在存在规模报酬递增的情况下，如果某产品在某国的市场较大，则该产品可以在更大规模下生产，则其生产成本就更低，从而使该国成为该产品的净出口国。[①] 新贸易理论模型预测大型区域和接近市场的区域会最先从经济一体化中获益，但是，当贸易壁垒和运输成本足够小时，会导致接近市场的地理优势重要性下降，在这个阶段，要素成本会促使部分企业回到边缘地区以利用那里较为便宜的生产要素。

---

① 谢燮、杨开忠：《劳动力流动与区域经济差异：新经济地理学透视》，新华出版社，2005年版，第103页。

2. 马歇尔产业区理论

马歇尔在《经济学原理》中首次探讨了专业化产业区形成的原因，这些经典论述被现代学者称为马歇尔外部性或者本地化经济。马歇尔认为，同类企业在特定地区集聚会产生外部规模经济，从而促进了专业化产业区的形成。这些同一产业内的外部规模经济主要来源于四个方面：与供应商在地理上接近、更有效率的劳动力市场、共享基础设施以及生产者间信息溢出。前三个是货币外部性，后一个是技术外部性。①

接近供应商，既强调自然资源优势的重要性，也体现了前后向联系。①最直观地，这种地理接近性降低了企业的生产运输成本。②同类企业集聚扩大了中间投入品的本地市场规模，从而为专业化供应商利用内部规模经济创造了条件，同时，供应商之间的竞争降低了投入品价格，为企业节约了生产成本。② 因此，有学者将空间经济这种外部要素看作是对内部生产要素的替代（Feser，2004）。③与投入供应商的地理接近性使企业易于获得更为灵活的投入品，如小量、定制的投入。④有利于企业与本地供应商建立良好的合作关系（Burt，1989；Newman，1989；Imrie 和 Morris，1992；Klier，1994；Helper，1991）。

专业化产业区的劳动力市场效应体现在：①降低了企业的搜寻成本和雇工成本。②熟练劳动力（专业化技术工人）的可获得性越大，使得企业可以根据需求灵活地调整投入，迅速地实现生产的扩张和收缩，从而具有较高的生产效率（Krugman，1991）。③特定产业的地理集中可以使工人免遭市场不确定性和潜在需求冲击的负面影响，从而方便了熟练的专业化工人在企业间顺畅地流动，企业也更容易获得具有相关技术的工人。④产业区中的大量同类企业使用具有相同技术的工人，促进了本地工人整体平均技能或素质的提高。

在专业化产业区内，同类企业间知识和信息的交流频繁，传播迅速，产生了知识溢出外部性。这些知识溢出具有隐性或非编码的性质，难以在空间

---

① 关于技术外部性与货币外部性论述见 Scitovsky（1954），他首次界定了技术外部性与货币外部性。

② 这种成本节约产生的利益弥补了生产集中所导致的分散销售市场的运费增加。

上快速扩散，只有本地企业能受益。在技术领域，这些知识溢出尤为重要，且具有多种形式，如模仿、商业互动、企业间技术工人流动、非正式交流等。各种形式的知识溢出促进了创新理念迅速地从一个企业向另一个企业传播，而不发生货币交易。这在一定程度上降低了企业的创新成本，从而促进了企业加大研发投入，不断进行学习和创新（Saxenian，1994）。硅谷的发展和繁荣就是最典型的例子。

此外，本地同类企业集聚还可以实现基础设施的共享，包括公路、铁路、机场、站场、仓库、给排水与供电设施、排污设施、邮电通信设施、教育与科研设施、商业饮食设施等公共基础设施和服务设施。①

3. 新经济地理理论

在新经济地理理论（New Economic Geography Theory，NEG）中，产业内和产业间的经济活动的累积循环集聚机制决定了地区专业化模式。新经济地理理论强调地理因素的重要性，假设地理优势是内生的，认为产业非均衡分布和地区专业化是经济活动集聚的空间结果。NEG 模型在一般均衡框架内，考虑了规模经济、产品异质性、非竞争市场、运输成本（或交易成本）、要素移动和内生要素禀赋对经济主体的影响，经济主体之间的相互作用产生的向心力和离心力影响了经济主体的选择区位，从而引发一系列的累积循环过程，发展出中心—外围的空间结构。

NEG 理论研究了不同的累积因果循环机制（Ottaviano 和 Puga，1997）：劳动力流动、中间产品和投入—产出联系、要素积累与跨时联动、历史与预期。在早期的基础模型（Krugman，1991）中，货币外部性影响下的可移动要素（工人）被看做是任何集聚过程的引擎。由于工人迁移，迁入区的要素禀赋得到了改善，从而增加了对其他制造活动的区位吸引力，进而劳动力的不断迁移启动了一个循环累积过程。货币外部性主要包括本地市场效应②和价格指数效应③，构成拉动集聚的向心力，而离心力则来源于不可移动要素稀缺性和拥挤成本所产生的价格竞争效应。后发展的 NEG 模型则假定其他的

---

① 魏后凯：《现代区域经济学》，经济管理出版社，2006 年版，第 32 页。
② 地区制造业份额越高，不受运输成本影响的销售收入越高，每个地区名义要素收入也越高。
③ 地区制造业份额越高，消费本地消费品越多，本地价格指数就越低，真实要素收入就越高。

集聚引擎，如将企业迁移取代了工人迁移（Krugman 和 Venables，1995；Venables，1996；Markusen 和 Venables，1999）以及要素积累（Martin 和 Ottaviano，1999；Baldwin 和 Forslid，2000）。企业迁移的 NEG 模型主要考察在劳动力不可移动的情况下，由中间产品引起的投入产出联系所产生的货币外部性对集聚的影响。它假定所有制造业产品既是最终产品又是中间产品。因此，产业越集中，就越有利于发挥规模经济的效益。在一个集聚了较多企业的区域，最终产品部门对中间产品有更大的需求，从而允许上游产业可以充分实现规模经济，从而促使中间产品厂商迁入。与此同时，中间产品部门的大规模生产降低了中间产品价格，这又会吸引其他地区的最终产品部门的厂商迁入。从而导致中心区制造业专业化水平的进一步提高。但是，被吸引到中心区的企业必须从中心区其他产业中获得所需的工人，激烈的竞争，会抬高中心区的工资，迫使规模经济不显著的产业离开中心区，以降低生产成本。要素积累的 NEG 模型，则通过 D－S 范式，实现了 NEG 模型与内生增长模型的有机结合，考察了要素积累产生的技术外部性对经济活动空间分布、地区专业化和增长的影响。在要素积累和跨时联动模型中，集聚与增长是相互促进的。如 Martin 和 Ottaviano（1999）的模型，假定 R&D 部门使用差别化产品作为投入品生产新产品种类，这使得接近更多 R&D 活动的产业可以获得更快的增长，从而，增长和集聚相互加强。该模型还引入了另一生产要素——资本。接近资本生产部门的其他产业具有学习效应，资本积累越多，集聚速度就越快。但是，无论采取何种累积因果循环机制，NEG 模型最终都会得出较为一致的地区专业化模式，即中心地区专业化于高级部门或（和）新兴部门，外围地区则专业化于传统部门。

4. 专业化城市理论

城市经济学中的城市体系理论为我们勾勒了几幅专业化城市形成的图景。在 Henderson（1974）的一般均衡城市体系模型中，当以下条件满足时，专业化城市便会出现：存在本地化经济，而不存在城市化经济；由通勤成本和地租构成的拥挤效应随着城市人口的增加而增加；最终产品的城市间贸易不存在交易成本，劳动力可以自由流动。而 Abdel－Rahman（1995）构建了一个封闭经济下环形城市体系的一般均衡模型，经济体使用劳动力和两种非贸易且差异化的中间服务，生产出两种最终产品。城市的专业化取决于制造业使用多种特定差异化中间服务的需求。由于较大城市的服务种类较多，所以所拥有的制造业的生产率较高。多样化的动因则来源于较高的城市间运输成本。模型中存在两种可能的均衡：一种是纯粹专业化，每个城市专业化于一组差异化服务和一种最终品的生产；另一种是纯粹多样化，所有城市都生产两组服务和两种最终产品。达到均衡的条件则在于在专业化的规模收益和多样化下城市间运输成本的节约之间的权衡。Duranton 和 Puga（2002）将城市分工变迁与企业组织分化结合在一起分析，探讨了产业跨区域分工所导致城市专业化结构。他们发现，由于交通和通信产业的技术进步降低了企业总部与制造部门分离的成本，一体化的企业可以将制造部门迁移到能为其提供中间产品并具有相同专业化部门的区位，而将总部迁移到商业服务完善的区位，从而同时实现制造业部门和总部的成本最小化。企业的组织分离促使城市从部门层面的专业化转向功能层面的专业化，形成独立的大型商务中心和小型的制造型城市。此外，Helsley 和 Strange（1990）还探讨了基于专业化劳动力市场共享与匹配所导致的专业化城市形成的微观机理。

5. 劳动地域分工理论

劳动地域分工理论认为，劳动地域分工是社会劳动分工的空间形式，地区专业化是商品经济条件下，劳动地域分工发展到一定阶段的产物。在劳动地域分工过程中，各个地区依据各自的条件与优势，着重发展有利的产业部门，并以其产品与外界进行交换。当劳动地域分工达到一定规模时，就会出现产品大量外销，在地区经济中具有举足轻重地位的是专业化部门。劳动地域分工理论用科技进步引起的生产集中和交通运输条件的改善来解释地区专业化的形成条件。在社会化大生产条件下，生产的集中和运输的干线化，构成了发展劳动地域分工的基础。在前工业革命时期，自然经济占主导地位，商品交换不发达，生产力发展水平和社会分工水平很低，劳动地域分工局限在一个较小的范围内。随着机器大工业的发展，生产日益社会化和专业化，铁路和海运业的发展使得运输成本大大降低，国内外市场的不断扩大，商品交换得到空前发展，劳动地域分工才日益扩大和显著。

进一步地，劳动地域分工理论认为，在商品经济条件下，经济效益是促进劳动地域分工发展和地区专业化得以实现的动力。要使劳动地域分工成为现实的可能，必须满足以下条件：实行这种地域分工所节约的劳动，一定要大于消耗运费上的额外支出的社会平均劳动量。换言之，在生产地与消费地之间的商品价格差额必须足以抵消运输和销售此商品的费用。两地之间差价越大，或运费越低廉，对地域分工就越有利。因此，除因提高技术水平和分工协作水平而使产品成本下降的因素外，因运输技术的改进而引起的运费下降，也是影响劳动地域分工和地区专业化发展的重要因素。

此外，地区专业化形成的影响因素是随着社会经济发展而不断变化的。历史上由于自然条件和资源禀赋差异所导致的劳动地域分工格局已经为历史的积累、现代经济的发展以及科技进步的影响而改变。过去形成的劳动地域分工，吸引着新的生产要素的流入，进一步加剧了地区经济差异，并转变为生产专业化方面的差异，从而不断有新的要素投入到地区专业化中去。

劳动地域分工理论还主张专业化与多样化相结合的综合发展观。专业化部门的形成决定了一个经济区的边界，同时也决定了该经济区在国内劳动地域分工体系中的地位，成为该经济区产业结构中的核心部门，通过地区专业化参与国际和国内分工。多样化部门则是根据当地的自然条件和经济条件，配合专门化部门，实行协作配套的部门。劳动地域分工理论认为，专业化和多样化是社会化大生产的产物，二者的结合是生产力布局的共同规律。

二、地区专业化影响经济增长的若干理论研究路径

可以将地区专业化影响经济增长的相关理论归纳为三条路径：①基于专业化的增长理论。②集聚经济理论的相关探讨。③新经济地理理论与新增长理论的耦合。

1. 基于专业化的增长理论

（1）亚当·斯密与阿林·杨格的分工理论。亚当·斯密的分工思想一直是分工理论发展的重要基石。其关于分工促进经济增长的思想主要可以概括

为：①分工是提高劳动生产力，促进经济增长的源泉。②分工起源于人们互通有无的倾向，因而分工受到市场范围的限制。因此，亚当·斯密将国际贸易看作扩大市场从而促进分工的一条途径，从而将国际贸易与经济增长联系起来。这后来被阿林·杨格（Young，1928）称为"斯密定理"。阿林·杨格进一步发展了亚当·斯密的分工理论，将报酬递增引入经济增长，为后来的新增长理论提供了思想来源。阿林·杨格认为，分工和专业化是递增报酬的实现机制，生产率的提高是分工水平提高的结果，收益递增来源于劳动分工的演进，即迂回生产方式。经济增长的过程实质上是一个分工不断演进的过程，表现为生产者专业化水平加深。随着分工的不断演进，专业化程度不断加深，迂回分工导致产业链条不断加长，不同专业化分工之间相互协调会带来最终产品生产效率的提高以及市场交易的增加，进而促进市场范围的扩大，同时市场范围的扩大又进一步推进专业化分工的发展。在这一过程中，伴随着新机器、新技术的产生和个人专业化水平的提高。因此，分工具有内生演进机制，是一个会产生报酬递增效应和技术进步的累积循环过程，从而最终成为经济持续进步的源泉（Young，1928）。

（2）新增长理论。新增长理论可以划分为两条路径：亚当·斯密路径和李嘉图路径。前者又可细分为两类：第一类强调"干中学"或者规模报酬递增的重要性，通过引入各种形式的报酬递增来解释长期增长，如 Romer（1990）用知识积累和人力资本积累解释经济增长的中间产品品种增加模型，Grossman – Helpman – Young 设计的创新激励下的消费品品种增加模型；Young（1993）用创新和"干中学"解释经济增长的消费品品种的增加。第二类强调专业化分工对增长的作用，如 Beker 和 Murphy（1992）的包含知识积累和协调成本模型，他们认为，分工深化使经济产生规模递增的收益，同时也使经济的协调成本上升，但是，会为知识积累抵消，从而使专业化和经济增长通过知识积累而联系起来，分工的演进伴随经济的持续增长，人力资本积累和技术进步成为经济增长的根本源泉。杨小凯和 Borland（1991）构建了由"干中学"和报酬递增引起的分工演进导致专业化水平的不断加深和经济的内生增长模型。在该模型中，经济均衡增长率是不断变化的，在初始阶段，经济增长率较低；当分工演进到一定水平时，经济开始起飞，增长率不断上升；当分工潜力耗尽时，增长率将再次降低。

而在李嘉图传统的新增长模型中，不同活动是由不同的生产率增长率决定的，如由技术机会差异引起的。因此，专业化于较高生产率增长率活动的国家将获得较快的增长。在 Grossman 和 Helpman（1991）的模型中，较高的生产率增长率意味着较高的真实消费的增长率，但在不发生跨国界知识外溢的情况下，一国政府可以通过改变专业化模式来改变增长路径。

（3）卡尔多的出口导向增长理论。Kaldor（1970）认为，一个区域人均产出的增长取决于该区域对规模经济的利用，即出口部门的地区专业化。通过在 North（1955）的输出基础模型中引入效率工资（货币工资与劳动生产率之比）的概念，Kaldor（1970）进一步发展了缪尔达尔的累积因果理论，提出了基于出口需求的循环累积增长模型。由于不同部门规模经济的效果不同，制造业的规模经济的收益明显高于以土地为基础的矿业和农业部门规模经济的权益，从而专门从事制造活动的区域从生产率的提高中获得的好处，远远超过那些专业化于土地密集型部门的区域，进而可以获得更快的增长，并且这个过程是累积性的。由于规模收益递增确立了先工业化国家的竞争优势（较低的相对效率工资），当外生冲击导致世界范围内的工业品需求增加时，循环累积增长过程便启动了。先工业化国家在外部需求的刺激下，出口部门的扩张导致区域产出的增加，使得生产部门和整个区域经济获益，劳动生产率的提高，进一步提高了出口部门的竞争力，从而导致出口的进一步扩张。因此，我们可以将这种循环累积过程理解为，区域产出增长对其出口部门竞争力具有正反馈效应，这种反馈效应进而影响区域产出的增长，从而对出口部门的生产率和竞争力产生有利影响。后来，Dixon 和 Thirlwall（1975）对 Kaldor 的理论进行了模型化，并建立了严密的数学表达。

由此可见，新增长理论的斯密路径和卡尔多的出口导向增长理论都强调，专业化程度的加深可以导致更高的生产率增长。在这里，一个国家或地区是否专业化对经济增长起决定性作用。而根据新增长理论的李嘉图路径的观点，某些经济活动较别的活动具有更大的增长机会，因此，一国的生产率增长还取决于专业化部门的类型，这可能与供给（不同活动的技术机会差异）和需求相关联（不同活动的收入弹性差异）（Dowrick，1997）。

2. 集聚经济理论的相关探讨

在集聚经济理论中，主要存在两种观点：一种观点强调地区专业化外部性对本地产业增长和就业增长的促进作用，其暗含的结论就是，地区专业化有利于推动本地经济增长；另一种观点则认为产业多样化对增长更有利。其中，第一种观点发展了地区专业化的动态外部性理论，它强调内生知识溢出对促进生产率增长的作用，而这些溢出具有地理接近性。地区专业化的动态外部性理论主要存在两种代表理论，即马歇尔－阿罗－罗默动态外部性理论（Marshall－Arrow－Romer Theory，MAR）和波特理论。

MAR外部性是本地化经济的动态化，它反映了某一地区特定产业以往信息积累对当前产业的生产率和就业的促进作用，这种积累是由该产业的本地企业之间的长期交流互动培养起来的稳定关系形成的（Henderson，1995）。该产业中企业的产出不仅是其当前投入的函数，而且还受其所在地区该产业过去规模的影响。[①] 可见，MAR理论强调的是产业内的知识溢出，地理的接近性降低了信息传输的成本（使得信息传输的成本几乎为零），使得受益于产业内信息积累的地区专业化产业获得更快的增长，进而带动本地经济更快地增长。同样的，拥有这些产业的城市也将更快地增长。

波特理论认为，产业集群的专业化及其内部的知识溢出促进了区域增长。波特认为，产业集群不仅通过马歇尔外部性增强了单个企业的竞争力，产业集群的存在也促进了区域经济的增长，集群通过绝对优势、比较优势或规模经济等形成专业化产业区，目标一致地投资科技、信息、基础设施和人力资源，从而吸引了更多优质要素的流入，实现了集群的自我强化，从而推动了区域的增长。

MAR理论和波特理论都认可同样的观点，即最重要的技术外部性发生在同一产业内部，地区专业化对专业化产业和城市的增长都有益。但二者在对待市场结构的态度上存在分歧，MAR理论认为本地垄断比较有利，因为它使得外部性内部化了。波特理论则认为本地竞争更有利于模仿和创新。

由第二种观点发展而来的雅各布斯动态外部性理论（Jacobs，1969）则认为，最重要的知识溢出来源于不同类型产业和工作之间发生的思想交流，地理上接近的多样化产业环境更有利于创新，进而有利于促进增长。因此，产业多样性而不是专业化对增长更重要。与波特一样，雅各布斯也强调竞争

---

① 魏后凯：《现代区域经济学》，经济管理出版社，2006年版，第33页。

性市场结构对创新的重要性。她认为，垄断抑制了城市经济的活力，损害了城市的发展。

3. 新经济地理理论与新增长理论的耦合

经济学家们很早就发现，经济增长具有区域集中性的特征，技术创新和社会变革在空间上趋于集中，而它们在地区间的扩散速度却很缓慢。但在理论上，经济发展的时间特征和空间特征却是在不同的理论框架下进行探讨的。所以，为了分析经济增长和地理位置的相互影响，新经济地理学家们进行着不懈的努力，试图探索一种规范的理论框架将经济发展的时空属性结合起来，如 Waltz（1996），Baldwin（1999），Martin 和 Ottaviano（1999、2001），Baldwin、Martin 和 Ottaviano（2001）等。由于新增长理论和新经济地理理论都使用了同样的垄断竞争模型框架，从而为这两个领域的结合提供了天然的基础。学者们探讨了增长和地理集聚相互强化的不同机制，大致可划分为劳动力流动模型、资本流动模型、创新流动模型和交易成本变动模型。在这些模型中，专业化模式与经济增长包含在模型的均衡解之中，并且都得出一个相似的结论，即在集聚和经济增长的相互作用下，不可避免地导致中心地区和外围地区差异的产生，集聚和地区专业化导致了地区间绝对差异的扩大，而这种差异归根结底是由专业化部门的生产率差异决定的。因此，在理论上和实证上进一步探讨专业化模式对经济增长的影响显得十分必要。

（1）劳动力流动模型。Fujita 和 Thisse（2002）将 Grossman – Helpman – Romer 的差异化产品内生增长模型与 Krugman 的中心外围模型进行综合，设计了一个两地区、两要素（熟练技术工人、非熟练工人）、三部门（传统部门、现代部门、创新部门）的集聚与增长互动模型。熟练技术工人是可以自由流动的，且在长期目标下进行迁移决策，创新部门使用熟练技术工人为现代化部门创造生产必需的产品专利。在这里，增长是以新产品种类的增长来衡量的。这一模型描述了这样的集聚机制：在非对称冲击和需求效应作用下的熟练技术工人迁移，同时吸引了现代部门企业的同向迁移,[①] 最终形成中

---

① 熟练技术工人的集聚产生了知识本地化效应和本地市场效应，有利于现代部门节约生产成本和销售成本，从而吸引现代部门集聚到创新部门周围。

心—外围的稳定均衡结构，所有研发部门和现代部门（或者全部研发部门和大部分现代部门）① 集聚在中心地区，外围地区则专业化于传统部门的生产。此时，产品种类以最快的速度增长，现代部门企业数量和产品产量增加，两地居民福利水平得到改善，所以说，"全局经济增长取决于创新部门在区域间的空间组织状态"。②

模型中，产业集聚和增长是互相促进的，且这种增长具有外部性，中心地区的现代部门和创新部门的专业化同时也惠及外围地区，每个居民的福利水平都得到了改善——中心地区熟练技术工人和非熟练工人的福利同比增长，而外围地区的非熟练工人也因现代部门集聚产生的价格指数效应而受益。但是，不可否认，各种区域利益主体之间虽然人均收入的相对差异是稳定的，绝对差异却不可避免地在扩大。因此，地区专业化在促进增长的同时也扩大了地区间的收入差异。

笔者认为，该模型存在两点缺陷，但瑕不掩瑜。首先，与劳动力不可流动的 NEG 模型一样，该模型并没有考虑人口增长因素对劳动力市场均衡的影响。随着中心地区产业集聚程度的不断提高，现代部门新企业的产生和产品生产数量的扩大，势必产生企业间对非熟练技术工人的竞争，从而在劳动力市场出清时，不断抬高非熟练技术工人工资成为一种离心力，将阻碍现代部门的集聚，进而影响到均衡的结构。所以，模型中描述的两种中心—外围结构可能并不是稳定的稳态（Stable Steady States）。其次，该模型考虑的多重均衡不够全面。因为随着产品种类的增多，居民消费传统部门产品的数量是趋于减少的，从而导致传统部门在市场中的地位下降，传统部门非熟练技术工人收入减少，同时，由于现代部门对非熟练技术工人需求增加，将促使非熟练技术工人在中心地区的传统部门和现代部门之间进行重新分配，而外围地区的传统部门也会受到冲击，导致外围地区居民的收入下降。最后，可能产生的一种结果就是，中心地区传统部门的衰落，原来传统部门的非熟练劳动力全部被现代部门的新企业吸收，中心地区向外围地区进口传统产品，外围

---

① 这取决于专利的流动性，在专利不存在跨区域流动障碍的情况下，模型产生的是后一种均衡结构。

② ［日］藤田昌久、［比］雅克－弗朗科斯·蒂斯著：《集聚经济学》，刘峰等译，西南财经大学出版社，2004 年版，第 503 页。

地区的收入水平又得以提高。

Baldwin 和 Forslid（2000）使用不同的新经济地理模型，得出了基本相同的结论。在他们的模型中，企业没有纵向联系，劳动力在区域间流动，垄断竞争的收益递增部门利用劳动力和投资作为投入，生产具有技术外部性特征。由于存在本地溢出，经济活动的集聚促进了增长。同时，由于存在非常高的本地化外部性，增长也促进了集聚。因此，产业的地理集聚产生的知识溢出具有动态效应，从而影响区域经济的长期增长。它通过多种途径，如降低成本、刺激创新、提高效率、加剧竞争等，提升整个区域的经济绩效。但是，有学者认为，他们的分析略显繁杂，从而导致了其研究结论的不清晰。

（2）资本流动模型。最具代表性的 Baldwin 和 Martin（2004）模型将投资理论、新增长理论和新经济地理理论完美结合，讨论了资本可流动，不存在本地化溢出和存在本地化溢出两种条件下的增长与集聚之间的关系。模型中，假设存在贫富差距的南、北两地区，三部门（传统部门、制造业部门和创新部门），其中，创新部门分布在较富裕的北部地区。由于资本可流动，而资本所有者不可流动，所以生产的转移没有伴随消费支出的转移，无论生产的分布，生产利润最终都会流回所有者手中。在不存在本地化溢出的情况下，这就完全排除了需求联系导致的循环因果关系，生产的分布单纯由套利条件决定，均衡条件下，两地区的投资回报相同。模型达到一般均衡时，资本收益与产品市场均衡以及劳动力市场均衡巧妙地联系在一起，并决定了均衡的增长率和生产的对称分布。而在存在本地化溢出的条件下，需求联系开始发挥作用，由于集聚降低了创新成本，集聚意味着较高的增长率，从而产生了中心—外围的生产分布结构，企业趋于向创新部门所在地集聚。但是，在此情况下，两地的收入差距并不因北部地区资本的高速增长而拉大，相反，资本的可流动使得南部地区的居民可以通过储蓄和购买北部的资本品来获得资本积累。因而，财富的初始差异并不会导致自我维持的收入差距。

（3）创新流动模型。Martin 和 Ottaviano（2001）的集聚与增长互动模型，将 Krugman（1991）和 Venables（1996）两类 NEG 模型，与 Romer（1990）与 Grossman 和 Helpman（1991）两类新增长模型相结合，探讨了在要素不流动和报酬递增部门不存在部门内垂直关联条件下，由货币外部性引起的集聚与增长的相互加强过程，可流动创新成为集聚与增长机制的发生引擎。该模型中存在三个部门，分别是平均分布的同质产品部门、可以移动的差异化产品部门和创新部门。[①] 各部门间存在这样的投入产出关系，即差异化产品部门通过购买专利并结合使用同质劳动力进行生产，创新部门仅使用同质产品和差异化产品组合作为中间投入。Martin 和 Ottaviano（2001）分别讨论了在非对称均衡和对称均衡两种情况下，创新部门成本最小化时的差异品需求以及两地对差异品部门的总需求，从而推导出集聚因子是增长率的函数，即当创新部门集中于一地时，较高的增长率引致了差异化产品较高的需求，吸引更多差异品生产企业迁移到创新部门周围。这就是增长促进集聚的前向关联机制，或者需求联系，也称为厚市场效应（Thick Market Effect）。另外，由于交易成本的存在，经济活动的集中降低了创新成本，[②] 于是吸引了更多的创新者进入，直到创新部门利润为零。这就是集聚促进增长的后向关联机制，又称成本联系。成本联系和需求联系构成了集聚的向心力，而离心力则来自不可移动劳动力市场的压力，即价格竞争和分散需求。Martin 和 Ottaviano（2001）认为，只要增长率为正，则对称均衡就是不稳定的；理性预期会使初始均衡分布"跳跃"至非对称稳态，即中心—外围结构，全部创新部门和至少大部分差异品部门集中在中心区位，外围地区则专业化生产同质产品。

（4）交易成本变动模型。集聚与增长互动模型都会考虑交易成本变动对均衡模式的影响。在 Martin 和 Ottaviano（2001）模型中，不同交易成本水平，对应不同的均衡结果。较高水平交易成本存在时，出现对称均衡；中等水平交易成本，两个部分集聚（大部分产品在创新地生产），一个对称均衡；较低水平交易成本，两个完全集聚和一个对称均衡。而在 Fujita 和 Thisse（2002）模型中，交易成本变动对均衡的影响也很相似。但是，这两个模型都没有讨论交易成本变动对经济增长的影响。后来，Kondo（2004）探讨了在交易成本不断降低的情况下，专业化模式和全域经济增长率是如何决定的。在考虑劳动力和资本可流动、存在创新部门、两地区土地面积非对称分布的

---

① 创新部门生产专利，每种专利对应一种差异化产品的生产，从而专利价值构成差异化产品部门的固定成本。同质产品部门和创新部门是完全竞争的，差异品部门则是垄断竞争的。

② 模型中设定，创新成本是积累创新的减函数，以前创新导致的差异品种类越多，现期创新成本会越低。

条件下，居民的迁移决策和投资决策使其行为成为集聚的引擎。如果交易成本下降得缓慢，而集聚过程尚未完成，经济活动倾向于集聚在大型区域，并获得较高的增长率。而在交易成本迅速下降的情况下，集聚也能在中小型区域发生。因此，交易成本的进一步下降会降低全域经济的增长率。

三、相关经验研究评述

近年来，国内外相关研究主要围绕三个方面展开：①研究特定国家或区域的地区专业化的发展演变。②探讨特定国家或区域地区专业化的决定因素。③分析特定国家或区域地区专业化与经济增长之间的关系。

1. 地区专业化现状研究

近年来，对欧美的地区专业化的研究发现了下列特征：美国的地区专业化程度要明显高于欧盟国家（Krugman，1991；Aiginger 等，1999；Midelfart – Knarvik 等，2000）；在 20 世纪 50 ~ 70 年代，欧盟地区规模经济显著的产业倾向于向中心地区集中，但是在 80 年代则趋于分散（Brülhart 和 Torstensson，1996；Brülhart，1998）；1990 年以来，欧盟国家的地区生产专业化程度提高了，同时贸易专业化水平却在下降（Amiti，1997；Haaland 等，1999；Midelfart – Knarvik 等，2000；Brülhart，2001）；还有学者的研究表明，欧盟国家的中、高技术产业的地区专业化水平出现下降趋势（Brülhart，1998、2001），低技术劳动密集型产业的地理集中程度却在提高（Midelfart – Knarvik 等，2000）。此外，对欧洲其他地区以及亚洲地区的地区专业化研究也十分丰富，如 Schütz 和 Stierle（2003）对欧盟外围国家的研究，Traistaru 和 Iara（2002）对中欧国家的研究，Park（2003）对东亚八国的研究。在这些研究中，地域跨度比较大的是，Ezcurra 和 Pascual（2006）对欧盟国家地区专业化的研究，他们的分析涵盖了整个欧盟所有 197 个 NUTSII 地区；在时间上跨度比较大的是，Mulligan 等（2005）和 Kim（1995）对美国制造业的研究，其中 Kim（1995）的样本时期长达一个世纪；在对地区专业化的度量上，多使用 Krugman 相对专业化指数、区位商、Gini 系数等较为常见的计算方法来进行测度（见表 3－1）。由于欧美地区专业化研究在空间和时间范围，数据结构以及所使用的统计工具的区别，使得我们难以在各个实证研究之间进行比较（Combes 和 Overman，2003；Ezcurra 等，2004）。

表 3－1　欧美和其他地区国家的地区专业化研究

作者	时间	产业	地区专业化指数	国别/地区与地域范围	研究结论
Amiti（1998）	1968～1990	27 个制造业	Gini 系数	欧盟 12 国	1980～1990 年各国专业化水平显著提高
Midelfart－Knarvik 等（2000）	1970～1997	104 个制造业、5 个服务业	Krugman 专业化指数	欧盟 14 国	20 世纪 80 年代生产结构趋同，20 世纪 90 年代地区专业化水平缓慢提高
Hallet（2000）	1980～1995	17 个部门	修正的 Krugman 专业化指数	欧盟 119 个地区	34 个地区的专业化水平有所提高，其余则趋于下降
Aiginger 等（2004）	1985～1998	99 个 3 位数制造业	区位商	欧盟 12 国	比利时、丹麦、希腊等 9 个国家的地区专业化水平增长较快
Schütz 和 Stierle（2003）	1995～2000	2 位数分类三次产业	Krugman 专业化指数	欧盟 14 个成员国（147 个地区）；11 个申请国（54 个地区）	欧盟成员国的地区专业化水平微弱提高，外围国家的地区专业化水平较高
Traistaru 和 Iara（2002）	1990～1999	2 位数制造业	地区专业化差异指数	保加利亚、爱沙尼亚等中欧 5 国（106 个 NUTS III）	比利时、罗马尼亚的地区专业化程度加深，爱沙尼亚的地区专业化水平下降
Traistaru 和 Pauna（2002）	1991～1999	13 个 2 位数制造业	Herfindahl 专业化指数、Krugman 专业化指数	罗马尼亚（8 个 NUTS II 地区，41 个 NUTS III 地区）	东北和东南两地的地区专业化水平提高

续表

作者	时间	产业	地区专业化指数	国别/地区与地域范围	研究结论
Ezcurra 等 (2004)	1977～1999	制造业	修正的 Krugman 专业化指数	欧盟 197 个 NUTS II 地区	生产结构趋同，1990 年后欧盟地区专业化水平提高
Tohmo 等 (2006)	1995～1999	制造业	Herfindahl 专业化指数	芬兰 21 个地区	地区专业化水平提高
Kim (1995)	1860～1987	2 位数和 3 位数分类制造业	Krugman 专业化指数、区位商	美国	专业化水平与人均 GDP 水平呈倒"U"形关系
Mulligan 等 (2005)	1958～1995	20 个 2 位数制造业	全域专业化指数	美国 9 大地区 (Census Bureau)	制造业分布趋于分散，地区专业化水平趋同
Park (2003)	1977～1996	26 个 3 位数产业	绝对专业化指数、Krugman 专业化指数、Gini 系数	东亚 8 个国家/地区	中国、印度尼西亚、菲律宾的绝对专业化水平是下降的，中国、日本、新加坡的相对专业化水平有所提高
Falcioglu 和 Akgüngör (2008)	1980、1985、1990、1995、2000	2 位数制造业	Gini 系数	土耳其 26 个地区	地区专业化水平趋于提高

资料来源：作者整理。

　　国内学者对中国制造业地区专业化现象进行了较为广泛地研究和探讨。大多数研究表明，在 20 世纪 80 年代，中国各省份产业结构趋同，地区专业化程度较低；进入 90 年代之后，我国各省份的专业化水平显著上升，大部分制造业行业地区专业化程度加深伴随集中程度的提高，各省份之间以及东部地区与中西部地区之间的产业结构差异扩大，制造业越来越集中在东部沿海发达省份（见表 3-2）。但是，这些研究也存在一些不足：①所选样本的局限。大多数相关研究只截取了个别年份的数据进行比较分析，少数在时间上连贯的研究多选取 20 世纪 90 年代以后的数据，且时间序列的跨度比较窄，从而难以准确刻画改革开放以来中国地区专业化的发展变迁过程。②所使用的度量方式的局限。现有研究多使用 Krugman 专业化指数或区位商来计算，将二者结合起来的研究较少，只能从单方面描绘地区专业化的地区差异、区域特征或产业特征。③使用不同度量方法所得出的结论不一致。使用 Krugman 专业化指数或区位商度量的研究多发现，近年来中国的省域专业化水平有所提高，而使用地区间专业化指标度量的研究却得出与之相反的结论（范剑勇，2004；贺灿飞和谢秀珍，2006）。此外，到目前为止，关于全域地区专业化的测量方法在国内尚未得到足够重视，亟待加强。因而，采取多种度量方式相结合，系统、全面而立体地对改革开放以来中国地区专业化进行研究，显得尤为迫切。

表 3 - 2　中国地区专业化现状研究

作者	时间	产业	指数类型	地域范围	研究结论
Young（2000）	1952～1997	农业、工业、建筑、交通、商业	生产结构偏离系数	28 个省份 30 个省份	各省份产业结构同构问题严重，地区间竞争引发地方保护和市场割裂
Liang 和 Xu（2004）	1988～2001	20 个 2 位数产业	Krugman 专业化指数	29 个省份	除海南和河北，其余省份的专业化水平都有所提高
范剑勇（2004）	1980、2001	2 位数制造业	相对专业化指数、地区间专业化指数	29 个省份	与 1980 年相比，2001 年两种专业化指数都是上升的
葛嬴（2004）	1985、1990、1994、1999	25 个 2 位数制造业	Hoover 专业化系数 Krugman 专业化指数	30 个省份	各地区专业化水平显著提高，且中部的地区专业化水平＜西部的地区专业化水平＜东部的地区专业化水平，东部地区与中西部地区生产结构差异扩大，中西部结构差异则趋于缩小
冼国明等（2006）	1980、1985、1995、2004	26 个 2 位数制造业	Krugman 专业化指数	29 个省份	1985 年以来，中国地区专业化水平加深

续表

作者	时间	产业	指数类型	地域范围	研究结论
贺灿飞和谢秀珍(2006)	1980~2003	26个2位数制造业	地区专业化基尼系数	29个省份	1980年以来,中国各省的专业化程度逐步降低,内陆省区倾向于更加专业化,而沿海地区的产业结构则逐渐多元化
陈良文等(2006)	1993、2003	20个2位数制造业	Krugman专业化指数	29个省份	2003年各省份的专业化水平较1993年显著提高
苗长青(2007)	1995~2004	22个2位数制造业	相对专业化指数	29个省份	各地区间地区专业化水平差异较大,但各地的地区专业化水平有所提高
林秀丽(2007)	1988~1994、1997~2002	25个2位数制造业	产业基尼系数	29个省份	将各地区按地区专业化水平划分为降低型、"U"型、增高型和大致不变型
郭志仪和姚敏(2007)	1994~2005	24个2位数工业	区位商	31个省份	我国工业的地区专业化程度普遍提高,但各地区专业化发展不平衡
踪家峰和曹敏(2006)	1993~2004	20个两位数制造业	区位商地区间专业化指数	京津冀	津冀间专业化指数逐年上升;京津间专业化指数一直处于较低水平
黄雯和程大中(2006)	1990~2002	服务业	区位商	上海、山东江苏、浙江广东、北京	六省市服务业地区专业化水平差距在扩大,北京、上海的地区专业化程度较高

资料来源:作者整理。

2. 地区专业化决定因素的相关分析

近年来,国内外学界对地区专业化的决定因素相关研究非常丰富,主要研究方法是根据各种理论建立相应假说并检验其解释力。目前,主要存在两条研究路径:一是在单一理论框架下检验某种理论的适用性;二是在一个综合的理论框架下比较各种理论假说的有效性。

第一条路径主要有两个研究方向:①在传统贸易理论框架下,对各国贸易专业化模式影响因素的探讨。大量的研究证明,要素禀赋对一国的产出水平具有显著影响（Harrigan，1995；Bernstein 和 Weinstein，2003）。Harrigan（1997）的新古典生产模型发现，技术水平和要素禀赋是地区专业化模式的最重要的决定因素；Harrigan 和 Zakrajsek（2000）的研究发现，要素禀赋是影响专业化的主要因素；Redding（2002）对 1970 ~ 1990 年经济合作与发展组织（OECD）7 国 20 个产业的地区专业化的研究表明，在较短时期内（5年），国际市场价格和各国的技术效率对国家间的地区专业化模式起主导作用，而在较长时期内（10 年），上述一般国家特征因素仍在起作用，但要素禀赋的作用则更加凸显。还有学者探讨了要素积累的作用（Findlay，1970；Davis 和 Reeve，1997）。要素积累会强化原有的专业化模式，在初始阶段资本丰裕国家发生资本要素的快速增长，就会产生对原有的专业化模式产生锁定作用，同时导致整个国家的专业化水平的显著提升。这些研究对象主要集中在 OECD 国家。②运用新贸易理论模型或 NEG 模型来解释现实，如西方学者用规模报酬递增或（和）本地市场效应解释欧盟和 OECD 国家的地区专业化模式（Harrigan，1994；Davis，1995、1997；Amiti，1998），此类研究发现，欧盟经济一体化导致了各国生产结构的差异加大以及生产地理集中度的提高（Brulhart，1998；Haaland 等，1998；Amiti，1999；Midelfart - Knarvik 等，2000）；中国学者建立"沿海—内地"二元结构模型来分析和解释中国的现实（Hu，2000；谢燮和杨开忠，2005；林理升和王晔倩，2005）；Takatsuka 和 Zeng（2005）建立包含多产业和城市成本的 NEG 模型来解释日本的产业分布。①

第二条研究路径的出现是基于对不同理论的综合，也可归纳为两个研究方向：①试图将贸易理论和新经济地理理论两种理论框架进行融合，认为比较优势和集聚效应是同时起作用的（Torstensson，1997；Davis 和 Weinstein，1999）。如 Davis 和 Weinstein（1999）将包含本地市场效应的新经济地理模型嵌入 H－O 模型，试图用这些贸易模型解释日本的地区生产结构。他们的研

---

① 运输成本高的产业，如钢铁、石油和煤产品，通常布局在接近核心地区，而低运输成本的产业，如电气机械和精密仪器等，分布在边缘地区。他们研究发现，影响日本产业扩散主要有两个因素，即较高的通勤成本和较低的交通成本。

究发现，经济地理因素虽然不能很好地解释国际生产结构,[①] 却对国内地区生产结构具有较强的解释力。[②] 而其他相关研究则在新经济地理模型中加入技术差异、要素密集度等比较优势因素，并得出不同的结论。有的研究表明，比较优势的增加与地区专业化程度提高之间不存在必然联系（Ricci，1999），在存在技术差异条件下，专业化也可能发生在具有比较劣势的地区（Venables，1999）。Forslid 和 Wooton（2003）的研究发现，在既定的比较优势分工模式下，区域一体化将导致国际生产的专业化，且外围国家也可以利用比较优势进行专业化生产；Amiti（2005）在 H - O 框架下，分析包含垂直联系的 NEG 模型，她发现，即使上、下游产业存在要素密集度差异，较低的贸易成本仍将导致所有上、下游企业集聚在同一个国家。[②]根据相关理论建立假说，运用产业数据对计量模型进行检验。Haaland 等（1999）检验了传统贸易理论、新贸易理论、新经济地理理论三个理论对欧盟国家专业化的解释力，对资源禀赋、要素密集度、市场规模、产业关联、贸易成本建立相关假说。在此基础上，Midelfart - Knarvik 等（2000）进行了开创性研究，他们主张，地区间生产结构的均衡模式是由要素禀赋和地理因素共同决定的，在其他条件一致的情况下，所有产业都会选择分布在拥有丰富要素供给、较好市场进入性和接近供应商的国家（或地区）。Midelfart - Knarvik 等（2000）对国家（或地区）特征（包括要素禀赋、市场潜力、中间产品价格、运输强度）和产业特征（包括要素密集度、运输成本、产出份额）对一国（或地区）的生产结构的决定作用进行了考察，他们认为，不同产业特征决定了不同产业分布在不同类型的国家或地区。后来，Midelfart - Knarvik 模型得到了较为广泛的应用，如 Traistaru 等（2002）对欧盟五个转型国家 NUTS Ⅲ 地区专业化的研究；Ge（2006）以及黄玖立和李坤望（2006）对中国省域专业化的研究等。此外，Liang 和 Xu（2004）的研究表明，技术效率改进、规模经济效应和不断扩大的对外开发所产生的动态比较优势促进了中国省域专业化水平的

---

① 出于研究的需要，Krugman 的新经济地理模型中完全剔除了比较优势。但是，Davis 和 Weinstein（1996）运用 Krugman（1980）模型检验 OECD 国家数据的努力却遭遇了失败，从而促使其在一个统一框架对比较优势理论和新经济地理理论进行综合。

② 后来，在同一个框架下，Davis 和 Weinstein（2003）研究发现，OECD 国家的制造业中存在本地市场效应，从而验证了经济地理理论对国际贸易模式和生产区位具有解释力。

提高；Ezcurra 等（2006）考察了地区规模（Regional Size）、运输成本、地区人均收入水平和市场接近性对欧盟全部 NUTS Ⅱ 地区专业化的影响；Golovano-va（2008）则关注初始产业结构、投资环境、研发实力对俄罗斯地区专业化的决定作用，如表 3 - 3 所示。

表 3 - 3　地区专业化影响因素的相关研究

作者	时间	产业	国别/地区与地域范围	地区专业化的影响因素
Harrigan（1995）	1970 ~ 1985	10 个 ISIC3 位数制造业	经合组织20国	资本和非熟练劳动力禀赋是比较优势的来源
Harrigan（1997）	1970 ~ 1990	25 个 ISIC3 位数制造业	经合组织10国	技术水平和要素禀赋
Harrigan 和 Zakrajsek（2000）	1970 ~ 1992	12 个制造业	28 个国家	要素禀赋
Haaland 等（1999）	1985、1992	35 个 ISIC rel. 2 4 位数制造业	13 个欧盟成员国	市场需求区位、比较优势、产业内关联、贸易成本
Midelfart - Knarvik 等（2000）	1980 ~ 1997	33 个 ISIC rel. 2 4 位数制造业	14 个欧盟成员国	高技术型劳动力资源、前后向关联
Traistaru 等（2002）	1990 ~ 1999	2 位数制造业	5 个欧盟转型国家 NUTS Ⅲ 地区	资源禀赋和大市场的地理接近性
Ezcurra 等（2006）	1977、1999	制造业	欧盟 197 个 NUTS Ⅱ 地区	地区规模、市场潜力、地理区位
Golovanova（2008）	1997 ~ 2004	5 位数 OKONH 代码 320 个产业	俄罗斯 78 个地区	初始产业结构，产业的地区内/间技术联系，贸易自由化，投资环境质量，地区研发实力
Gao（2004）	1985 ~ 1993	20 个 2 位数制造业	中国	市场结构、运输成本、对外开放

续表

作者	时间	产业	国别/地区与地域范围	地区专业化的影响因素
白重恩等（2004）	1985~1997	32个2位数行业	中国29个省份	地方保护、内部规模经济、集聚经济
林理升和王晔倩（2005）	1998~2002	制造业	中国沿海—内地二元结构	运输成本差异、劳动力流动障碍
Liang 和 Xu（2004）	1988~2001	20个2位数产业	中国29个省份	技术效率、规模经济、对外开放
贺灿飞和谢秀珍（2006）	1980~2003	26个2位数制造业	中国29个省份	经济全球化、比较优势、规模经济
黄玖立和李坤望（2006）	1980~1997	25个2位数制造业	中国28个省份	比较优势、地方保护主义、经济地理因素

资料来源：作者整理。

除这两条研究路径以外，还有学者强调创新对专业化模式的决定作用。相关研究表明，在不存在国际知识溢出条件下，内生研发投资或特定部门的"干中学"会导致初始专业化模式的锁定（Krugman，1987；Redding，1999）；而国际知识溢出和R&D或"干中学"效率的国家间存在差异的情况下，初始的专业化模式也可能发生逆转（Grossman 和 Helpman，1991）。Porta 和 Minin（2004）以意大利 Milano 省 Lombardia 地区为例，研究了激进创新（Radical Innovation）和技术转移（Technological Shift）对地区专业化的影响。他们发现，区域对待技术的态度不同，其结果亦不同。主动进行技术创新和积极采用新技术的地区，较易在全球分工中取得优势并主导技术的发展，从而促进了该地区相关产业专业化水平的提高。

对中国地区专业化决定因素的研究，国内学者比较注重综合分析，在省域这一地域单元层面的研究较多。国内学界大致形成了以下共识：20世纪80年代，受地方保护主义的影响，各省份产业结构趋同，制约了地区专业化的发展，导致较低水平的地区专业化（Young，2000；白重恩等，2004；黄玖立和李坤望，2006）；90 年代以后，比较优势、规模经济和对外开放政策促进了中国地区专业化水平的提高（Batisse，2002；范剑勇，2004；金煜等，2005；贺灿飞和谢秀珍，2006；冼国明和文东伟，2006）。但是，这些研究偏重于建立理论假说，运用中国的产业数据进行检验，而在笔者看来，中国地区专业化形成机理的理论研究和探讨具有极其重要的理论价值和现实意义，因而成为本书努力的方向。

3. 地区专业化与经济增长的关系探讨

目前，地区专业化与经济增长的相关理论尚未成熟，未形成完整的理论体系（Conroy，1975；Siegel 等，1995；Chandra，2003），因而，无论在理论上还是实证上，地区专业化对区域经济发展的作用仍然是不确定的（Duranton 和 Puga，2000、2001）。由于现有理论难以为实证研究提供充足的支持，这方面的实证研究主要集中在这种关系的经验识别，大体可以概括为以下三个方面：

（1）地区专业化与经济发展水平之间的关系。学者们认为，理论上，地区专业化与经济发展水平之间是存在一定联系的。Acemoglu 和 Zilibotti（1999）的研究发现，在经济发展早期，地区专业化水平是呈下降趋势。Imbs 和 Wacziarg（2003）认为，地区专业化与经济发展水平呈"U"形关系，即在发展初期，地区专业化水平先是下降，经济发展到一定阶段才出现上升。Kim（1995）对美国制造业研究发现，1860～1987 年，地区专业化水平先有所提高，发展到一定阶段后开始下降，地区专业化与人均 GDP 水平存在倒"U"形关系。Traistaru 和 Pauna（2002）运用 1993～1998 年罗马尼亚 8 个NUTS Ⅱ 地区的数据，考察了地区专业化与地区生产总值之间的关系。他们的研究结果表明，绝对地区专业化和相对地区专业化与地区生产总值之间的关系在统计上不显著，即是说，地区专业化与 GRP 之间不存在因果关系。而 Iara 等（2004）对匈牙利的研究表明，地区制造业专业化与 GRP 增长率之间存在正向关系，地区专业化的演变对区域增长具有积极影响。苗长青（2007）运用 1995～2004 年中国 29 个省份 2 位数分类制造业数据测算各地区的相对专业化指数，发现我国省域专业化指数对经济增长的影响十分显著，地区专业化与经济增长呈正相关的关系，系数为 1.72，即地区专业化指数每增加 1%，则 GDP 将会增加 1.72%。

（2）地区专业化外部性与产业增长的关系。Glaeser 等（1992）和 Henderson 等（1995）的两篇经典文献，引领了这一领域的众多研究。Glaeser 等（1992）的研究表明，多样化与本地竞争促进了城市就业的增长，而专业化则不利于城市的就业增长。Henderson 等（1995）的研究发现，城市多元化有利于吸引新部门和创新型部门，专业化则对成熟产业更有吸引力，非标准化和非传统产品的生产倾向于集中在多样化城市，传统标准化产品的生产则集中在专业化城市，并对其他城市出口。对地区专业化是否促进产业增长的这两种观点的支持者势均力敌。Forni 和 Paba（2001）考察了意大利 88 个产业的专业化，发现产业专业化以及相关产业的专业化都促进了本地产业的增长。De Lucio 等（2002）估计了劳动生产率与本地化经济、地方化经济之间的联系，发现竞争和多样化对劳动生产率的增长没有显著作用，而专业化则表现出一种"U"形的关系，即在较低水平的专业化水平不利于劳动生产率增长，高水平的专业化水平则有利于促进劳动生产率的增长。Cingano 和 Schivardi（2004）考察了意大利 784 个地区劳动力体系，有两个发现：①专业化和城市规模对全要素生产率和工资率都具有正效应，多样性、竞争和企业规模等变量均不显著。②在同一个样本下，他们发现，专业化和城市规模对就业增长的效应为负，从而证实了地区就业增长和劳动生产率由不同的影响因素决定。Braunerhj - elm 和 Borgman（2004）的研究发现，1975～1999 年，瑞士的产业地理集中度指数与劳动生产率正相关。

也有大量学者的实证研究发现，地区专业化与产业增长之间存在负相关。Paci 和 Usai（2002）考察了 1991～1996 年意大利的 784 个劳动力市场的地区的制造业专业化，他们发现多样化对经济增长有正面效应，而专业化则有负面影响。Van Soest 等（2002）的样本数据涉及 1991～1997 年 57 个荷兰城市和 1988～1997 年 416 个邮政编码地区，其研究与前面对欧洲其他国家得出的结论相同，即多样化对经济增长起正效应，本地化起负效应。Batisse（2002）分析了 1988～1997 年中国 29 个省 30 个工业产业的数据，发现多样化的工业环境和产业内的竞争度有利于产业的增长，但地区专业化的影响为负。薄文广（2007）采用中国 1994～2003 年 25 个产业的 29 个省份的面板数据，结果发现，专业化水平与产业增长之间存在负相关，多样化程度与产业增长之间存在着一种非线性关系，当多样化程度较低时，多样化不利于产业增长，而当多样化水平较高时，多样化则会促进产业增长。林秀丽（2007）对中国地区专业化的研究也得出类似结论。

（3）地区专业化与地区差距的关系。Ezcurra 等（2004）考察了 1977～1999 年欧盟全部 192 个 NUTS II 地区 17 个制造业①的地区生产专业化对人均收入空间分配变动的影响。其研究表明，地区生产结构与欧盟人均收入的空间分布紧密关联，随着欧盟一体化程度的不断加深，欧盟的地区专业化与地区人均收入差距呈同方向变动，即地区专业化程度的加深进一步扩大了地区收入差异，从而印证了新贸易理论和 NEG 理论的相关推论。由于这方面的研究尚未得到足够重视，有待进一步在理论上和实证上研究地区专业化与地区差距之间的关系。

---

① NACE – CLIO R17 分类。

第四章　地区专业化的本质及其形成机理

本章尝试在一个综合的视角下讨论地区专业化形成的一般规律。阐明地区专业化的各种类型，以及地区专业化的经济性和部门特征；归纳地区专业化形成的各类影响因素；并在时间维度和空间维度下，分别探讨地区专业化形成的动力机制和专业化部门形成的微观基础。

一、地区专业化的类型

目前，依据不同标准，学术界对地区专业化的类型主要有五种划分方法：

（1）根据工业生产专业化的不同形式对地区专业化进行划分。一般地，工业生产专业化主要有三种形式：①对象专业化，亦称成品专业化，指专门生产某种产品的专业企业，如机床制造厂、飞机制造厂等。②零部件专业化，指专门生产成品的个别零件或部件的工程，如汽车配件厂、滚珠轴承厂等。③阶段工艺专业化，是指专门进行个别工艺过程或作业的工厂，如为机器制造厂专门生产毛坯的铸造厂和为纺织厂专门生产棉纱的工厂均属此类。与此相对应，地区专业化可分为部门专业化、零部件专业化和阶段专业化三种形式。[1]

（2）根据区域分工的不同阶段对地区专业化类型进行划分。区域分工大致经历了三个阶段：部门间分工、部门内分工、产业链分工。相应地，在区域分工的演变过程中发展出三种形式的地区专业化：①部门专业化，即不同

---

[1]　魏后凯：《现代区域经济学》，经济管理出版社，2006年版，第160页。

部门在空间上分离，不同地区发展不同的产业。②产品专业化，即同一部门不同产品的生产在空间上分离，不同地区都在发展同一产业部门，但其产品是不一样的。③功能专业化，即同一产品价值链的不同环节在空间上分离，从总部、研发、产品设计、原料采购、零部件生产、装配、成品储运、市场营销到售后服务，每一个环节都可以选择在不同的地区进行投资。

（3）根据社会化大生产的组织形式进行划分。将其分为福特制刚性专业化和柔性专业化。福特制刚性专业化是以规模报酬递增为基础，一条生产线生产同一种专业化产品，又可以划分为纵向地区专业化和横向地区专业化。纵向地区专业化就是在各种产业或生产组织的产业链条上，不同的生产厂商不约而同地把相同或相近的某种中间产品集中在一个地区进行生产，从而利用当地生产此类中间产品的比较优势或区位优势，同类生产厂商共享软硬资源，节约成本，实现劳动生产率的提高和收益最大化目标。横向地区专业化是各种产品的生产分别在不同地区进行，各地区生产的产品之间没有生产链条上的上下游关系，产业和生产组织的地区专业化是一种平行布局的关系。而与福特制刚性专业化对应的是柔性专业化，当柔性专业化生产布局在不同地区时，就形成了柔性地区专业化。①

（4）根据不同地区参与区域分工的程度，可将地区专业化划分为完全地区专业化、适度地区专业化或者称多样化的专业化以及完全地区多样化。完全地区专业化是指一个地区专业化于单一产业或产品。这种形式的地区专业化往往面临较高的产业风险和市场风险。当专业化产业或产品遭受需求或供给冲击时，生产黏性（刚性）的存在使得生产难以迅速调整或转产，从而导致高失业率、地方经济的剧烈波动、增长放缓甚至负增长。适度地区专业化或者称多样化的专业化是指一个地区同时专业化于多个部门或产品，也就是国内区域经济学界一直主张的"专业化与综合发展相结合"。这种形式的地区专业化，有效分散了产业的市场风险，十分有利于区域经济的稳定与发展。而完全地区多样化是一种较为极端的专业化形式，其专业化程度为零，是一种"小而全"的区域生产结构，不利于实现规模经济，在现实中极其罕见。

（5）从不同地域单元划分，地区专业化可以分为国家层面的专业化、省

---

① 安虎森：《区域经济学通论》，经济科学出版社，2004年版，第539~540页。

域专业化、城市专业化和县域专业化等。越大的地域单元越容易表现出多样化的专业化特征，越小的地域单元越倾向于较为单一的专业化。如大都市区和大城市，往往专业化于高新技术产业、高级制造业和高级服务业，同时，"一镇一品"、"一村一品"的专业镇和专业村也大量存在着。

二、地区专业化的本质

本节拟从地区专业化的经济性、部门特征及其与城市规模的联系入手，剖析地区专业化的本质。

1. 地区专业化的经济性

地区专业化不仅具有专业化经济的特点，而且具有自身特有的经济性。它的专业化经济主要体现在以下几个方面：①有利于劳动生产率的提高。专业化和分工使得生产者越来越将其生产活动集中于较少的操作上，从而带来劳动熟练程度的提高，这意味着一个劳动者在单位时间内能够生产更多的劳动产品，从而促进劳动生产率的提高。②专业化和分工会使生产者减少因经常变换工作或变换生产活动中的不同操作而损失的时间，从而节约了生产中的人力资源。③专业化和分工使人们的工作在既定技术条件下变得较为简单，从而减少了工作中的学习时间和培训时间；减少了在工作中所消耗的智力资源，降低了紧张程度；减少了工作中的失误；减少了对高级技术、多面手工人的需求。④专业化和分工的发展，使得生产者可以节约生产时所使用的物质生产资料。⑤企业的专业化和分工发展可以降低企业管理工作的复杂程度，提高企业的管理效率。①

地区专业化通常表现为某一地区特定产业的集聚，主要有三种形式，即单一产业集聚（Mono - Agglomeration）、关联产业集聚（Related Agglomeration）和多产业集聚（Co - Agglomeration）。单一产业集聚和关联产业集聚都是由本地化经济（Localization Economies）主导，二者关系密切。当单一产业

---

① 安虎森：《区域经济学通论》，经济科学出版社，2004 年版，第 536～538 页。

集聚达到一定规模，就会引起关联产业集聚，在关联产业集聚中，专业化产业处于核心地位，这也正是马歇尔产业区的形成原理。胡佛将这种同一产业集聚所产生的本地化外部性描述为"相互紧密联系的产业部门形成的综合体"为本地企业创造的生产合作优势，又称为"反映单一产业集中程度的外部经济"。[①] 本地化经济强调单一产业集聚的作用，即同一产业内的企业在某个区域内的大量集中，有利于知识在企业之间的外溢与扩散，一个产业在特定地区专业化程度越高，越有利于外部性的产生，越有利于产业的创新和经济增长。此外，马歇尔在专业化产业区的论述中，还提到了基础设施共享、中间投入品共享、劳动力共享、辅助行业服务共享等产业集聚带来的经济收益。Henderson（1986）归纳了本地化经济的四种货币外部性：①产业内专业化经济，产业规模的扩大促进了中间产品市场、专业化服务以及金融市场等的发展。②与劳动力市场相关的成本节约，空间集中可以利用熟练劳动力并减少劳动力的搜寻和培训成本。③交通通信成本的降低。④产生专业化产业所需的公共产品和服务业的规模经济。

多产业集聚通常表现为多个产业的地区专业化。在多产业集聚中，本地化经济和城市化经济（Urbanization Economies）共同起作用，二者孰重孰轻则取决于专业化产业的性质。[②] 城市化经济又称多样化外部性，是最广义形式的集聚经济，是外在于企业和产业的、强调多个产业集聚所产生的外部经济。不像本地化经济会随着产生于某个地区特定产业中的企业数量的增长而愈发显著，城市化经济是城市规模的函数，而与单个企业或产业集群的规模无关。城市化经济亦具有多种来源：较好的交通和通信条件降低了企业的运输成本；接近市场以及专业化服务（金融服务、法律服务和会计服务）降低了企业的运营成本，提高了企业的资源配置效率；相邻的大量不同领域的企业，方便了面对面交流，产生了较高水平的知识溢出，鼓励了创新；由于不同产业的劳动力需求波动是不相关的，城市具有较为稳定的总体就业水平。可见，城市化经济与本地化经济在来源上是部分重叠的。

---

① 魏后凯：《现代区域经济学》，经济管理出版社，2006年版，第33页。
② 见后文对"地区专业化的部门特征"的相关论述，此处不赘述。

2. 地区专业化的部门特征

（1）不同地域单元的地区专业化部门具有不同的特点。在比较大的地域范围内，如在一个省内，专门化部门一般是国民经济中的重要部门，如能源、冶金、机械、纺织、电子等工业。在较小的地域范围内，专门化部门可以是一个比较狭小的经济部门，如小商品、制鞋、眼镜等。[①]

（2）不同产业部门对本地化经济和城市化经济的敏感度存在差异，有的是本地化经济主导的，有的则是城市化经济主导的，由本地化经济主导的产业部门更容易发展成为专业化部门。一般来说，制造业更依赖于规模经济，对本地化经济较为敏感，而服务业服务于本地市场，相比之下，城市化经济更重要。在国外，存在大量统计上的经验证据，各国的情况略有不同，但是大体一致。Nakamura（1985）的研究发现，日本城市的工人平均增加值随着本地产业产出规模增长而增加，这种现象发生在大多数资本密集型产业和少数消费品和中间品产业。从而，他认为，对重工业来说，本地化经济更为重要；而对轻工业来说，城市化经济更为重要。Henderson（1986）发现，工人平均产出随着本地产业就业增长而提高，这些产业包括巴西城市中的资本品产业和美国城市中的消费品产业。在后续的一系列研究中，Henderson（1995）发现，成熟产业和高新产业的分布与城市产品生命周期相一致，[②] 高新技术产业是由雅各布斯外部性所主导的，新产品在多样化大的大都市区生产，而成熟产品受本地化经济影响，分散在工资和土地成本较低的中小型专业化城市生产；Henderson（1997）利用 1977～1990 年的美国数据研究进一步发现，机器制造、初级金属制品、交通运输设备、电子设备和仪器制造五个资本品产业是受专业化外部性主导的。Combes（2000）则认为，服务业投入是多样化的，其产出也是多样化的，并不针对某一特定产业或特定消费者。由于投入产出关联的存在，服务业企业更多从具有多样化部门的地区获益，

---

①　胡兆量等著：《经济地理学导论》，商务印书馆，1987 年版，第 294 页。

②　在企业的产品创新阶段，初始创新大多数在多样化的大都市中发生，依托大都市多样化的有利创新环境，技术密集型的新产品在大都市中被生产出来。企业到达成熟阶段后，开始过程创新，产品变得标准化和更为资本密集型，大城市的生产优势消失，高工资和高地价使生产成本变得高昂，企业整体迁移或将生产部门迁移到邻近的中小型的专业化城市或者乡村地区，利用那里较低的要素成本，进行专业化生产，并不断提高劳动生产率。

受多样化外部性主导。制造业则不同，其投入既是高度专业化的，同时具有较高的运输成本，因此，受专业化外部性主导。Combes（2000）对 1984～1993 年法国 341 个就业地区的研究同样表明，服务业部门对多样化经济较为敏感。Almeida（2001）使用 1985～1994 年葡萄牙 275 个地区（Concelhos）的数据研究发现，对于服务业和大多数制造部门，城市化经济的效果较为显著。此外，Braunerhjelm 等（2004）考察了 1975～1999 年瑞典 70 个劳动力市场区的 143 个四位数分类产业（包含服务业），他们的研究发现，知识密集型制造业、具有较强需求联系或供给联系的产业（如网络型产业）和原材料密集型产业的专业化外部性较为明显。

3. 地区专业化与城市规模

现实生活中，大量专业化的中小城市和"多样化的专业化"大都市并存。城市体系呈现金字塔形结构：位于金字塔顶端一级的大都市区集中了大量的研发部门、总部、高级制造业和高级服务业，呈现出多样化的专业化；次级中心各个大城市集聚了各种分支机构，构成销售网络；而位于底层的中小城市，则从事相对单一的专业化。Henderson（1974）对城市形成的研究表明，为获得本地化经济，城市将通过专业化加强产业集聚利益，同时控制通勤成本和拥挤成本。这些专业化城市的规模取决于它们所生产的产品以及相关的本地化经济的发展程度。而如果一个产业是城市化经济所主导的，那么这些企业往往寻求较为多样化的大城市。因此，我们通常看到本地化经济主导专业化于纺织、服装、交通运输、食品加工、造纸等产业类型的中小城市，而受城市化经济主导的高级时装、高端印刷、多种多样的商务服务等产业则集聚在大都市地区（Henderson，1986）。此外，这些城市的专业化部门表现出相当高的稳定性。Henderson（1995）的研究发现，历史上集中过某一产业的城市，在当地具有大量的相关知识积累，从而为该产业中的企业进入这类城市发展提供了一个良好的环境，本地化经济的存在有利于保持该产业的生产和就业的稳定。

三、地区专业化的形成机理

在一个综合视角下，本节主要从时间维度和空间维度对地区专业化的形成机理进行讨论。首先，将地区专业化形成的影响因素归纳为供给因素、需求因素、区位因素、历史因素和制度因素（见表4－1）。其次，在地区专业化部门形成的时间维度下，探讨了地区专业化形成动力机制。最后，对地区专业化形成的微观基础做出分析。

表4－1 地区专业化的主要影响因素分析

影响因素		内 容
供给因素	资源禀赋	矿产、能源等资源；特定要素
	内部规模经济	向下倾斜的平均生产曲线
	外部规模经济	货币外部性、技术外部性
需求因素	本地市场潜力	经济发展水平、人力资本存量
	外部市场潜力	接近大市场的好处
区位因素	地理条件	地形地貌、自然条件
	交通条件	沿江、沿海、铁路/公路沿线
	经济全球化	外商直接投资
历史因素	历史文化传统	手工艺、特殊技艺、生产习惯
	偶然事件	能人经济、经济危机、市场波动
	激进创新	技术引进、创新战略
制度因素	优惠政策	某项优惠政策（产业、税收、投资政策等）
	市场壁垒	地方保护主义

资料来源：作者整理。

1. 地区专业化形成的影响因素

（1）供给因素。资源禀赋条件与专业化部门的生产成本密切相关，自然资源丰裕地区通常专业化于某种资源的开发利用以及以此资源为主要投入品的产业部门，由此产生大量结构单一的资源型和原材料型城市和老工矿区，如以石油开采和石油化工、冶炼为主的东营、大庆，出产原煤的大同、鹤岗、渭南，以钢铁为主的抚顺、鞍山、太原、马鞍山和攀枝花，有色金属业发达的铜陵、金昌等。规模报酬递增型生产技术强调单厂址集中生产的好处，促进了劳动生产率的提高，加速了劳动分工的发展，进而推动了区域分工的进程，增强了地区专业化的路径依赖。正的外部规模经济的存在吸引了同类企业以及相似企业在空间集中生产，促使专业化部门规模迅速扩大，业内的良性竞争与互动产生的技术外部性，孕育了创新氛围，新技术、新工艺的出现降低了生产成本，提高了生产效率，同时，新产品开发周期缩短，专业化部门竞争力得到改善。此外，专业化部门集聚还吸引了大量供应商和上下游企业，发挥前/后向产业关联，建立起稳定的区域生产网络。

（2）需求因素。经济发展水平决定了本地市场潜力。在经济发达地区，人均收入水平较高，本地市场潜力规模较大，专业化部门易于实现规模生产所需的最小规模，有利于为专业化部门的发展打好基础，从而在满足本地需求情况下，轻松实现区际贸易和出口。而在经济欠发达地区，由于本地市场狭小，专业化部门的发展难度相对加大。另外，较高的人均收入水平通常对应着较高水平的地区人力资本存量，从而更有利于专业化部门投入要素质量的提升。

（3）区位因素。区位对专业化部门的影响主要在于通达性的问题，也可称作地区的区位优势。地区所在的区位不仅决定了专业化部门的原料、燃料的可获得性，同时决定了大市场的可接近性。通常，位于交通枢纽的地区，优越的交通区位为其专业化部门的发展提供了便利。尽管偏僻地区的交通条件有所改善，但仍难改变原有的中心—外围格局，凭借原来的有利区位因素发展起来的专业化部门并未受到太大影响。因此，交通区位因素对地区专业化的影响不可忽视，有时这种影响甚至是决定性的。此外，经济全球化对现代专业化部门的发展作用明显。经济全球化加速了生产要素和产品的跨国（地区）流动，专业化部门参与到国际分工链条，就能够利用国际和国内两种市场和两种资源，迅速建立起国际生产和营销网络，从而使专业化部门的实力明显增强。

（4）历史因素。历史因素对地区专业化形成的影响具有一定的不确定性，主要体现在以下几个方面：①历史文化传统，包括手工艺、特殊技术、生产习惯等，对较小地域单元的专业化部门影响比较明显，而且作用可以延续相当长的时间，例如，江南植桑养蚕的历史传统使得丝织业及其相关的纺织服装业一直是我国江南地区某些县、市的特色产业。②某些偶然事件的影响，例如，能人经济带动的专业部门的跨越式发展；外部市场波动、经济危机对专业化部门产生负面冲击。③通过技术引进或实施创新战略的激进创新往往将一个地区专业化引向更高级的层面，甚至主导地区专业化的发展。

（5）制度因素。一个地区的制度设计对专业化部门的发展十分重要。特殊政策或制度，通过改变地区的比较优势从而影响专业化部门的发展。例如，结合本地比较优势制定的某项优惠政策，如特定产业的税收优惠政策和用地、投资优惠政策等，能够为培育发挥本地优势的专业化部门创造良好的发展环境。在我国，最显著的就是改革开放对东南沿海地区的影响，使得广东、福建等地迅速摆脱了资源匮乏的陷阱，依靠吸引外商投资和专业化于加工制造业获得发展机遇。而地方保护主义的存在，对外地专业化部门的产品设置了较高的市场壁垒，且容易招致对方的报复性行为，十分不利于区域分工的建立和深化，互相制约了各自专业化部门的发展。

2. 地区专业化形成的动力机制

任何一个地区的专业化部门都是在其漫长的历史演变过程中逐步形成和发展起来的。[①] 随着经济的发展，地区的比较优势总是处于不断地变化之中，原有地区专业化部门的优势可能逐步减弱甚至丧失，会被其他优势明显的产业部门取而代之，从而出现专业化部门的交替和更迭。按照不同的动力机制，可以将地区专业化大致划分为要素驱动型、市场驱动型和创新驱动型三种类型。

（1）要素驱动型地区专业化的产生是资源禀赋条件优越地区依据比较优势参与区域分工的结果。这些地区往往在密集使用丰裕要素的产品生产方面具有较高的生产率。因此，供给条件成为这类地区专业化发展的主要决定因素。但是，要素产生的集聚力带来的效益是十分有限的，而产品的销售渠道

---

① 魏后凯：《中西部工业与城市发展》，经济管理出版社，2000年版，第115页。

则不存在空间分布界限，甚至可以全球销售，所以，通过产品市场产生的集聚力可以影响较大空间范围。

（2）市场驱动型地区专业化就是专业化部门利用本地内部、外部规模经济的结果，享用本地集中生产和群聚生产的好处，如需求关联和成本关联。需求关联依赖于专业化部门与市场规模之间的互动。大市场地区吸引企业进入，企业进入后又使得大市场区进一步扩大。既通过企业之间进行互相购买商品直接影响市场规模，又通过产业工人的生活消费对市场规模起间接作用，从而产生一种累积循环机制，经济活动的空间集中所产生的作用力进一步促进了这种空间集中。成本关联也以相似的方式发生，差别在于它包含生产成本和交易成本。企业需要购买投入品，如原材料、中间产品、机械设备以及专业化服务如营销和金融服务，专业化部门的发展会吸引投入供应商集聚，降低了投入品的成本，而贸易成本和其他与距离相关的成本（如信息成本）存在，使得供应商集聚发挥自身空间集聚功能，进一步吸引外地专业化部门企业到本地发展，同时加速了新企业的诞生，从而也产生了类似的循环过程。此外，这些关联溢出还导致了其他溢出的产生，当专业化部门中的企业数量达到一定程度时，就会产生技术外部性，信息、知识会加速在部门内流动，工人的集体学习，促进了技术创新、工艺创新和产品创新，同时，部门内分工也更加细化，单个企业的专业化水平提高，劳动生产率改善。因此，可以说，货币外部性是市场驱动型地区专业化产生的动因，而技术外部性则是其发展和成熟的加速器。

（3）创新驱动型地区专业化的形成主要是由技术外部性所引致的，其形成过程也会受货币外部性的影响，即当高技术企业数量达到一定规模时，创新成本就会降低，硅谷就是被列举最多的典型案例。由于保持持续的创新力需要较高的条件，因此创新驱动型地区专业化往往发生在高级产业部门（如高端制造业、高科技产业）或者专业化部门发展的高级阶段。

不同形成类型地区专业化的影响因素如表4-2所示。

表 4-2 不同形成类型地区专业化的影响因素

地区专业化的形成类型	专业化部门特征	主要影响因素
要素驱动型	资源密集型产业	比较优势、要素禀赋、区位条件
市场驱动型	规模报酬递增产业	货币外部性 （前后向关联、成本联系、需求联系）
创新驱动型	高技术产业 高端制造业	技术外部性

资料来源：作者整理。

当然，市场驱动型地区专业化和技术创新型地区专业化的发展都需要一个基本前提条件，即地区已经初步具备了某部门的发展基础，企业数量达到一定规模。这既可能是凭借原来的资源禀赋优势发展起来，也可能是依靠一次良好市场机遇和政策环境的结果。因此，在地区的比较优势发生变化的时候，不同类型的地区专业化之间也会发生转化，如从要素驱动型变为市场驱动型或者创新驱动型。而不同地区依托自身优势发展各自的专业化部门，并互通有无，构成一个国家或地区的生产系统。

而从时间轴上来看，在不考虑历史偶然因素的情况下，地区专业化的产生存在一条发展规律，即要素密集型地区专业化最早发展出来，其次是市场驱动型地区专业化和创新驱动型地区专业化。在经济发展早期，地区专业化部门的形成主要是由供给因素主导的，这一时期的地区专业化主要以要素驱动型为主，市场驱动型并存；而在经济发展中后期，则是由需求因素主导的，如图 4-1 所示。

在经济发展早期，地区资源禀赋条件是决定其专业化部门形成和发展的基础。同时，由于交通运输条件的限制，在区际交换中，运输成本占据产品成本的较大比重。因而，沿江、沿海以及铁路、公路沿线地区的专业化部门发展较快。各地区根据资源禀赋条件进行区域分工，各自专业化于具有比较优势的产业部门，并通过交换实现这种区域利益。在经济发展中后期，专业化部门的形成和发展通常由供给和需求同时决定，但需求因素处于较为重要的地位。科学技术的发展使得每个经济体面临的市场空前扩大，多变的需求条件和日趋激烈的市场竞争，强调企业竞争力和产业竞争优势的培育，使得专业化部门的发展更重视利用内外部规模经济，特别是外部规模经济。接近大市场的地区，本地市场效应较为明显，为专业化部门利用外部规模经济创造了良好的条件，较易形成本地需求引致的地区专业化或者外部需求引致的地区专业化。而无论在哪个时期，制度因素都对各类型专业化部门有显著影响。

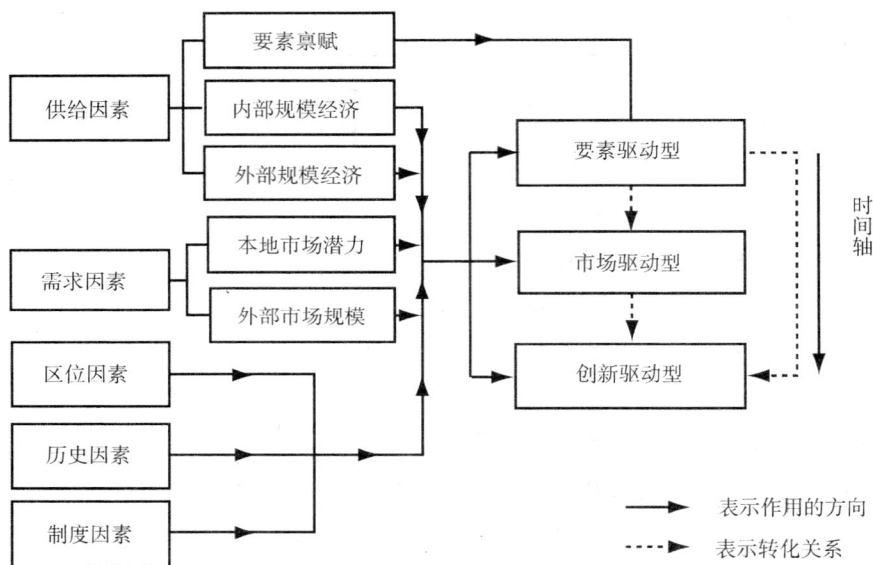

图 4-1　地区专业化形成的动力机制分析

资料来源：作者绘制。

3. 地区专业化形成的微观基础

企业是地区专业化部门发展的基本要素，地区专业化的发展，伴随着区位利益导致的企业净进入①的发生。地区专业化的形成过程，同时也是企业竞争力形成和产业竞争力提升的过程。与产业生命周期类似，地区专业化也存在生命周期（萌芽阶段、发展阶段、成熟阶段和衰退/调整阶段），如表

———————
①　净进入是指进入企业的数量超过退出企业的数量。

4-3所示。在生命周期的不同阶段，对应不同的决定因素，从而，伴随地区专业化的发展，这些决定因素也在不断发生着转换。

表4-3 地区专业化部门的生命周期解析

所处阶段	集聚形态	决定因素	竞争力动态
萌芽阶段	初始集聚	资源禀赋 内部规模经济 本地市场潜力 历史偶然	企业竞争力形成
发展阶段	加速集聚	货币外部性 市场分布（运输成本） 企业预期	产业竞争力形成 企业核心竞争力形成
成熟阶段	集聚饱和/过度集聚 挤出	技术外部性 货币外部性	产业竞争力提升
衰退/调整阶段	扩散/再集聚	外部不经济 路径依赖 制度因素	产业竞争力下降/再生 企业退出/组织分离

资料来源：作者整理。

在地区专业化发展的萌芽阶段，地区专业化的发展主要是由要素禀赋和本地市场条件驱动的。资源禀赋优势为企业提供较为低廉的生产要素投入，市场需求则决定了厂商是否能在最优生产规模进行生产。这种优势吸引了大量企业的进入并引起新企业的产生，导致专业化部门的企业数量加速增加。在地区专业化发展阶段，市场竞争迫使企业从单一的成本竞争转向效率竞争，利用前一阶段所建立起来的部门基础所产生的集聚经济，构建起"供应商—专业化部门"生产网络，并不断完善产品设计，部门竞争力逐步形成。集聚经济使外部企业和本地企业对专业化部门产生良好预期，引致了企业新一轮的快速进入。进入成熟阶段，技术外部性主导着地区专业化发展的方向。日益激烈的市场竞争促使专业化部门更重视创新，同时，部门内部集聚会对新企业产生挤出效应。在衰退/调整阶段，集聚不经济笼罩着专业化部门，由于长期沿用的制度刚性和发展路径依赖，产品市场的不景气，部门竞争力下降，企业破产、迁出或发生组织分离，专业化部门进入自我调整阶段。

值得一提的是，企业进入的速度和数量取决于专业化部门的容量（Capacity），[①] 而后者又是由地区的供给因素、需求因素、区位因素和历史因素共同决定的。下面，我们对地区专业化形成的企业进入过程进行一个简单的静态分析。假定存在一条特定地区的空间盈利曲线 LB，企业进入是由区位利益 LN 决定的（见图 4-2 中的阴影部分），LN = LB - LC，LC 是指专业化部门的平均生产成本曲线，呈 "U" 形，即随着专业化部门中企业数量 n 不断增长，产业竞争力不断增强，当企业数量达到一定程度，拥挤所产生的集聚不经济会逐渐削弱产业的竞争力。为配合前面的分析，作者设计了企业数量增长函数：[②]

$$n_J(t) = M_J \frac{e^{a_J t}}{1 + e^{a_J t}} \tag{4-1}$$

式中，$n_J(t)$ 表示一个地区专业化部门 J 产业中的企业数目；M_J 表示 t 期地区 J 产业的容量；e 表示企业的净进入。

进行这样的设定，目的是得出企业进入特定地区的速度或产业集聚的发展速度公式：

$$\frac{dn_J}{dt} = a_J n_J(t) \left(1 - \frac{n_J(t)}{M_J(t)}\right) = a_J \left[-\frac{1}{M_J(t)} \left(n - \frac{M_J(t)}{2}\right)^2 + \frac{M_J(t)}{4} \right] \tag{4-2}$$

在企业数量达到 $1/2 M_0$ 以前，地区专业化处于形成阶段，产业竞争力不断提升，产业平均生产成本逐渐下降；企业数量大于 $1/2 M_0$ 时，则地区专业化进入稳定发展时期，随着企业数量的增加，集聚带来的区位利益继续增加，但是集聚所产生的挤出效应，使得企业进入的速度放缓，当企业数量达到 $3/4 M_0$ 时，产业平均生产成本降到最低，此后，集聚不经济使得产业平均生产成本上升，企业进入速度一直减缓，直至产业容量达到饱和，进入速度为零。当然，在条件变化的情况下，M 发生变化，将会诱发新的发展轨迹，如图 4-2 箭头所示。

---

① 用该地区可以允许存在的最大企业数衡量，即 Max n。
② 公式（4-1）的推导过程见附录。

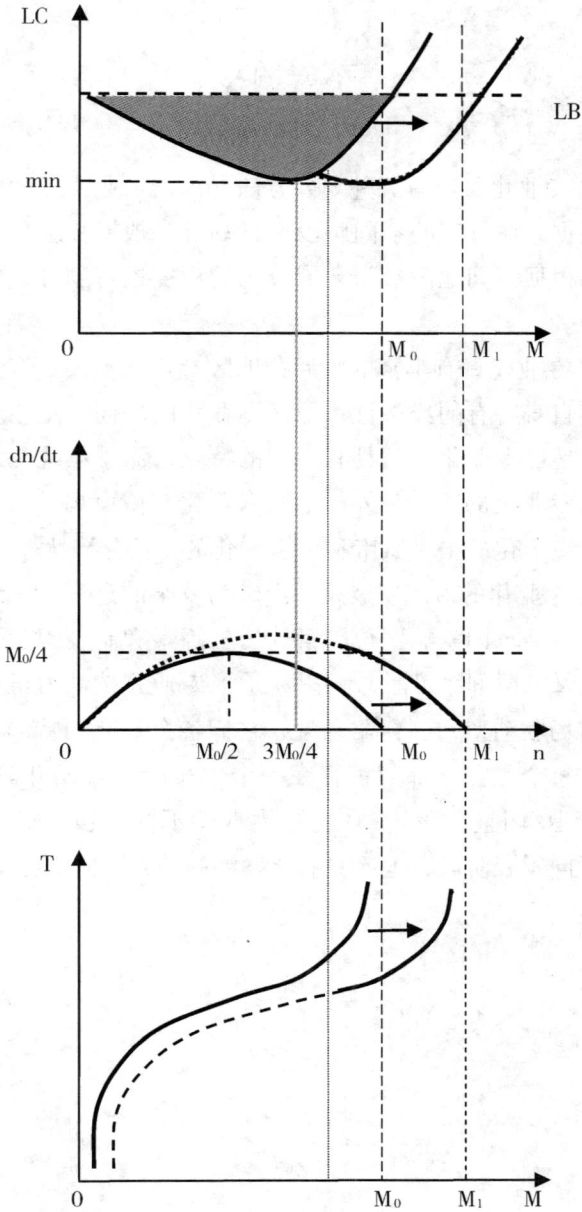

图 4 - 2 地区专业化部门的生命周期解析

资料来源：作者绘制。

本章小结

（1）地区专业化可以有五种划分方法：根据工业生产专业化的不同形式进行划分、根据区域分工的不同阶段进行划分、根据社会化大生产的组织形式进行划分、根据不同地区参与区域分工的程度进行划分、根据从不同地域单元进行划分。

（2）地区专业化具有丰富的内涵：地区专业化不仅具有专业化经济的特点，而且具有自身特有的经济性；地区专业化的部门特征十分明显，不仅不同地域单元的地区专业化部门具有不同的特点，而受本地化经济主导的产业更易发展成为专业化部门；另外，地区专业化与城市规模密切相关，在现实生活中，大量专业化的中小城市和"多样化的专业化"大都市并存。

（3）地区专业化的形成发展是一个较为复杂的过程。①地区专业化的发展是供给因素、需求因素、区位因素、历史因素和制度因素等多种因素综合作用的结果。②从时间维度看，可以将地区专业化按动力机制大致划分为要素驱动型、市场驱动型和创新驱动型，它们各自具有独特的决定因素。③从微观角度看，每个专业化部门都存在一个生命周期（萌芽阶段、发展阶段、成熟阶段和衰退/调整阶段），在生命周期的不同阶段，对应不同的决定因素，从而在不同发展阶段，地区专业化发展的动力机制也在不断发生着转换。

第五章　地区专业化影响经济增长的机制

新经济地理理论和新增长理论的耦合，仅分析了发达地区和欠发达地区之间的地区专业化与分工及其与增长的互动关系，没有正面回答集聚和专业化所导致的地区收入差异问题。因此，本章探究解释地区专业化与经济增长的一般性理论，尝试在一个综合的框架下解决这一理论问题。讨论主要包括四部分：①简述地区专业化促进经济增长的实现机制。②对地区专业化的经济增长效应进行归纳总结。③分析地区专业化存在的风险。④着重探讨专业化模式与地区收入差异之间的关系。

一、地区专业化促进经济增长的实现机制

从地区专业化促进经济增长的作用方式来看，地区专业化可以视为一种特定的要素配置方式。为了最大限度地获取区域利益，每个区域选择特定部门进行专业化生产，通过合理利用内外部规模经济，实现要素积累和地区收入的提高。

一个地区专业化部门的确定和专业化水平的高低是以个体选择为基础的集体选择的结果。追求利润最大化的理性经济人往往倾向于投资高利润行业。于是，这些个体选择的叠加，必将是该地区的完全专业化，专注于单一部门的生产，因而是高风险的，对于保持长期的经济增长极为不利。从而，需要政府制定和出台一系列的政策，进行相应的制度设计，对民间投资进行合理引导，对投资风险进行防范。如引导企业进入能够发挥本地比较优势的产业的投资政策和相关税收优惠，建立产业投资风险基金等，以保证一个地区专

业化水平控制在合理范围之内，实现最优的专业化。①

随着专业化部门的发展，内部规模经济效益开始显现，同时，随着越来越多的企业进入专业化部门，集聚经济也开始产生，地区专业化促进经济增长的机制开始发挥效应。这种特定要素配置方式主要具有高报酬、高密度、高流动性和高积累率的特点。

（1）高报酬。一方面，由于对专业化经济的利用，各种要素都能够在专业化部门中获得较高的报酬：大规模的资金要素投入可以得到较稳定的投资回报率，专业化劳动力则可以得到较高的货币工资。另一方面，外部规模经济则给各种要素带来各种非货币报酬，如专业化部门容易引起相关产业协同集聚，促进本地市场的扩大和繁荣，降低了专业化地区产业工人的生活成本，从而无形中提高了产业工人的真实工资；专业化产业区活跃的技术和信息交流，为产业工人学习新技术、掌握新技能创造了便利，使产业工人比较容易通过知识和技术的积累和更新提高人力资本，并通过向高技能岗位的转换，获得更高水平的货币工资。

（2）高密度。在专业化部门的发展过程中，常伴随大量生产要素流入专业化地区。起初，要素的集聚力来源于对内部规模经济的利用，较高的要素报酬是主要的集聚力。而当专业化部门发展到一定程度时，就会产生空间集中的外部效应，此时，外部规模经济产生的非货币报酬开始占据主导地位，并吸引生产要素加速向专业化部门集中。从而，专业化部门往往集中了该区域的优质要素，具有较高的经济密度。特别在我国江浙一带的专业镇，用厂房林立来形容也不为过。对内部规模经济的利用实现了个体厂商的最优化，而空间集中生产所产生的外部规模经济，则惠及专业化部门乃至整个区域经济。

（3）高流动性。由于专业化经济所产生的高效率，各类生产要素和中间产品不仅在企业内部伴随生产工序高速流动，而且快速在企业之间移动。厂房和设备租赁发达，提高了固定资本的使用效率；稳定的用工需求创造了熟练工人和非熟练工人较高水平的就业预期，促进了劳动力的合理流动；工业资本和商业资本活跃，稳定的收益率使专业化部门的企业比较容易从金融机构获得资金支持。

---

① 虽然这对于个体来说可能是次优的选择。

（4）高积累率。当专业化部门的发展到达成熟阶段，将有更多的优质要素被吸引过来，地区专业化引起的生产率提高、不间断的技术创新、劳动力的自觉专业化，促进了物质资本、人力资本和知识资本加速积累。①物质资本的高积累。随着地区专业化的发展，大企业内部和企业之间容易建立起发达的生产协作网络、通畅的销售渠道和稳定的市场需求，企业利润大多积累起来用于扩大再生产和研发投入，通过技术升级和产品更新来不断创造新的需求，以维持专业化部门的长期发展。②人力资本的高积累。不仅专业化部门的产业工人通过"干中学"，实现个体人力资本的积累，专业化部门还吸引大批中高级人才到本地发展，从而共同促进了专业化部门人力资本存量的扩大。③在地区专业化的发展过程中，经常发生不间断的创新，使得本地的知识资本不断地积累。

于是，在这种高报酬、高密度、高流动性和高积累率的要素配置作用方式下，一个累积循环的过程产生了：地区专业化生产引起地区收入的增加，提高了本地居民的消费能力，促进本地市场潜力扩大和集聚经济的发展，进而推动专业化部门的发展（见图5－1）。

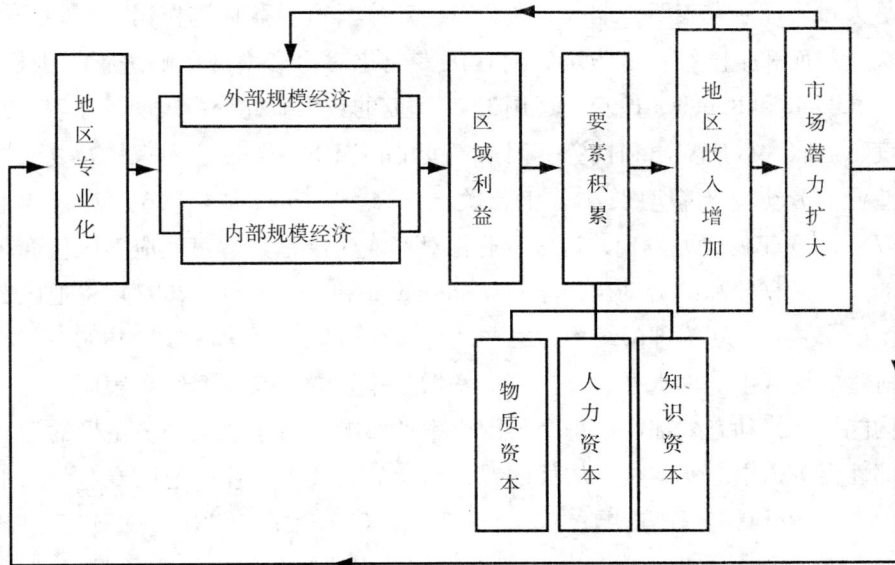

图5－1　地区专业化促进经济增长的累积循环机制

资料来源：作者绘制。

二、地区专业化促进经济增长的
效应分析

地区专业化对经济增长的影响，可大致概括为生产率效应、创新效应、劳动力市场效应、收入效应和产品市场效应五个方面，且各个效应之间存在着相互促进的关系。地区专业化的经济增长效应强度因专业化的产业而异，因地区资源禀赋而异，即在同等条件下，高级产业专业化的经济增长效应高于传统产业专业化的增长效应；在同等条件下，资源禀赋丰裕地区的专业化效果也明显高于其他地区。此外，集聚经济的发育程度、制度保障等因素也影响着地区专业化的经济增长效果，在同等条件下，集聚经济发达，制度先进的地区，地区专业化的经济增长效应更容易发挥出来。

1. 生产率效应

大量实证研究表明，地区专业化对生产率具有显著促进作用，这些研究从企业层面和生产结构等方面，对地区专业化对生产率的影响进行了剖析。如 Weinhold 和 Rauch（1999）运用35个国家的数据研究分析表明，在假定开放度、通胀、政府支出和投资等因素不变的情况下，欠发达国家的专业化与制造业的劳动生产率增长显著正相关；Maré 和 Timmins（2006）对新西兰 1987～2003 年的研究发现，地区专业化对产业生产率具有正效应，区位商较高的产业具有较高的劳动生产率；Oosterhaven 和 Broersma（2007）将地区劳动生产率差异分解为部门结构、集群经济和其他地区要素，考察 1990～2001 年荷兰的地区生产率水平差异和生产率增长率差异，其研究结果表明，部门结构能够解释动态外部性对每个州生产率的影响，由本地化经济主导的静态外部性促进州生产率增长，从长期看，初期的高技术产业的地区专业化水平对生产率增长具有显著影响；De Lucio 等（2002）利用 1978～1992 年西班牙26 个制造业数据发现，本地化外部性与生产率增长呈二次函数关系（"U"形），在初期，较低水平的地区专业化对生产率增长起负作用并可解释增长率地区差异的1/4，集群经济则可以解释 1/4 的生产率水平差异和 1/3 的生产率增长率差异。但是，这些研究对其中的作用机理未进行细致的阐释。

地区专业化通过促进一个地区劳动生产率的增长而引起经济增长，是地区专业化影响经济增长的最直接的作用机制，其发生机理主要有三个层面：

（1）基于区域分工的资源配置效率提高。地区专业化使得各地区依据自身的比较优势和竞争优势进行区域分工，集中力量发展专业化部门，进而各地区的资源得到优化配置，在区际贸易的推动下，更易实现专业化部门劳动生产率改进产生的全局效应。

（2）对内外部规模经济的利用导致的生产效率提高。Quah 和 Rauch（1990）的理论研究证明，递增的专业化通过实现规模经济从而促进了劳动生产率的加速增长。Partridge 和 Rickman（1999）的静态分析发现，当地区专业化到达一定水平后，由于知识共享（Knowledge Sharing），地区专业化开始促进生产率增长。

（3）通过人力资本积累导致人力资本溢出进而拉动生产率的提高。在 Lucas（1988）的单一地区封闭经济的动态模型中，人力资本积累产生了正外溢效应——如果一个工人获得一个新技能，则该地区所有工人的生产率都会提高。但是，Lucas（1988）并未就其中的机理进行明确说明。Acemoglu（1996）后来的研究发现，在工人技能与企业匹配存在成本的条件下，内生人力资本积累溢出的发生是有可能的，从而支持了 Lucas（1988）的观点。后来，Black 和 Henderson（1999）将 Lucas（1988）、Henderson（1974）、Eaton 和 Eckstein（1997）的模型要素进行了整合，构建了城市体系形成的动态模型。模型假定存在特定地区（Location – Specific）的专业化外部经济和人力资本外部性，产业集聚使得该地区同一产业中所有企业获得更高的生产率，劳动力集聚使得所有当地工人的生产率提高。在此条件下，城市体系形成，每个城市专业化于一个出口产业，在稳态条件下，每个城市和每个产业具有相同的增长率。

2. 创新效应

地区专业化有利于创新，进而促进了经济增长。知识溢出的空间局限是地区专业化促进创新进而促进增长的根本原因。地区专业化促进创新主要有知识积累（"干中学"）、交流外部性和创新网络（地区创新系统）三个途径。

（1）知识空间溢出的地理局限。当今，信息技术的飞速进步，使编码知识的传播速度大大加快，也大大降低了传输成本，但是更多的创新是通过非编码知识或隐性知识（非正式知识）传播的，从而导致了知识空间溢出的地理局限，① 即技术或知识外部性随着距离衰减。Audretsch 和 Feldman（1996）的研究发现，创新活动在知识外部性发挥作用的产业和集群中更加明显。Funke 和 Niebuhr（2000）在对德国 75 个地区的横截面分析中发现，知识溢出主要在邻近地区发生，每向外延伸 23 ~ 30 公里，知识溢出源对创新活动的正效应减少 50%。Bottazzi 和 Peri（2003）研究 1977 ~ 1995 年欧洲地区的数据发现，来自研发投资与专利申请的知识溢出对邻近地区的创新活动具有明显影响的有效距离为 300 公里；一个地区研发支出每增加一倍，本地创新活动可增加 80% ~ 90%，但邻近地区的创新活动只增加 2% ~ 3%。

（2）欧洲和美国的经验事实。关于欧洲国家和地区的有关研究表明，地区专业化外部性有效地促进了当地的创新活动的发展。② Paci 和 Usai 的一系列研究发现：部门专业化和创新产出之间存在显著正向关系，创新发生在制造活动活跃地区（欧洲 NUTS – Ⅰ 地区数据，Paci 和 Usai，2000）；特定产业的创新活动（以专利数表示）在专业化于该产业的地区具有较高水平（Paci 和 Usai，2000）。Greunz（2004）对欧洲 NUTS – Ⅱ 地区的研究也得出相同结论。但是，美国的相关研究表明，雅各布斯的理论更适用于美国的情况，即多样化而非专业化更有利于创新。Feldman 和 Audretsch（1999）运用美国城市层面四位数产业数据研究表明，部门专业化对创新产出具有负效应，在专业化程度高的城市中，该专业化产业的创新产出水平反而较低，从而支持了雅各布斯的观点。Duranton 和 Puga（2000）认为，可以将其看做一种特征事实（Stylized Fact）。

此外，也有研究表明，专业化和多样化外部性同时对创新起作用（Paci 和 Usai，1999）。Panne 和 Beers（2006）认为，MAR 外部性和雅各布斯外部性在创新的不同阶段发挥着不同作用。根据他们对荷兰的分析，MAR 外部性

---

① 知识具有空间局限性是基于创新过程的五个典型事实（Dosi，1988）：创新过程的不定性、创新过程的复杂性、对基础研究的依赖性、"干中学"的重要性和创新活动的积累性。

② 也有例外的情况，Paci 和 Usai（2002）考察了 1991 ~ 1996 年意大利的 97 个部门，784 个劳动力市场的地区的制造业专业化，发现多样化对经济增长有正面效应，而专业化则有负面影响。

在创新活动的初期具有较强作用，而雅各布斯外部性则在创新活动的市场化阶段发挥主要作用。由此我们可以推断，多部门专业化对于创新的促进作用将是巨大的，能够有效地实现 MAR 外部性和雅各布斯外部性的平衡。

（3）地区专业化促进创新的主要途径。①知识积累（"干中学"）。一方面，地区专业化的形成过程通常伴随专业化部门的信息、知识和技术的不断丰富，各种专利、发明的涌现持续推动着专业化部门的发展；另一方面，地区专业化引起的劳动力专业化，产生了一条学习曲线，熟练工人、技术工人和研发人员通过"干中学"① 进一步促进了知识积累，并促进了人力资本存量水平的提高。从而，专业化部门长期发展所积累起来的知识资本和人力资本成为促进经济增长的重要因素。②交流外部性。交流外部性是在知识溢出空间局限条件下，知识溢出的重要方式。地区专业化往往导致大量专业技术人员和专业化劳动力集聚，各种形式的正式与非正式交流促进了信息、知识和技术在本地区的流动，易于实现知识的迅速扩散和专业化部门整体知识水平的提高，为创新提供了良好的氛围。③创新网络（地区创新系统）。地区专业化的发展，使得地区有能力组织起以专业化部门为中心的创新网络或地区创新系统。专业化部门可以更好地利用本地的科研机构和教育资源，推动产学研结合，促进创新向生产转化以及创新成果的市场化，逐步培育起创新网络。Fritsch 等（2007）的研究发现，地区专业化与地区创新系统（Regional Innovation System）的绩效之间的关系呈"U"形，地区专业化只在一定程度上对地区创新系统起正向作用，即只有在专业化部门足够强大的情况下才能支撑起地区创新系统发挥作用。

3. 劳动力市场效应

地区专业化的劳动力市场效应主要体现在就业增长、人力资本积累和劳动力市场效率改进三个方面：

（1）就业增长。地区专业化部门中企业的加总需求使工人们产生了良好的就业预期，促进了拥有该产业特定技术的劳动力集聚，从而实现就业增长。

---

① 隐性知识和地理约束知识的溢出会引发当地的集体学习过程（Markell 等，1999；Lawson 等，1999）。

Combes（2000）对 1984～1993 年法国 341 个地区的研究表明，有 13 类制造业部门的地区专业化促进了本地就业增长。而在我国，由于东部沿海专业化产业区存在较为稳定的用工需求，吸引了中西部地区的大量农村剩余劳动力到东部就业。同时，在这些专业化产业区，也集中了大批技术熟练工人。

（2）人力资本积累。地区专业化引起了劳动力集聚，促进了人力资本积累。企业对熟练工人的竞争抬高了工人的工资，从而激励那些熟练工人对人力资本进行追加投资，并引起大量非熟练劳动力集体学习，实现劳动力专业化和人力资本积累。[1] 同时，由于人力资本投资具有社会报酬递增的性质（Acemoglu，1996），使该专业化部门及其所在地区获益。Wheeler（2005）对 1980 年、1990 年、2000 年美国 200 多个都市区，77 个三位数分类制造业数据的实证研究表明，人力资本平均水平随着地区专业化程度加深而提高。[2]

（3）劳动力市场效率改进。地区专业化引起的劳动力集聚以及劳动力专业化使得工人和企业职位得到更好的匹配（Andersson 等，[3] 2007），从而缓解了结构性失业，提高了劳动力市场的效率。工人在合同期满，能够在当地顺利实现再就业，降低了工人的工作岗位转换成本，使得专业化地区的就业率能够长期保持稳定，这也成为专业化地区维持充足产业工人储备的重要决定因素。

4. 收入效应

地区专业化不仅将地区的专业化部门发展依托的各类区域优势转变为区域利益，而且还产生了一系列的收入效应，如专业化部门的乘数效应、劳动力集聚产生的收入扩大效应、区域品牌效应、投资效应和技术市场化效应等。

（1）专业化部门的发展，通常吸引本部门的上、下游产业在本地集聚，并拉动本地的商务、金融、餐饮、培训等服务产业的产出，从而发挥不可忽视的增长乘数效应，带动本地经济的增长，其中的作用机理实际上在卡尔多的出口部门乘数原理中得到了详细的分析。专业化部门发展引起的产业集聚，产生了巨大的外部规模经济效应，也成为推动本地经济增长的重要力量之一。

---

① Rotemberg 和 Saloner（2000）的局部均衡模型描绘了这一过程。
② 模型中，人力资本是以受教育水平和工作经验来衡量的。
③ 他们的研究还发现，生产的互补性和分类匹配是城市发展保持良好生产率的重要来源。

（2）专业化部门所吸引的劳动力集聚，不仅增加了劳动力收入，而这些劳动力在本地生活和消费，也在一定程度上促进了本地经济增长。专业化产业区发展到一定阶段，随着所集聚的劳动力不断增加，必将引起大批生活服务设施的兴起，对房地产、餐饮、商贸等第三产业需求扩大，有力地支持了当地第三产业的迅速发展。

（3）专业化部门的发展容易为本地区积累起特色区域品牌，典型的如中关村（电子通信产业）、诸暨（毛皮）、义乌（小商品）等。这个效应在我国东部沿海发达地区的专业镇最为明显，区域品牌不仅扩大了本地市场的影响力，还吸引了大量的商家到本地交易，逐步发展成为行业市场信息中心和商品的集散地，集聚所产生的本地市场效应和价格效应在这里发挥得淋漓尽致，信息外部性空前活跃，从而有力地促进了本地经济的繁荣。

（4）专业化部门还容易吸引较多的外来投资，促进本地的资本存量提升。我国"长三角"和"珠三角"地区的大量专业镇，由于其原有的产业基础，在国家对外开放政策作用下，积极吸引和利用外资，实现了产业升级，加入到国际产业分工环节，如广东东莞市清溪镇的电子产品生产、浙江上虞市崧厦镇的伞具产业，以及江苏昆山市的自行车专业镇和 IT 产业专业镇。

（5）当以专业化部门为核心的区域创新网络发展起来的时候，大量相关技术和专利的市场化将为本区域带来可观的收益。最富代表性的当属美国硅谷，IT 产业的发展和源源不断的技术创新，使其成为美国乃至世界 IT 产业的技术源头，控制着世界领先的 IT 技术的核心和新技术的发布。

5. 产品市场效应

地区专业化的产品市场效应主要有两方面：①专业化市场的形成。专业化产业区吸引上下游厂商的集聚，从而促进了各类专业化市场的发育，如原料和辅料市场、最终产品大型交易市场。在我国，很多大型的商品交易会和博览会都是在专业化产业区定期举办的，如福建晋江的鞋服博览会、浙江义乌的小商品博览会、山东寿光的农产品交易会、河北白沟的箱包博览会等。②交易成本的节约。在专业化地区，大量相关厂商集中生产和集中交易，易于建立长期合作关系，并促进良性竞争的市场氛围的形成。从而大大降低了各种交易成本。

在地区专业化的各种经济增长效应中，存在三组互相促进的关系（如图 5 - 2 所示）：①生产率效应和创新效应的促进关系。较高的劳动生产率能够长期支持不间断的创新活动，而持续的创新进一步推动了劳动生产率的提高，中国中关村和美国硅谷就是最为典型的代表。②劳动力市场效应和收入效应的促进关系。较高的收入水平往往吸引大量劳动力到专业化部门及其上下游部门就业和创业，而繁荣的就业，又促进了地区收入的增加。在我国的专业镇和专业村发展初期，龙头企业的带动作用十分显著，吸引就业和提高收入互动。③收入效应与产品市场效应的促进关系。产品市场的繁荣有利于增加地区收入，扩大区域品牌的影响力，这反过来又进一步促进了产品市场的繁荣。于是，各种力量交织在一起，互相促进，相互增强，使得地区专业化对经济增长的重要性更加凸显。

三、地区专业化的风险

地区专业化的发展存在一定的经济风险。有学者认为，由于存在不确定的生产风险，专业化生产引起的福利损失甚至可能超过其带来的利益（Brainard 和 Cooper，1968；Kemp 和 Liviatan，1973；Ruffin，1974；Kalemli - Ozcand 等，2003）。地区专业化的风险主要体现在三个方面：①单一结构面临的发展脆弱性。②单一类型劳动力专业化引起的失业风险。③地区专业化导致的路径依赖或者发展惯性带来的挤出效应。

1. 单一结构面临的发展脆弱性

依靠单一专业化部门发展的地区常常面临较高的发展风险。一方面，单一专业化或片面专业化，地区经济完全依赖一个或极少数产业，根据产业周期理论，在产业发展的不同阶段，产业增长呈"S"形曲线。在专业化部门发展初期，能带动经济快速发展，但是，当专业化部门进入成熟阶段，增速就会变慢，从而引起地区经济增速放缓，一旦专业化部门进入衰退或调整阶段，地区经济就会长期处于低水平发展状态。因此，在现实经济生活中，较大规模的地区往往坚持多部门发展战略，多个主导产业的产业周期叠加起来，

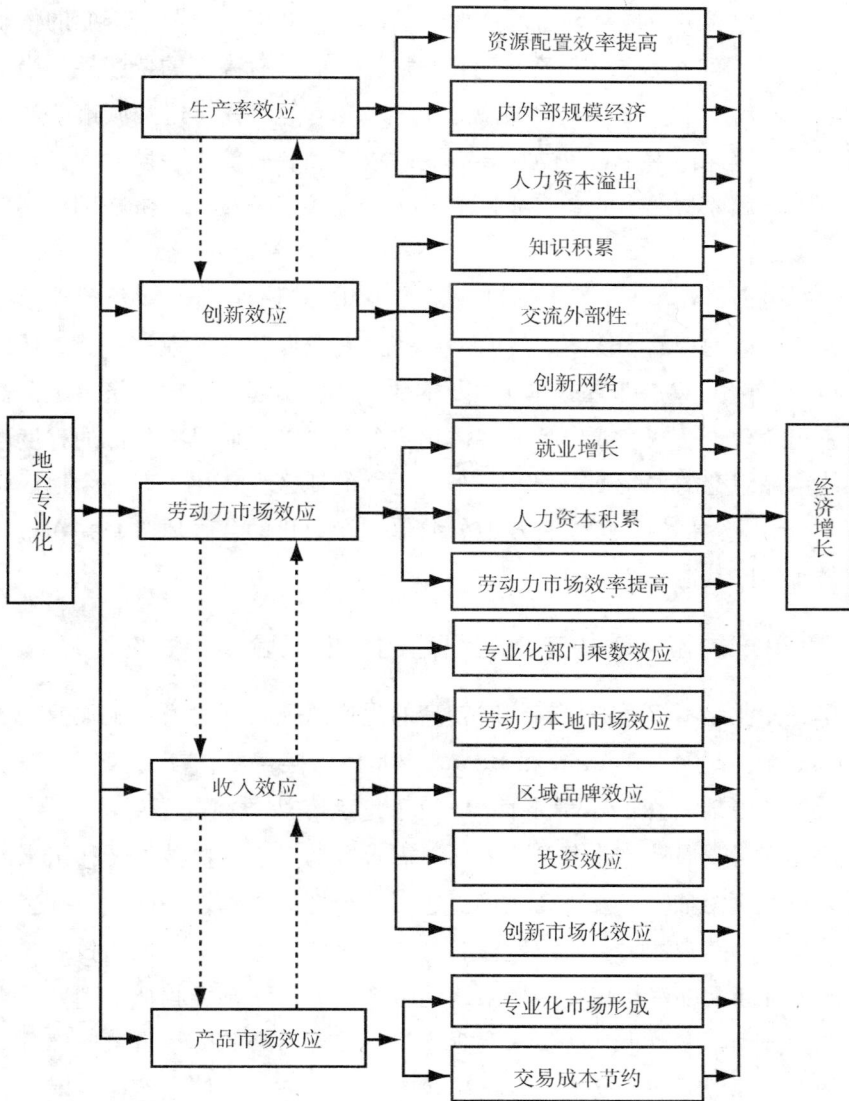

图 5－2 地区专业化的经济增长效应

资料来源：作者绘制。

能够平抑产业进入成熟和调整时期对经济增长带来的负面影响，从而促成区域经济的长期稳定增长。在我国东北地区和中西部地区存在大量资源型和原材料型的老工业基地城市，其发展都面临单一专业化的约束。由于采掘业与相关配套产业已经形成了紧密的产业链，产业关联度大，配套产业的依附性强，使得城市经济发展对资源工业或原材料工业具有高度的依赖性。当资源工业或原材料工业发展遇到"瓶颈"，陷入衰退的时候，这些城市的产业结构难以产生缓冲作用，而新的主导产业的成长和壮大需要一段时间，从而造成了资源型和原材料型的老工业基地城市产业接续困难，经济长期低迷，亟须国家援助。

另一方面，在单一专业化地区，当专业化部门遭遇外部供给或需求冲击时，其所生产的产品、使用的技术和设备具有较低的灵活性和较差的适应性（Combes，2000），产业衰退往往波及本地经济，引起大规模经济衰退。而根据投资组合理论，资产或产品的多样化会降低风险，而风险降低的程度取决于最终产品组合的关联度。因而，坚持适度的地区专业化，即一个地区同时拥有几个专业化部门，可以有效地分散单一专业化的各种风险，并在市场冲击中易于转向其他生产。

2. 单一类型劳动力专业化引起的失业风险

单一专业化不仅面临具有相对较高的生产风险，同时增加了失业的风险（Frenken 等，2004；Baldwin 和 Brown，2004）。换言之，较高程度的地区专业化增加了当地就业的不稳定性。[①] 由于地区专业化引起了劳动力专业化，当专业化部门遭遇外部冲击引起劳动力需求紧缩时，这些被迫转移出来的产业工人再就业的难度较会增高，将遭遇不同程度的结构性失业，不利于当地的就业稳定。结构性失业的发生程度与专业化部门工人所掌握的技能与当地其他产业的匹配度密切相关，如果该地区产业的技术基础相似，则冲击带来的就业的波动幅度较小，这些从专业化部门转移出来的劳动力可以部分为当地其他产业部门吸纳；反之，将产生较大的就业波动。例如，在我国资源型和原材料型的老工业基地城市，同样面临原有产业工人"转型难"的问题，随着资源工业和原材料工业的衰退加速，从这些产业中转移出来的劳动力大多受教育程度低，技能单一，适应能力差，在短期内很难被新产业吸纳，从

---

① Hammond 和 Thompson（2004）建立了一个动态劳动力市场模型，考察了人口特征和产业结构地区就业不稳定的决定作用。

而再就业率很低，极不利于社会的稳定发展。

3. 地区专业化导致的路径依赖

地区专业化常常演变为一种路径依赖或者发展惯性，从而对新技术、新产品产生挤出效应，使得当地很难发展新的专业化部门，同时，这在一定程度上降低了人力资本积累的速度，不利于技术进步和创新的实现。特别地，基于能源和矿产开发的地区专业化，通常会遇到经济增速下降、收入减少等"瓶颈"。Michaels（2006）研究了 1940～1990 年美国南部地区的产油县的高度专业化。他发现，在地区专业化发展初期，这种专业化对当地经济具有正面影响。由于在 20 世纪 40 年代美国南部地区还是以农业为主，石油开采业与农业相比具有较高的技术密集度，因而，这些产油县比相邻的农业县拥有更多的技术型劳动力，高中毕业文化程度劳动力比重高出 3 个百分点。1949年，产油县的人均收入高出邻近县近 30 个百分点。但是，当美国南部地区的生产结构从以农业为主转向发展制造业和服务业时，产油县的产业结构转变却十分缓慢，伴随的是低速的人力资本积累过程。于是，到 1990 年，产油县的劳动力平均文化水平已经低于周边县，而产油县的人均收入与邻近县的差距也缩小到 5%～6%。

地区专业化存在的经济风险，使得制度的重要性凸显出来。地区专业化促进经济稳定增长，需要有一个完备的制度保障，如各类保险、[①] 转岗培训政策、产业更新政策等。Kalemli‒Ozcand 等（2003）的研究表明，保险水平较高的地区，往往伴随较高水平的地区专业化，这些地区通过保险实现了专业化风险的分担。

四、专业化模式与地区收入差距

不同类型的区域分工模式决定了参与分工和专业化的各个地区的区域利益分配模式，从而引起地区差异的扩大或者缩小。垂直型分工下的地区专业

---

①　Helpman 和 Razin（1978）认为，可以通过保险来保全专业化利益。

化倾向于扩大地区间收入差异，水平型分工下的地区专业化容易引起地区差异缩小，混合型分下的地区专业化对地区差异的影响取决于何种分工模式占主导地位。

1. 垂直型分工与地区差异扩大

垂直型分工下的地区专业化引起地区差距扩大主要基于以下原因：

（1）专业化部门的生产率差异。在垂直型分工格局中，上游产业主要是资源和原材料密集型产业，中游产业控制着这个产业的核心技术和关键的中间产品，多数为资金密集型和技术密集型，下游产业多为劳动密集型。从而，中游产业专业化地区生产率最高，其次是下游产业专业化地区，上游产业专业化地区的生产率最低。由于专业化部门对地区经济的决定性作用，在垂直型分工下，专业化部门的生产率差异必然导致各地区经济增长轨迹的分异，中游产业专业化地区往往维持较为稳定的经济增长和较高水平的地区收入，下游产业专业化地区次之，上游产业专业化地区的收入水平最低。

（2）有限的地区间溢出。由于中游产业的专业化地区对上、下游产业专业化地区拥有较强的控制力，因而，为了获取更多的区域利益，专业化于中游产业的地区往往希望固化这种区域分工和专业化模式，以强化自身的控制力，得到供应稳定且价优的原料和能源以及廉价的加工组装环节，从而导致了地区间溢出的不足。中游产业专业化地区通常通过封锁信息，为技术人员跨区域流动制造障碍等地方保护手段，来抑制上、下游产业专业化地区的转型。

（3）上、下游产业专业化地区的低水平发展陷阱。在垂直型分工格局中，上、下游产业专业化地区处于被动地位，上游产业专业化地区尤其容易陷入低水平发展陷阱。由于所使用的劳动力类型单一，技能低下，这些地区长期面临低工资水平和较低的开放度，人力资本积累长期不足，人才外流严重，从而导致主导产业和结构转型的基础十分薄弱。

2. 水平型分工与地区差异缩小

与垂直型分工不同，水平型分工下的地区专业化倾向于缩小地区差异，其机理主要在于大量的地区间溢出的存在以及良性区域竞争与合作的作用。

（1）大量地区间溢出。由于水平型分工下各地区的专业化部门在生产技术和工艺上比较近似，生产率也比较接近，因而，在区际贸易中，各地区都是对等的地位，地区间的交换以中间产品为主。资金、人才、各类信息在地区间高速流动，由此产生的溢出效应十分明显，使得各个专业化地区都能从中获益。从而，水平分工下的各个专业化地区的经济增长路径较为接近，地区收入差异不大。

（2）良性区域竞争与合作的作用。在水平型分工下，各地区生产功能和用途相近的差异产品，因而面临相同的消费市场。一方面，竞争压力成为各地区专业化部门不断创新、开发新产品、新技术和新工艺的动力，以保证获取正当的区域利益；另一方面，共同的技术基础和临近的地缘关系，使得各个专业化地区容易结成战略合作伙伴关系，共同致力于技术合作、市场开发和品牌建设，从而，水平型分工下的各个专业化地区的经济互相促进、互相增强。

3. 混合型分工与地区差异

混合型分工对地区差异的影响取决于分工中何种分工模式占主导地位。水平型分工占主导的混合型分工和专业化有利于促进地区差异缩小，而垂直型分工占主导的混合型分工和专业化则倾向于扩大地区差异，强者愈强，弱者愈弱。

在20世纪末，中国地区专业化由过去的"沿海—加工，内地—资源"的垂直型分工与专业化模式逐渐转向"沿海—加工，内地—资源和加工"的混合型分工与专业化模式。若从东部沿海地区的角度看，由于区际利益，当然希望能将垂直型分工固化下去，谋取较高的利润。若从内地的角度看，则必须打破这种分工，实现产业升级，才能摆脱落后的局面。进入21世纪以来，随着中国进入工业化中后期，在空间和资源环境的双重约束下，东部沿海地区制造业面临升级和转型，亟须将部分产业向外转移，同时，这也为中西部地区发展新的主导产业提供了良好的机遇。从而，为东部地区与中西部地区的分工与专业化模式转换创造了条件。但是，目前国内的混合型分工与专业化模式仍是由垂直型分工主导，而随着东部产业和中西部产业的对接，中西部地区能够更好地发挥比较优势，培育优势主导产业，建立新的经济增长点，从而扭转分工中的被动局面，逐步缩小与东部地区的差距。

本章小结

本章从四个方面讨论了地区专业化影响经济增长的机制：

（1）地区专业化促进经济增长是通过一条累积循环路径来实现的。在这个过程中，地区专业化可视为一种特殊的要素配置方式，且具有高报酬、高密度、高流动性和高积累率的特征。通过这种方式，地区专业化生产引起地区收入的增加，从而提高了本地居民的消费能力，促进了本地市场潜力的扩大和集聚经济的发展，这反过来又推动了专业化部门的发展，由此循环往复。

（2）地区专业化促进经济增长的普遍规律可以大致概括为五个方面，即生产率效应、创新效应、劳动力市场效应、收入效应和产品市场效应，且各个效应之间存在相互促进的关系。

（3）地区专业化的发展存在一定的经济风险，单一专业化或片面专业化的经济风险尤其大。这些风险主要来源于三个方面：①单一结构面临的发展脆弱性。②单一类型劳动力专业化产生的较高失业风险。③地区专业化导致的路径依赖或者发展惯性带来的挤出效应。

（4）不同类型的分工和专业化模式对地区差距的影响不同。垂直型分工下的地区专业化倾向于扩大地区间收入差异；水平型分工下的地区专业化容易引起地区差异缩小；混合型分工下的地区专业化对地区差异的影响取决于何种分工模式占主导地位。

第六章　中国地区专业化的发展及其特征

在这一章里，我们首先对中国地区专业化的历史发展阶段进行简要梳理；其次，分析中国省域部门专业化的基本特征，包括整体特征、地域特征和产业特征等；最后，考察中国区际产业分工格局的变动情况。

一、中国地区专业化的三个历史发展阶段

按照近现代中国经济的发展历程，可将中国地区专业化的发展划分为以下三个阶段：①近代中国静态比较优势主导下的被动发展阶段。②新中国成立初期平衡发展战略主导阶段。③改革开放以后，对外开放和市场一体化主导的快速发展阶段。在不同阶段，影响因素各有侧重。

1. 静态比较优势主导下近代中国的地区专业化（1840~1949 年）

经历了两次鸦片战争和第二次世界大战，近代中国的工业缓慢发展起来。受可获得数据的局限，目前只能沿着近代中国工业的发展脉络，从绝对地区专业化的角度来刻画近代中国工业的地区专业化特征。在这一时期（1840~1949 年），地区专业化的发展主要经历了四个阶段，在不同的发展阶段，近代中国工业的地区专业化呈现出不同的地域特征和产业特征。

1840~1894 年，近代工业萌芽，东南地区少数大工业中心初步形成。外

资轻工业①、官办工业②和民族工业③构成了这一时期工业发展的主要力量，全国有近代工矿企业 170 多家，拥有职工 10 万多人。④ 工业门类较为单一，除官办和官督商办的军事工业外，还发展了一些私营与外商办的纺织、食品、造船、五金机械和采煤等工业，分布在东南沿海以及长江沿岸。其中东南沿海一带的工业企业数约占全国的 70%，而且绝大部分又集中在上海、广州和武汉三个城市，⑤ 其中，占全国的工业份额上海为 50.4%、广州为 8.1%、武汉为 4.8%，而东北工矿企业只占 4.9%，其中矿山占 3.45%。⑥

1895～1913 年，长江三角洲工业城镇初步发展和北方大工业初创时期。这一时期，外资开始大规模设厂，发展轻工业和采矿业，1914 年，全部外资企业投资的 27.7% 集中在上海，33.3% 集中在东北。⑦ 至抗战前夕的 1936 年，外国在华投资已迅速增加到 45 亿美元，占我国工业运输总投资额的 70% 以上。⑧ 同时，由于"洋务运动"失败，原有大量军用和民用官办工业陆续转为官督商办或招商承办工业，从而使得轻工业在整个工业中的地位更显重要。这一时期的地区专业化主要呈现如下格局：在东南沿海大工业城市的周边地区，开始出现次一级的工业中心，如上海附近的无锡、广州附近的顺德等；东北地区的工业有了明显的发展，在全国所占比重上升到 14.5%，其中工业比重提高到 13%，开始形成大连、哈尔滨两个工业中心以及抚顺、

① 英、法、美、俄、德五国分别在长江沿江和沿海口岸修造船厂、缫丝厂、制糖厂等服务于对华原材料掠夺和进行商品输出的轻工业，且主要集中在上海。

② "洋务运动"创办了一批以军事工业为主的近代工业，如上海（江南制造总局、伦章造纸厂、织布局）、杭州（浙江机器局）、福州（马尾船政局）、天津（天津制造局）、武昌（湖北纱布局）、汉阳（汉阳建铁厂，后改名为汉阳兵工厂）、大冶（铁矿开采）、成都（成都兵工厂）、甘肃（甘肃织呢总局）。

③ 民族工业由于资本薄弱，难以形成规模，多为轻纺工业和少部分小型机器厂与小煤矿。如早期在广东、上海和武汉等地所办的缫丝厂、纱厂和粮油加工厂，以及后来在上海等地办有几家机器五金工厂等。

④ 李文彦：《中国工业地理》，科学出版社，1990 年版，第 22 页。

⑤ 上海（纺织工业、食品工业、机械工业、其他工业）、广州（纺织工业、食品工业、其他工业）、武汉（食品工业、纺织工业、钢铁工业）。参见魏心镇：《工业地理学》，北京大学出版社，1982 年版，第 122 页。

⑥ 祝慈寿：《中国近代工业史》，重庆出版社，1989 年版，第 90 页。

⑦ 祝慈寿：《中国近代工业史》，重庆出版社，1989 年版，第 86 页。

⑧ 李文彦：《中国工业地理》，科学出版社，1990 年版，第 27 页。

本溪等较大的矿业企业；华北地区的制造业和采矿业也有了较大发展。[①]

1914～1936年，长江三角洲工业城镇群开始形成，北方工业迅速兴起。在这一时期，工业仍然是以轻工业为主，工业门类不断丰富。[②] 同时，民族工业获得了短暂的发展机遇，在天津、河北和山东等地开办了一批矿山、建材、纺织与食品等近代工矿企业。[③] 而上海的纺织、食品等轻工业，开始向周边扩散，形成一个以轻纺工业为中心的工业城镇群。另外，1931年后，[④] 日资在华北地区的山东、河北发展棉纺织工业，并大力开采东北地区的矿山资源，在其影响下，形成青岛和天津两大纺织业基地，从而产生全国轻纺工业所谓"上、青、天"的格局；东北地区的采矿和冶炼业也得到空前扩张。此外，军阀阎锡山为巩固势力在太原开办钢铁、军火、建材、电力和轻工等工业，使山西的工业在全国开始占有一定地位。

1937～1945年，西部地区、东北地区和华北地区的工业有所发展，重工业抬头。在日军侵华战争导致国内工业全面衰败的情况下，西部地区的工业由于沿海与华中地区一批工厂内迁而有所发展。据不完全统计，至1940年底，内迁企业达450家，主要集中在四川，特别是重庆地区，其次为西安和昆明等少数城市。在这一时期，日资在我国东北和华北等地进行开发，大规模掠夺中国的工业资源，特别是战略物资。在东北，日资新建大批矿业公司，发展重工业，促进辽中南工业城镇的逐步形成。[⑤] 在华北地区，北京、天津、唐山、太原、青岛等工业中心的地位得到巩固。在这期间，采掘与原材料工业有较大的发展，轻纺工业地位相对有所下降；加工制造工业特别是机械设备制造工业则一直处于停滞状态。

到新中国成立前，虽然遭受日军侵华战争的重创，我国东南沿海、华北、东北和西部的部分地区已经具备了一定的工业发展基础，为后来各地区专业

---

① 北京、天津、济南等地的制造业有了明显发展；河北的开滦、井陉、临城，山东的淄博、坊子、枣庄，出现了较大规模的煤矿工业；山西、河南，煤矿得到了大规模开发。

② 轻工及食品工业主要有面粉、榨油、卷烟、火柴、造纸和制盐等工业，重工业则以煤炭、有色金属、钢铁、电力和修造船工业为主。此外，还存在少量盐化工、水泥、玻璃和机械等工业。

③ 如滦州、临城、淄博、坊子与枣庄的煤矿，唐山的水泥厂，天津的纺织与食品工业，济南与烟台等地的轻工业等。

④ "九一八"事变后，日本加快了对华经济侵略的脚步。

⑤ 沈阳的机械与有色金属冶炼，鞍山的钢铁工业，抚顺的煤炭与人造石油工业，本溪的钢铁与煤炭工业，大连的化学工业，以及锦州、辽阳与丹东的其他工业都相继建立，得到发展。

化部门的发展创造了条件。由上面的分析，我们可将该阶段地区专业化的影响因素大致归纳为外资、资源禀赋、区位和特殊历史事件四个方面。①由于官办资本的腐朽和民族资本的弱小，近代中国的地区专业化很大程度上是在侵略和掠夺色彩浓重的外资作用下发展起来的，从第一次世界大战前，西方列强对沿长江、东南沿海通商口岸的开发，到第二次世界大战时期，日资对华北地区、东北地区的侵略性开发。②率先发展起来的地区多是我国经济较富庶地区，农副产品资源丰富，人口稠密，在某些地区还较早出现了资本主义萌芽，小商品经济较为活跃，从而可以为工业发展提供原料、市场、劳动力等有利条件。③区位在这一时期的作用尤为重要，沿海、沿江的地区往往由于其优越的交通条件（尤其是水上交通条件）吸引外资和内资前来发展工业，特别地，对于强烈依赖装备与技术进口的官办工业和民族工业，也倾向于选择沿海、沿江地区。④值得一提的是，这期间发生的特殊历史事件也主导着这一时期地区专业化的发展，如两次鸦片战争，迫使近代中国向西方开放市场；在日本侵华战争中，日资大肆开发中国矿产资源，发展原材料工业，并导致沿海企业大量内迁，从而给予我国内陆地区工业一次发展机遇。这些历史事件不仅影响着中国地区专业化部门的发展，还主导着专业化部门的地域分布。

2. 平衡发展战略主导下的中国地区专业化（1949～1978年）

新中国成立初期，国内工业百废待兴，为了在短时期内建立较为完善的国民工业体系，国家开始实施五年计划，进行"三线"建设，这些发展项目主要投向内陆地区，并一直影响到今天中国工业的地区布局，可将这一时期划分为两个阶段：①1953～1965年内地工业化迅速推进阶段。②1966～1978年"三线"建设时期。

1953～1965年，国家在内地兴建一大批大中型工业企业和工业基地，从而大大加快了内地工业化的进程。"一五"期间，国家在内地重点进行以武钢为中心的华中工业基地建设和以包钢为中心的华北工业基地建设。限额以上的694个大中型工业项目中，有472个配置在内陆地区；其核心项目，即苏联援建的156个重大项目，主要配置于东北地区、华北地区和西部地区，包括民用项目东北地区50个、中部地区32个，军事工业项目44个，其中35个位于中西部地区，仅四川和陕西两省就配置了21个项目。此外，全国建设的重点工业城市还包括包头、太原、兰州、西安、武汉、洛阳和成都等。① 在此期间，内地工业发展呈现出高速增长的势头，其增长速度远高于沿海一些地区。特别是在"一五"时期，内地工业增长速度比沿海地区高22%，其中轻工业比沿海地区高50%。②

1966～1978年，这一时期一方面继续受平衡发展战略的指导，另一方面出于国防的考虑，国家开始在内地进行大规模的"三线"建设。③"三五"期间，国家工业投资重点投在西南"三线"，即云、贵、川的全部或大部分地区以及湖南和湖北的西部地区；"四五"期间，则转向西北地区。在这十年间，"大三线"基本建设投资占全国基本建设投资总和的43%，其中"大三线"工业基本建设投资占全国工业基本建设投资总和的47.7%。④ 同时，国家还将大量非"大三线"的重点工厂迁至"大三线"地区，1966～1971年，迁移工厂380家、工人14万多人、设备3.8万多台套。⑤

在这一时期，国家还在西南、西北、豫西、鄂西、湘西和晋西开辟了一系列的工业基地，包括以输变电设备、电工器材、棉纺织为主体的关中工业区，以大型水电站、有色金属、石油化工为主体的兰州工业区，以机械、天然气、化工、大型水电站为主体的成渝工业区，以攀枝花钢铁公司为主体的攀西工业区等。

至1971年，我国已初步建成了以能源交通为基础、国防科技为重点、原材料工业与加工工业相配套、科研与生产相结合的战略后方基地。

在国防科技工业方面，我国建立了以重庆为中心的常规兵器工业基地体系；在四川、贵州、陕西建设电子工业基地，形成了生产门类齐全、元器件与整机配套、军民用兼有的体系；战略武器科研生产基地位于四川、陕西等地，拥有从铀矿开采提取、元件制造到核动力、核武器研制的核工业系统；航空工业分布在贵州、陕西、四川、鄂西北等地，建成项目125个，其中，96个位于四川，形成了较为完整的战术导弹和中远程运载工具的研制基地，包括中国第一个自行设计建设的卫星地面实验站、在我国航天事业中发挥巨大作用的西昌卫星发射基地等；此外，还有沿长江中上游地区的船舶工业科

---

① 梁琦：《分工、集聚与增长》，商务印书馆，2009年版，第41页。

② 魏后凯：《区域经济发展的新格局》，云南人民出版社，1995年版，第76页。

③ "大三线"大致位于甘肃省乌鞘岭以东、山西省雁门关以南、京广铁路以西和广东省韶关以北的广大内陆地区，包括四川、贵州、云南、山西、甘肃、青海、宁夏七省份的全部或大部分地区，以及河南、湖北、湖南、山西四省份的西部地区，共计约18万平方公里（梁琦，2009）。

④ 彭敏：《当代中国的基本建设》（上卷），中国社会科学出版社，1989年版，第163页。

⑤ 祝寿慈：《现代中国工业史》，重庆出版社，1990年版，第470页。

研基地等，填补了我国国防科研和工业的空白。

在基础工业方面，建成了一大批机械工业、能源工业、原材料工业重点企业和基地。如湖北第二汽车制造厂、陕西汽车制造厂、四川汽车制造厂等骨干企业；东方电机厂、东方汽轮机厂、东方锅炉厂等重点企业构成内地电机工业的主要体系；初步形成重庆、成都、贵阳、汉中、西宁等机械工业基地。

能源工业是"三线"建设的重点部门，主要有贵州六枝、盘县、水城地区和陕西渭北地区的煤炭基地，湖北的葛洲坝水电站，甘肃的刘家峡、八盘峡水电站，贵州的乌江渡水电站，四川的石油天然气开发，陕西的秦岭火电站等。

在原材料工业方面，冶金工业是投资的重点。在四川建成攀枝花和重庆—成都钢铁基地，包括重庆钢铁公司、重庆特殊钢厂、长城钢铁厂、成都无缝钢管厂等骨干企业。铜、铝工业基地分布在四川西昌、兰州等地，其中西南铝加工厂是当时全国唯一可以生产大型军用铝锻件的企业。

至1975年，"大三线"地区工业固定资产投资原值已占全国的1/3以上。在"大三线"投资最多的四川省，工业固定资产原值达到182.3亿元，列全国第二位，辽宁列第一位。[①] 但是，由于"三线"工业布局过分强调国防原则，投入产出效果很差，因而国家投资的大幅度增加并没有带动内地经济的迅速增长。[②] 这一时期形成的老工业基地长期经济发展缓慢，至今仍未摆脱低水平发展的困境，亟须国家援助和振兴（见表6-1）。

表6-1 我国亟须援助的老工业基地城市的分布及其主要类型

类型 分布	东北地区 （15个）	中部地区 （35个）	西部地区 （34个）
资源型 （18个）	阜新、鹤岗、鸡西、双鸭山	大同、阳泉、淮南、淮北、焦作、平顶山、黄石、娄底	六盘水、遵义、铜川、渭南、克拉玛依、石嘴山
原材料型 （20个）	抚顺、鞍山、本溪、齐齐哈尔、大庆	太原、长治、九江、铜陵、马鞍山、安庆、安阳	白银、临沧、曲靖、自贡、攀枝花、金昌、银川、包头
装备制造型 （14个）	吉林	洛阳、芜湖、景德镇、襄樊、十堰、株洲、湘潭	绵阳、宝鸡、柳州、德阳、天水、西宁

① 马泉山：《新中国工业经济史（1966~1978）》，经济管理出版社，1998年版，第269页。

② 魏后凯：《区域经济发展的新格局》，云南人民出版社，1995年版，第75页。

续表

分布 \ 类型	东北地区 （15 个）	中部地区 （35 个）	西部地区 （34 个）
综合型 （18 个）	沈阳、长春、哈尔滨、大连	武汉、郑州、长沙、合肥、南昌、开封、蚌埠、南阳、衡阳	西安、兰州、成都、贵阳、重庆
其他 （14 个）	通化	新乡、宜昌、荆州、邵阳	桂林、酒泉、内江、呼和浩特、泸州、咸阳、汉中、乌鲁木齐、昆明

资料来源：作者整理。

3. 对外开放和市场一体化主导下的中国地区专业化（1978 年至今）

改革开放以来，尤其在 20 世纪 90 年代邓小平同志提出的"允许一部分人先富起来，先富带后富，最终实现共同富裕"的非均衡发展战略思想的引导下，中国不断扩大对外开放，各种投资优惠政策吸引了大量外资进入，市场经济迅速发展，民营经济实力逐渐增强。在此背景下，中国的地区专业化也衍生出更多的发展形式：①以国家级开发区为载体，专业化部门迅速成长。②东部沿海地区和部分内陆地区大量涌现的专业镇和专业村。

在非均衡发展战略的指导下，中央先后设立了一系列经济特区、经济技术开发区、沿海经济开放区、出口加工区、保税区等，以此作为我国经济改革的突破口与经济发展的增长点。这些国家级开发区主要分布在东部沿海地区，以及东北、中部、西部地区的省会城市和边境城市。据统计，目前，我国共设有国家级开发区 189 个，其中，东北地区 21 个，东部地区 105 个，中部地区 19 个，西部地区 44 个（见表 6 - 2）。

表 6 - 2 中国国家级开发区设立情况

地区	省份	数量（个）	开发区名称
东北 （21 个）	辽宁	11	沈阳经济技术开发区、沈阳高新技术产业开发区、沈阳出口加工区、大连经济技术开发区、大连高新技术产业开发区 大连保税区、大连出口加工区、大连金石滩旅游度假区、鞍山高新技术产业开发区、丹东边境经济合作区、营口经济技术开发区
	吉林	5	长春经济技术开发区、长春高新技术产业开发区、吉林高新技术产业开发区、珲春边境经济合作区、珲春出口加工区
	黑龙江	5	哈尔滨经济技术开发区、哈尔滨高新技术产业开发区、大庆高新技术产业开发区、黑河边境经济合作区、绥芬河边境经济合作区

地区	省份	数量（个）	开发区名称
东部 （105个）	北京	3	北京经济技术开发区、中关村科技园区、北京天竺出口加工区
	天津	4	天津经济技术开发区、天津高新技术产业开发区、天津港保税区、天津出口加工区
	河北	4	石家庄高新技术产业开发区、秦皇岛经济技术开发区、秦皇岛出口加工区、保定高新技术产业开发区
	山东	15	济南高新技术产业开发区、济南出口加工区、青岛经济技术开发区、青岛保税区、青岛高科技工业园、青岛出口加工区、青岛石老人旅游度假区、威海出口加工区、威海经济技术开发区、威海高新技术产业开发区、潍坊高新技术产业开发区、烟台经济技术开发区、烟台出口加工区、淄博高新技术产业开发区
	上海	12	上海漕河泾经济技术开发区、上海虹桥经济技术开发区、上海金桥出口加工区、上海闵行经济技术开发区、张江高科技园区、上海外高桥保税区、金桥出口加工区、上海漕河泾出口加工区、上海闵行出口加工区、上海青浦出口加工区、上海松江出口加工区、横沙岛旅游度假区
	江苏	19	南京经济技术开发区、南京高新技术产业开发区、南京出口加工区、苏州工业园区、苏州新区、苏州高新区出口加工区、苏州工业园区出口加工区、张家港保税区、镇江出口加工区、常州高新技术产业开发区、昆山经济技术开发区、昆山出口加工区、连云港经济技术开发区、连云港出口加工区、南通经济技术开发区、南通出口加工区、太湖旅游度假区、无锡新区、无锡出口加工区
	浙江	11	杭州经济技术开发区、萧山经济技术开发区、杭州高新技术产业开发区、杭州出口加工区、杭州之江旅游度假区、宁波经济技术开发区、嘉兴出口加工区、宁波大榭岛经济技术开发区、宁波保税区、宁波出口加工区、温州经济技术开发区
	福建	15	福州经济技术开发区、福州市科技园区、福州保税区、福州台商投资区、厦门海沧投资开发区、厦门火炬高技术产业开发区、厦门象屿保税区、厦门出口加工区、厦门海沧台商投资区、东山经济技术开发区、福清融侨经济技术开发区、集美台商投资区、湄州岛旅游度假区、武夷山旅游度假区、杏林台商投资区
	广东	19	广州经济技术开发区、广州南沙经济技术开发区、广州高新技术产业开发区、广州保税区、广州出口加工区、广州南湖旅游度假区、惠州大亚湾经济技术开发区、惠州仲恺高新技术产业开发区、汕头保税区、潮州市高新技术产业园区、深圳福田保税区、深圳沙头角保税区、深圳盐田保税区、深圳出口加工区、湛江经济技术开发区、中山火炬高新技术产业开发区、珠海高新技术产业开发区、珠海保税区、佛山高新技术产业开发区
	海南	4	海口高新技术产业开发区、海口保税区、三亚亚龙湾旅游度假区、海南洋浦经济技术开发区

续表

地区	省份	数量（个）	开发区名称
中部 （19个）	山西	2	太原经济技术开发区、太原高新技术产业开发区
	安徽	4	合肥经济技术开发区、合肥高新技术产业开发区、芜湖经济技术开发区、芜湖出口加工区
	江西	2	南昌经济技术开发区、南昌高新技术产业开发区
	河南	4	郑州经济技术开发区、郑州高新技术产业开发区、郑州出口加工区、洛阳高新技术产业开发区
	湖北	4	武汉经济技术开发区、武汉东湖高新科技园、武汉出口加工区、襄樊高新技术产业开发区
	湖南	3	长沙经济技术开发区、长沙高新技术产业开发区、株洲高新技术产业开发区
西部 （44个）	内蒙古	5	呼和浩特经济技术开发区、呼和浩特出口加工区、包头高新技术产业开发区、二连浩特边境经济合作区、满洲里边境经济合作区
	广西	7	南宁经济技术开发区、南宁高新技术产业开发区、北海出口加工区、北海银滩旅游度假区、东兴边境经济合作区、桂林高新技术产业开发区、凭祥边境经济合作区
	重庆	3	重庆经济技术开发区、重庆高新技术产业开发区、重庆出口加工区
	四川	4	成都经济技术开发区、成都高新技术产业开发区、成都出口加工区、绵阳高新技术产业开发区
	贵州	2	贵阳经济技术开发区、贵阳高新技术产业开发区
	云南	6	昆明经济技术开发区、昆明高新技术产业开发区、昆明滇池旅游度假区、畹町边境经济合作区、瑞丽边境经济合作区、河口边境经济合作区
	西藏	1	拉萨经济技术开发区
	陕西	5	西安经济技术开发区、西安高新技术产业开发区、西安出口加工区、宝鸡高新技术产业开发区、杨凌农业高新技术产业区
	甘肃	2	兰州经济技术开发区、兰州高新技术产业开发区
	宁夏	1	银川经济技术开发区
	新疆	8	乌鲁木齐经济技术开发区、乌鲁木齐高新技术产业开发区、乌鲁木齐出口加工区、石河子经济技术开发区、塔城边境经济合作区、博乐边境经济合作区、伊宁边境经济合作区

资料来源：作者整理。

由于国家级开发区享有较为优惠的投资和产业政策，拥有较为优越的软硬件条件，投资环境十分优越，吸引了外资大量涌入。在外资各种溢出效应的综合影响下，各类国家级开发区逐渐成为各地区专业化部门发展的重要载体。以营口经济技术开发区为例，2007 年，营口经济技术开发区实现地区生产总值175.5 亿元，较 2006 年增长 30%；产业结构比重为 3.1∶57∶39.9；规模以上工业企业总产值 200 亿元，较 2006 年增长 35%。目前，营口经济技术开发区已初步形成 7 个具有特色的产业集群的雏形，它们分别是精品钢材产业、矿产加工业、皮革加工业、轻纺服装产业、新能源产业、塑料产业以及粮食加工业。

与此同时，专业镇的发展也十分迅速。20 世纪 90 年代末，在我国东部沿海的珠江三角洲地区、浙江温台地区、江苏苏锡常地区和山东半岛地区，陆续涌现出一大批市场占有率较高、主导产业突出、民营经济活跃、专业市场发达的专业镇。广东的"簇群经济"、浙江的"块状经济"、江苏的"小狗经济"以及山东的"特色城镇经济"都是其在当时炙手可热的代名词。1998年，珠三角腹地有 132 个专业镇的生产总值规模达到 10 亿元以上，有的甚至达到百亿元，如大沥铝材、南庄陶瓷、西樵轻纺、盐步内衣、古镇灯饰、虎门服装、大朗毛织、厚街家具、石湾陶瓷等。

按照产业类型，专业镇可划分为农副产品生产加工型、工业品加工制造型、商贸流通型等。农副产品生产加工型专业镇主要从事优质果蔬畜禽产品的生产和加工，具有显著的地域特色，如珠三角地区的优质水产、茂名高州镇的优质果品、江苏邳州港上镇和铁富镇的银杏、山东寿光的设施蔬菜以及分布在烟台、莱阳等地的苹果、茨梨、蜜桃、小枣、冬枣专业镇等。工业品加工制造型专业镇主要从事服装、鞋业、电子等劳动密集型产业的专业化生产，如广东东莞市虎门镇的服装，南海市金沙镇的小五金业、平洲镇的制鞋业、官窑镇的玩具业、罗村镇的皮革业等；顺德市容桂镇还集聚了科龙、华宝、格兰仕、美的等大型家电企业，并发展成为广东最大的电器机械制造业基地；中山市古镇镇是目前亚洲最大的灯饰生产基地、世界四大灯饰专业生产基地和销售市场之一。商贸流通型专业镇主要依托镇主导产业，从事专业市场的经营，发展"产—供—销"一条龙模式，如广东东莞市虎门镇的大型服装批发市场和服装交易会、顺德市乐从镇的国际家具博览中心。

按照形成机理，专业镇又可划分为内生型、嵌入型和混合动力型三种类型。

（1）内生型专业镇以农副产品生产加工型专业镇为主，通过利用本地优质自然资源禀赋和长期积累起来的生产传统而发展起来。这些自然优势包括优势的特色果蔬畜禽品种、特定的生产条件，而长期的生产传统为当地提供了大量高素质的专业化劳动力。

（2）嵌入型专业镇的发展得益于外商直接投资和国际产业转移，东部沿海地区通过利用国家的对外开放政策加入到国际产业链环节，发挥劳动力低成本优势，参与国际分工。例如，广东东莞市清溪镇就是在外资主导下发展起来的电子产品专业镇，台湾致福集团迁入后，吸引了大量相关配套性中小企业前来，形成了较为完整的配套分工合作网络；浙江上虞市崧厦镇通过引进外资实现本地传统伞业企业的改造升级，现已形成较为完整的伞具产业链，产量占世界市场的1/3；此外，江苏昆山市的自行车专业镇和笔记本电脑专业镇也颇具代表性。

（3）混合动力型专业镇是在内生型专业镇和嵌入型专业镇基础上加入政府因素形成的，对于经济实力较强的专业镇，政府投入资金搭建平台，促进产学研结合，为本地企业提供中介、金融、技术等服务，通过平台发布企业的各类需求信息，推动高校、科研院所和企业进行技术合作，开展技术服务，并及时解决中小企业的融资问题。较为典型的有广东中山市的各类混合模式，如"小榄模式"，小榄镇组建广东省五金科技创新中心，通过市场化运作，为本地五金企业开展共性关键技术创新服务；"东凤模式"，通过引进一批技术实力雄厚的科技服务企业组建创新平台，针对专业镇企业的技术需求开展服务；"大涌模式"，以龙头企业为载体建设产学研创新平台，加快推进科研成果产业化；"古镇模式"，由镇政府出资组建产品质量检测中心，为企业提供检测服务和科技服务，实现资源共享。[①]

中国专业镇的发展主要有以下几个特点：①民营经济较为活跃，专业镇多数产生于市场经济发达、商品意识浓厚的东部沿海地区，非公有制经济比重大。②产业链分工细致，以中小企业为主，如浙江诸暨市的大唐袜业，年产袜子48亿双，产值达90亿元，整个生产过程被分成原料生产和供给、织袜、缝头、印染、定型、包装、批发营销、运输、技术研究和开发10道工序，分别由不同的企业完成，包括1000家原料生产企业、400多家原料销售

---

① 左朝胜：《广东中山市技术创新专业镇发展综述》，《科技日报》2007年4月19日。

商、8000 家袜子生产厂、1000 家定型厂、300 家包装厂、200 家机械配件供应商、600 家袜子营销商和 100 家联合托运服务企业。③产业层次不高，以劳动密集型和传统加工制造业为主，处于国际产业分工环节的末端，利润较低，仅有少数专业镇从事精密制造、电子信息设备制造等技术密集型产业的生产。④具有较高的市场占有率，以浙江省温州市各专业镇产品在国内的市场占有率为例，其皮鞋的市场占有率达 20%，西服为 10%，打火机为 90%，眼镜为 80%，锁具为 65%，水彩笔为 90%，剃须刀为 60%，商标徽章为 40%。①

由此可见，中国专业镇已经成为当地吸纳就业的主力军和经济增长的支柱，产业规模经济效益和本地化外部性是专业镇发展的主要动力，但其发展仍处于产业集群的初级发展阶段。培育核心竞争力，提高创新和经营能力，完善地区生产创新网络，维护良性有序竞争是未来专业镇升级优化的重点。

最后，专业村的发展也十分引人注目。近年来，专业村在我国迅速发展，通过"一村一品"专业化生产和经营，目前，已成为我国农业剩余劳动力就地转化、增加农民收入的重要载体。专业村的发展主要呈现以下特点：①数量不断增多。据相关部门统计，至 2008 年底，全国专业村达 45650 个，比 2007 年增长 5.5%，占全国行政村总数的 7.1%。其中，山东、河北、四川三省的专业村数量居全国前三位。分行业看，有 58.8% 专业村从事蔬菜、水果、畜牧业，合计达 26821 个，比 2007 年增长 5.6%。②吸纳大量农民就业。2008 年，专业村从业人员达 4883.88 万人，较上年增长 5.77%，占乡村从业人员总数的 9.7%。③经济实力逐步增强。2008 年，专业村经济总收入 13393 亿元，其中，农林牧渔业总产值 5474 亿元，主导产品销售收入 6079.2 亿元，实现出口创汇 21.8 亿美元。全国有 34876 个专业村的经济总收入达到 500 万元以上，超亿元的专业村有 1569 个，主要分布在江苏、河北、山东等省。④农民增收效果显著。2008 年，专业村农民人均纯收入 5683 元，高出全国农民人均纯收入 19.4 个百分点。②

---

① 沈山：《沿海地区的专业镇建设及其对欠发达地区的启示》，《乡镇经济》2005 年第 8 期，第 22～25 页。

② 农业部发展"一村一品"办公室：《我国"一村一品"发展态势良好》，《农民日报》2009 年 8 月 11 日。

专业村发展保持的良好态势，来源于专业化生产的优势。①"一村一品"的发展模式，能够充分挖掘农业生产潜力，发挥本地资源禀赋优势和地域文化特色，合理利用规模经济。②这种形式的专业化生产能够产生巨大的外部效应。先发展起来的专业村具有显著的示范带动作用，能够推动邻近地域的专业化生产，① 通过龙头企业的组织，当地政府的技术推广和专项培训，使得高效生产方式和先进的经营手段能够在一个地区快速传播，新技术运用、优质品种和新产品的市场化环节大大缩短，有利于形成地域特色优势产业，名优产品不断涌现。同时，随着一个地区专业村的不断发展和聚集，专业化的地域单元趋于扩大，2008 年，在专业村发展的基础上，已发展形成专业乡镇 3160 个，占全国乡镇总数的 8.9%。专业乡镇农民人均纯收入达到 5748 元，高出全国平均水平 20.7 个百分点。而专业村和专业乡镇的发展，又容易形成集中连片的优势产区，② 如湘南、桂北桂西、赣西赣南油茶优势产区，江汉平原小龙虾主产区等。

二、中国省域专业化的特征

由于数据的限制，我们的分析只涉及部门专业化，而没有深入到部门内分工下的功能专业化。通过分别计算 1990 年以来中国的全域专业化指数以及 1990 年、2000 年和 2007 年三个时点③各地区的克鲁格曼专业化指数、赫芬达尔地区专业化指数、地区熵指数和地区加权区位商指数，可以从整体状况、地域分布、产业特征三个角度，对近年来的中国省域专业化动态进行较为全面的、立体的刻画。

---

① 据统计，全国 83% 的专业村集中分布在 15 个省份，平均每个省拥有超过 1000 个专业村。

② 2008 年，蔬菜、水果、生猪成为规模最大的优势产业，例如，山东寿光市形成了万亩辣椒、万亩西红柿、万亩香瓜、万亩芹菜等十几个成方连片的蔬菜生产基地，种植面积达 80 万亩；陕西洛川县苹果种植面积 50 万亩，人均 3.1 亩，居全国之首位；四川资阳市通过发展专业大户、养殖小区，生猪年出栏近千万头。

③ 这三个时点具有很强的代表性，1990 年代表我国汇率改革实施前的地区专业化状况，2000 年代表我国加入世界贸易组织前期的地区专业化状况，2007 年代表我国改革开放实施近 30 年时的地区专业化状况。

1. 中国地区专业化的整体特征

首先，我们分别用就业人数、工业增加值和工业总产值数据计算全域专业化指数。结果表明，中国地区专业化整体水平在不断提高，三种数据计算的全域专业化指数呈"增加值 > 总产值 > 就业"的格局，且三者的变动趋势基本一致（见图 6-1）。其中，以就业计算的全域专业化指数增幅最大，由1990 年的 0.18 提高到 2007 年的 0.29，而以增加值计算的指数增幅最小。从地区专业化的发展速度看，大致可以将这一时期（1990~2007 年）划分为两个阶段：第一阶段（1990~2000 年）是加速上升期。与 1990 年相比，2000年就业、总产值和增加值计算的全域专业化指数分别提高了 25.14%、31.52% 和 22.32%。第二阶段（2001~2007 年）是缓慢调整期。[①] 在这一阶段，地区专业化指数的增速放缓，并在轻微波动中缓慢提高。以就业、增加值和总产值计算的全域专业化指数于 2006 年同时达到峰值，分别比 1990 年提高了 60%、39.2% 和 22.35%，但在 2007 年又略微下降（见图 6-2）。

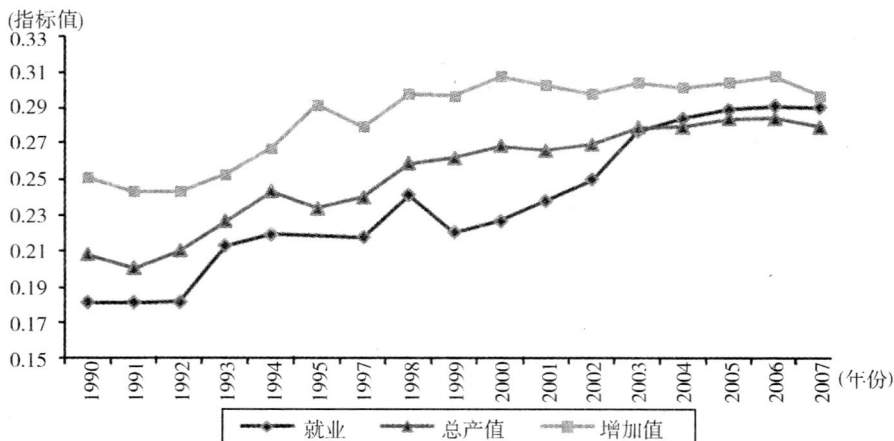

图 6-1 1990~2007 年中国全域专业化指数

注：1996 年就业数据缺失。

资料来源：根据历年《中国工业经济统计年鉴》和《中华人民共和国 1995 年第三次全国工业普查资料汇编》整理计算。

---

① 以就业计算的全域专业化指数增速放缓则出现在 2003 年以后。

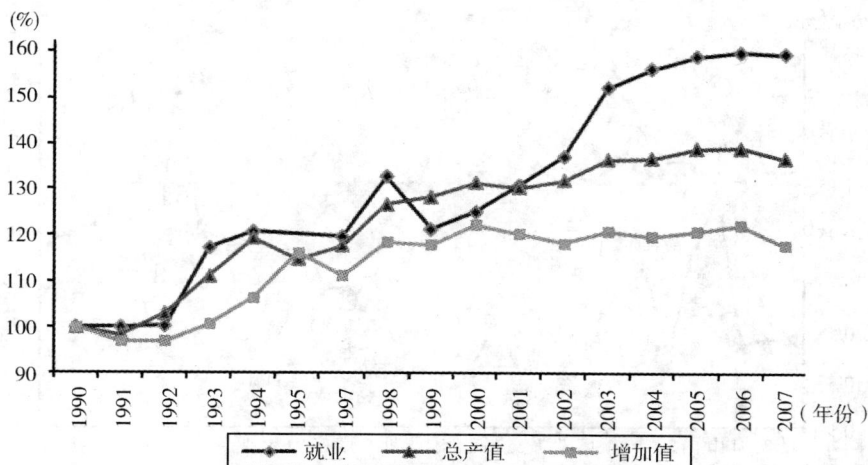

图 6 - 2　1990 ～ 2007 年中国全域专业化时间变化趋势

注：以 1990 年为 100；1996 年就业数据缺失。

资料来源：根据历年《中国工业经济统计年鉴》和《中华人民共和国 1995 年第三次全国工业普查资料汇编》整理计算。

其次，从各地区各种专业化指数的变动情况看，中国的地区专业化程度也在加深。先看克鲁格曼专业化指数。除个别省份以外，大部分省份的克鲁格曼专业化指数都在不断提高（见图 6 - 3），其中西藏以 1.55 列首位，安徽以 0.36 列末位。与 1990 年相比，2007 年克鲁格曼专业化指数值增长比率最高的是甘肃，提高了 2 倍以上；出现负增长的仅有上海和海南，分别降低了 0.57% 和 2%。为了更好地了解各地区专业化指数的数值分布及变动情况，我们进一步计算了克鲁格曼专业化指数的核密度函数。① 由图 6 - 4 可知，1990 年以来，克鲁格曼专业化指数地区分布的概率质量（the Probability Mass）基本上是集中的，并从起初的单峰分布，逐步过渡到双峰分布，② 同时，概率质量逐渐向右移。③ 这意味着，各地区的生产结构与全国平均水平的差异在扩大，各省份的地区专业化水平不断提高，并有越来越多地区的专业化达到了较高水平。

---

① 使用非参数估计的便利之处在于，避免了对事前函数形式设定的烦琐过程。

② 到 1998 年，克鲁格曼专业化指数的双峰分布已经十分明显。

③ 若概率质量是向左移动，则意味着一个相反的趋势，即各地区的生产结构与全国平均水平趋同。

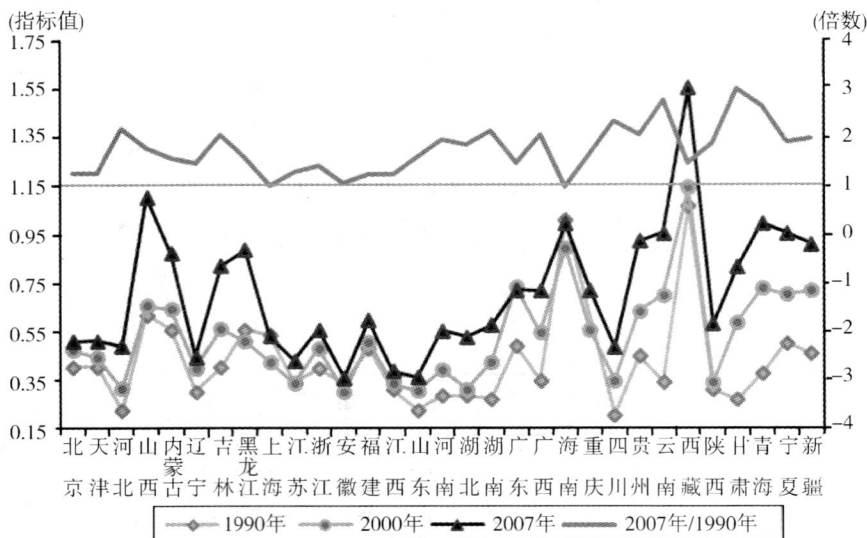

图 6 - 3　1990～2007 年中国克鲁格曼专业化指数的变动情况

注：以采掘业和制造业的就业数据来计算；2007 年/1990 年表示 2007 年与 1990 年之比。

资料来源：根据《中国工业经济统计年鉴》（1991、2001、2008）整理计算。

　　在同一时期，各地区的赫芬达尔地区专业化指数、地区熵指数和地区加权区位商指数的变动趋势不如克鲁格曼专业化指数明显，在 1990 年、2000 年和 2007 年三个时点上，分布层次的区分不够清晰。故此，我们先在 1990 年、2007 年两个时间点上进行比较。结果发现，有大约 2/3 地区的赫芬达尔专业指数有所提高，同样有约 2/3 地区的地区熵指数趋于下降①（见图 6 - 5 和图 6 - 6），表明这些地区的地区专业化水平在上升，专业化部门的绝对规模在提高。而地区加权区位商指数的变动趋势的辨析难度较大，三个时点的数据分布交织在一起（见图 6 - 7）。这与不同部门在我国生产体系中的地位发生变化有很大关系，当一个地区初始阶段专业化部门的发展滞后于该部门在全国发展的平均水平，就会发生地区加权区位商指数下降的情况。此外，当一个地区的产业份额分布更加均匀或出现专业化部门在本地生产的地位下降时，这类情况也会发生。进而，我们计算了以上四种专业化指数在此期间的平均变化率（见表 6 - 3），计算结果表明，地区熵指数的变化幅度最小，

---

　　① 有 12 个地区的赫芬达尔专业化指数趋于下降，它们是蒙、辽、苏、浙、皖、鲁、豫、湘、川、贵、滇、藏；11 个地区的地区熵指数在增加，它们是辽、苏、浙、皖、闽、鲁、豫、鄂、湘、川、滇。

全国平均变动水平为 5.41%；地区加权区位商指数的变化幅度最剧烈，达到 37.82%；克鲁格曼专业化指数和赫芬达尔专业化指数的平均变化率分别为 16.89% 和 26.37%。

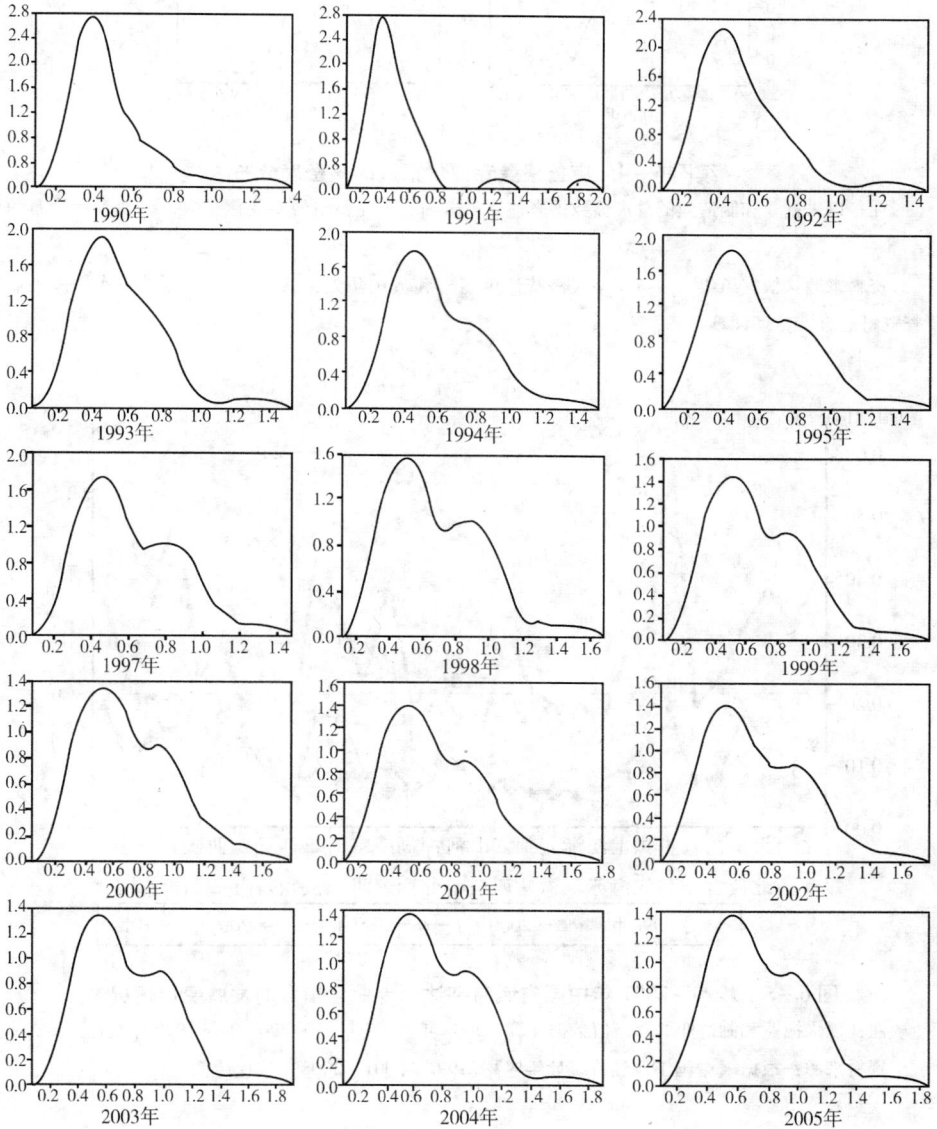

图 6－4　克鲁格曼专业化指数的核密度分布

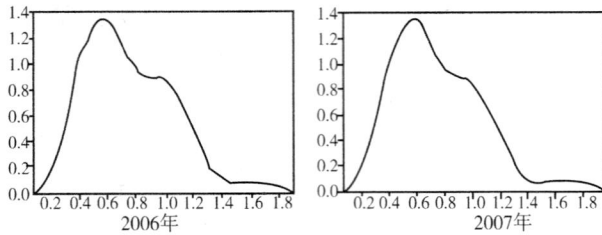

续图 6 - 4　克鲁格曼专业化指数的核密度分布

注：以采掘业和制造业的总产值数据来计算；横轴表示克鲁格曼专业化指数，纵轴表示分布的概率。

资料来源：根据历年《中国工业经济统计年鉴》和《中华人民共和国 1995 年第三次全国工业普查资料汇编》整理计算。

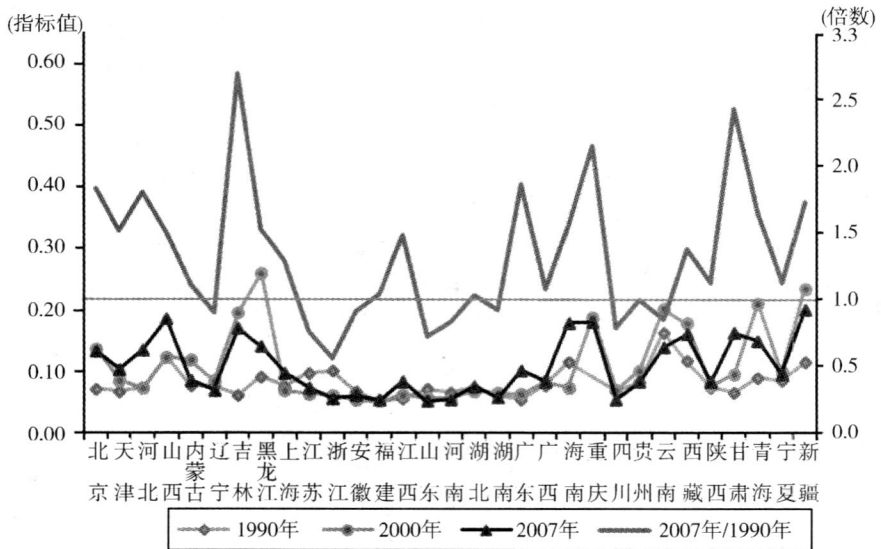

图 6 - 5　1990 ~ 2007 年中国省域赫芬达尔专业化指数的发展变动情况

注：以采掘业和制造业的总产值数据计算；2007 年/1990 年表示 2007 年与 1990 年之比。

资料来源：根据《中国工业经济统计年鉴》（1991、2001、2008）整理计算。

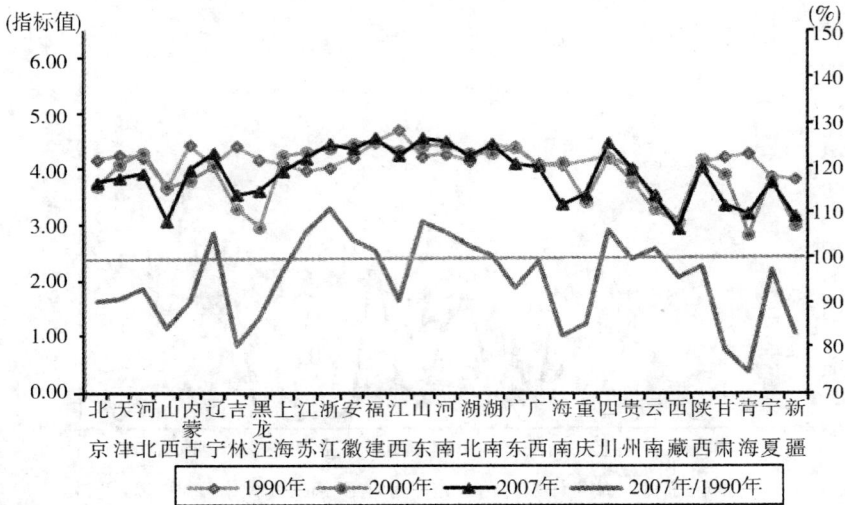

图6-6 1990~2007年中国省域地区熵指数的发展变动情况

注：以采掘业和制造业的总产值数据计算；2007年/1990年表示2007年与1990年之比。

资料来源：根据《中国工业经济统计年鉴》（1991、2001、2008）整理计算。

表6-3 各专业化指数平均变化率（1990~2007年） 单位：%

指标名称 地 区	克鲁格曼 指数	赫芬达尔 指数	地区熵 指数	地区加权 区位商指数
各地区平均	16.89	26.37	5.41	37.82
MAX	28.50 （甘肃）	150.90 （西藏）	12.89 （吉林）	118.84 （广西）
MIN	4.43 （江苏）	7.58 （安徽）	2.23 （湖南）	8.83 （重庆）

注：以采掘业和制造业的总产值数据计算；1996年数据缺失。

资料来源：根据历年《中国工业经济统计年鉴》和《中华人民共和国1995年第三次全国工业普查资料汇编》整理计算。

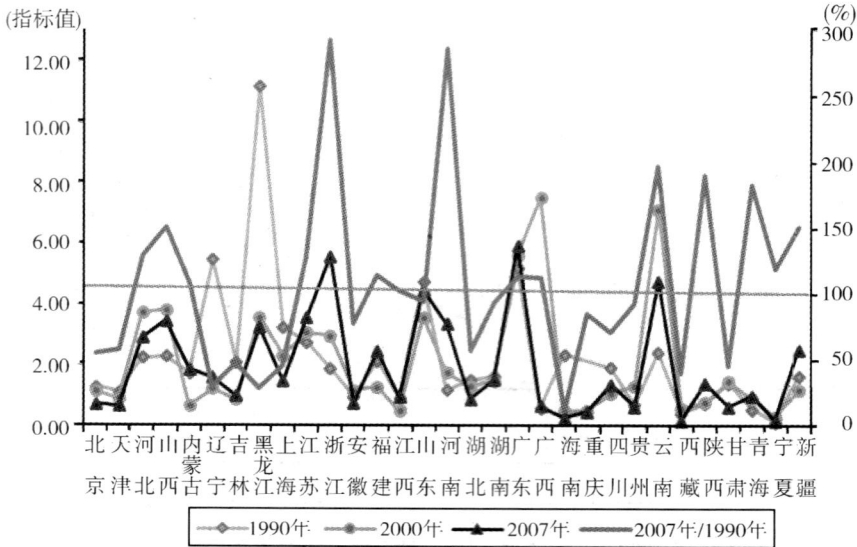

图 6 - 7 1990 ~ 2007 年中国省域加权区位商指数的发展变动情况

注：以采掘业和制造业的总产值数据计算；2007 年/1990 年表示 2007 年与 1990 年之比。

资料来源：根据《中国工业经济统计年鉴》（1991、2001、2008）整理计算。

为了较为清晰地刻画中国省域专业化的整体变化趋势，我们建立四个面板数据模型：

克鲁格曼专业化指数：包含时间变量的自回归模型

$$KSI_{it} = C + \alpha KSI_{it-1} + \beta YEAR_{it} + u_{it} \tag{6-1}$$

地区熵指数：包含时间变量的自回归模型

$$RSI_{it} = C + \alpha RSI_{it-1} + \beta YEAR_{it} + u_{it} \tag{6-2}$$

赫芬达尔专业化指数：包含时间变量的自回归模型

$$HSI_{it} = C + \alpha HSI_{it-1} + \gamma HSI_{it-1}^2 + \beta YEAR_{it} + u_{it} \tag{6-3}$$

地区加权区位商指数：包含时间变量的自回归模型

$$RAWLQ_{it} = C + \alpha RAWLQ_{it-1} + \gamma RAWLQ_{it-1}^2 + \beta YEAR_{it} + u_{it} \tag{6-4}$$

由回归结果可知（见表 6 - 4），模型（6 - 1）~ 模型（6 - 4）[①] 各参数

---

① 经过 Hausman 检验，模型（6 - 1）~ 模型（6 - 4）都采用固定效应模型。

全部在统计上显著，置信度都达到 90% 以上。在样本区间，各地区的克鲁格曼专业化指数、赫芬达尔专业化指数和地区加权区位商指数与年份变量显著正相关，相关系数分别为 0.0021、0.0035 和 0.0037，而各地区的地区熵指数与年份变量显著负相关，相关系数为 −0.0035。这表明，在此期间，中国各地区专业化水平在逐年提高。[①] 此外，我们还发现，当期的地区专业化水平与前一期密切相关，四个模型中，上一期专业化指数的系数皆为正，相关度分别高达 0.79、0.71、0.9 和 0.77，这就印证了初始专业化对后期专业化具有显著影响。值得一提的是，当期的赫芬达尔专业指数和地区加权区位商指数都与前一期呈倒"U"形的二次函数关系，即随着前一期指数的提高，赫芬达尔指数和地区加权区位商指数的发展是先上升，随后又趋于下降。

表 6 − 4　四个专业化指数面板数据模型的回归结果

克鲁格曼专业化指数		地区熵指数	
C	− 4.069930 ***	C	8.167074 ***
	（ − 3.866220 ）		（ 3.596745 ）
KSI_{-1}	0.785061 ***	RSI_{-1}	0.711413 ***
	（ 28.117340 ）		（ 23.573520 ）
YEAR	0.002113 ***	YEAR	− 0.003510 **
	（ 3.960009 ）		（ − 3.139480 ）
R^2	0.973647	R^2	0.909007
Adjusted R2	0.971823	Adjusted R^2	0.902711
F 值	533.933900	F 值	144.369400
D. W.	1.918021	D. W.	1.923283
地区固定效应	是	地区固定效应	是
观测值	480	观测值	480

---

①　地区熵指数越低，表明地区专业化水平越高，从而地区熵指数的下降意味着地区专业化水平的提高。

续表

赫芬达尔专业化指数		地区加权区位商指数	
C	− 0.695460 ***	C	− 6.838885 *
	(− 5.299540)		(− 1.837620)
HSI_{-1}	0.895554 ***	$RAWLQ_{-1}$	0.766949 ***
	(29.680330)		(16.432220)
$(HIS_{-1})^2$	− 0.478350 ***	$(RAWLQ_{-1})^2$	− 0.016143 *
	(− 25.325700)		(− 1.753660)
YEAR	0.000356 ***	YEAR	0.003704 **
	(5.403328)		(1.994336)
R^2	0.915967	R^2	0.960409
Adjusted R^2	0.909951	Adjusted R^2	0.957574
F 值	152.261100	F 值	338.854000
D. W.	1.915837	D. W.	2.028967
地区固定效应	是	地区固定效应	是
观测值	480	观测值	480

注：1990～2007 年共计 17 年（1996 年数据缺失）；30 个省份的数据（不包含重庆市）； ***、**、* 分别表示估计系数通过 1%、5% 和 10% 水平的显著性检验；t 值在估计值下方的括号中显示。

资料来源：使用 EVIEWS 6.0 软件包计算。

2. 中国专业化部门的地域特征

由于各地区在区位、比较优势等方面的不同，衍生出了各具特色的专业化部门。我们选择克鲁格曼指数和地区加权区位商指数来描述中国地区专业化的地域特征。一方面，克鲁格曼专业化指数体现了各地区与全国之间的生产结构差异；另一方面，地区加权区位商指数能较为全面地反映各地区专业化部门的规模及其在全国生产体系中的地位。在此，对地区专业化水平进行界定，我们将克鲁格曼专业化指数低于 0.75 划分为低水平专业化，介于 0.75～1.25 的划分为中等水平专业化，高于 1.25 则划分为高水平专业化；而对于地区加权区位商指数（RAWLQ），将地区加权区位商指数低于 1 划分为低水平专业化，介于 1～2.5 的划分为中等水平专业化，高于 2.5 则划分为高水平专业化。

先看克鲁格曼专业化指数。1990 年，除西藏达到高水平专业化，海南和黑龙江达到中等水平专业化，其他 27 个地区均位于低水平专业化，与全国平均水平的产业结构趋同，各地区"小而全"、"大而全"的产业体系均衡发展，比较优势没有得到发挥。2000 年，各地区依托比较优势发展专业化部门，专业化水平有所提高。其中，东部的海南，中部的山西，东北的吉林，黑龙江和西部的 7 个省份①达到中等水平专业化，西部的青海和西藏达到高水平专业化。2007 年，大部分地区克鲁格曼专业化指数进一步提高，而专业化水平的地区分布格局与 2000 年相比，变动不大，陕西进入了中等水平专业化的行列，青海的专业化回落到中等水平。

从整体上看，以克鲁格曼指数衡量的地区专业水平，东部地区和中部地区较为接近，除个别省份（海南和山西）外，大部分东部地区和中部地区的专业化都处于较低水平，这同时也反映出这些地区的部门专业化在弱化，并从侧面反映出这些地区的功能专业化或者说产业链专业化正在逐步占据主导地位；西部地区则大部分达到了中等专业化，还有少数地区分别处低水平专业化和高水平专业化；东北部地区的专业化则处于中低水平。显而易见，制造业较发达、工业体系较为完备的地区，生产结构更接近全国平均水平，如北京、上海等发达城市以及辽宁、河南等拥有大量老工业基地城市的地区。而资源、原材料工业越发达的地区，生产结构与全国平均水平的差异越大，如以煤炭工业为主导的山西、石油开采业发达的新疆等（见图 6－8）。

再以地区加权区位商指数衡量中国各地区的专业化水平。从纵向看，1990 年以来，在四大区域中，仅东北地区在 1999 年发生专业化水平大幅度下降的情况，而其他地区则保持较为稳定的地区专业化水平，东部地区专业化在中高水平之间徘徊，中、西部地区的专业化基本保持在中等水平（见图 6－9）。至 2007 年，四大区域的专业化水平呈以下分布格局，即东部地区最高，东北地区居其次，中部地区排第三，最后是西部地区，四大区域的地区加权区位商指数均值分别达到 2.80、1.93、1.81 和 1.30。

---

① 它们分别是甘肃（0.77）、重庆（0.82）、宁夏（0.89）、贵州（0.98）、新疆（1.05）、云南（1.07）、内蒙古（0.78）。

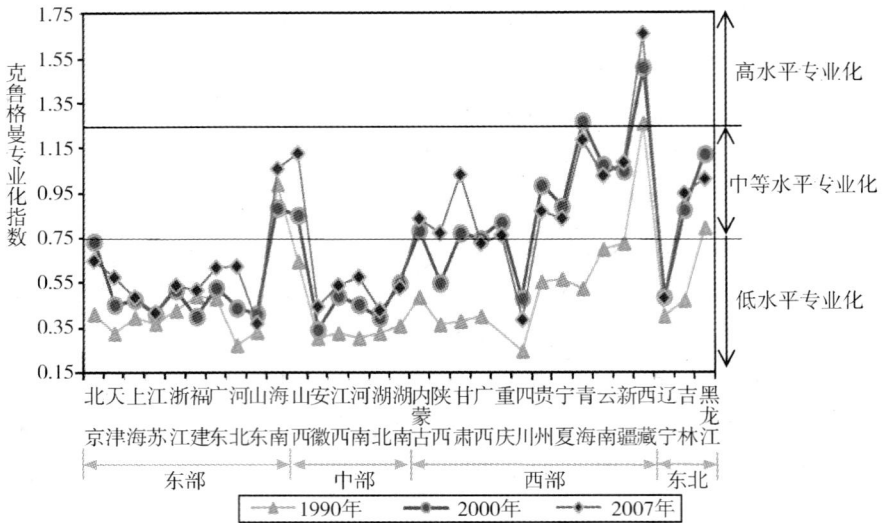

图6-8 中国地区专业化的地域特征（I）

注：以采掘业和制造业的总产值数据计算；详细计算结果见附表。

资料来源：根据《中国工业经济统计年鉴》（1991、2001、2008）整理计算。

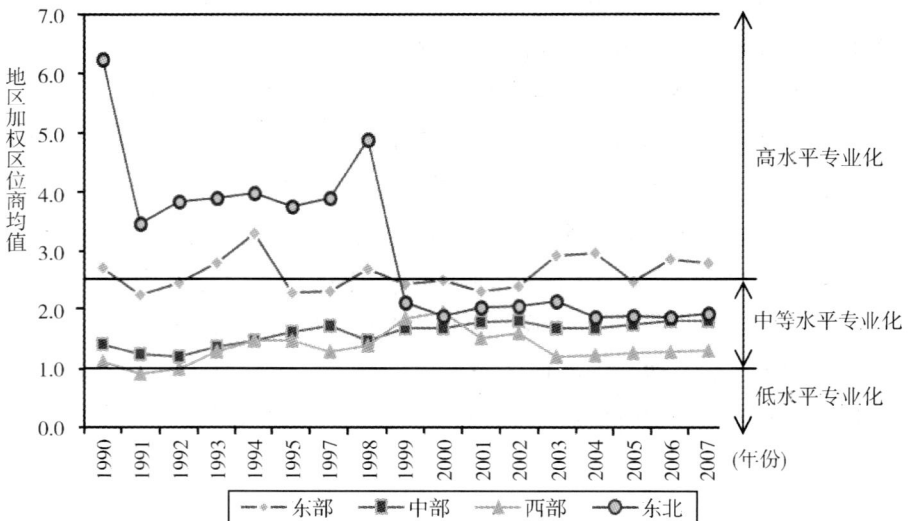

图6-9 中国四大区域地区加权区位商指数均值变动情况

注：以采掘业和制造业的总产值数据计算；取各地区的算术平均值；1996年数据缺失。

资料来源：根据历年《中国工业经济统计年鉴》和《中华人民共和国1995年第三次全国工业普查资料汇编》整理计算。

在各大区域内部，各个地区的专业化也在不断分化（见图 6 - 10）。东部地区的专业化起初集中分布在中等水平和高水平，其中，江苏、广东、山东三省一直维持在较高的专业化水平；浙江、河北于 2000 年进入高水平专业化行列；北京、上海等城市化步伐较快地区，出现专业化水平下降的趋势，[①]如上海 2007 年的地区加权区位商指数为 1.47，分别较 1990 年和 2000 年下降了 54% 和 37%。在中部地区，山西、河南两省专业化水平不断提高，使中部地区整体专业化维持在中等水平。1990 年，中部地区的安徽、江西两省专业化处于较低水平，其余中部四省则达到中等水平。至 2007 年，中部地区专业化水平内部差异加大，山西、河南两省实现了高水平专业化，地区加权区位商指数分别达到 3.46 和 3.36，分别较 1990 年提高了 0.5 倍和 1.9 倍，安徽、湖北、江西三省的工业发展则缺乏活力，陷于低水平专业化，而湖南的专业化则一直维持在中等水平。在西部地区，各地区的专业化主要在中低水平徘徊，至 2007 年，仅云南和新疆两省的专业化达到较高水平，地区加权区位商指数分别为 2.51 和 4.78。在东北地区，工业部门的专业化主要保持在中高水平，但 2007 年较 1990 年略微下降。

据以上分析，我们可以将中国地区专业化的地域特征概括为：东部地区——产业结构多样性和发达的专业化部门并存；中部地区——多样化的产业结构，专业化部门实力参差不齐；西部地区——较为单一的产业结构，专业化部门实力较弱，在全国的地位有待提高；东北地区——专业化的产业结构，实力较强的专业化部门。

3. 中国专业化部门的产业特征

技术特征和规模特征是专业化部门的两个重要特征，由于我们已经在上一小节通过地区加权区位商指数的分析讨论了中国地区专业化部门的规模特征，在此，主要就中国地区专业化部门的技术特征展开讨论。

参考 OECD 的制造业技术分类[②]以及国家统计局关于高技术产业的统计

---

① 但是，专业化部门在这些地区的地位仍然十分重要。例如，2007 年上海专业化部门的总产值比重达到 71%，较 2000 年提高 3 个百分点。

② OECD, Manufacturing Performance：A Scoreboard of Indicators, OECD/OCDE, Paris, 1994.

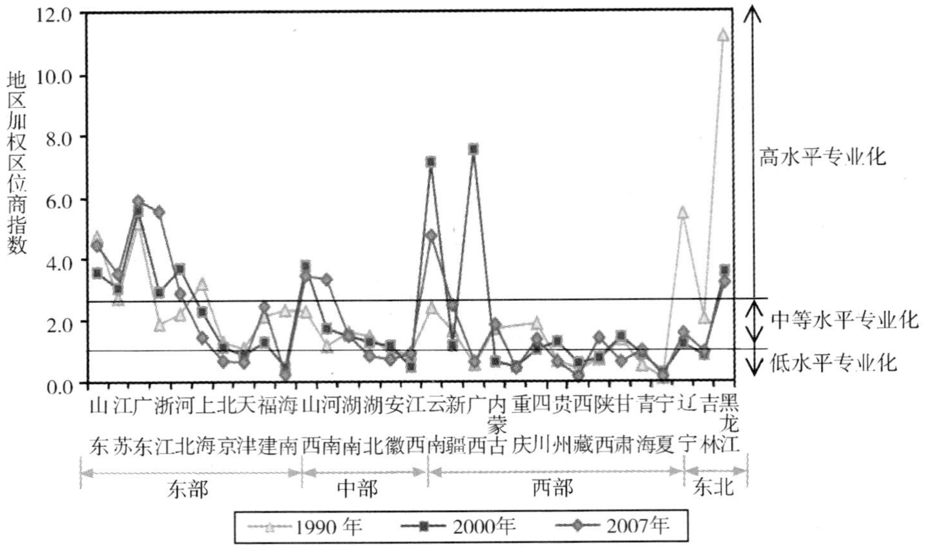

图 6 - 10   中国地区专业化的地域特征 （Ⅱ）

注：以采掘业和制造业的总产值数据计算。

资料来源：根据《中国工业经济统计年鉴》（1991、2001、2008）整理计算。

分类标准,[①] 本书将二位数分类工业部门大致划分为五类，即资源开采型产业、低技术产业、中低技术产业、中高技术产业和高技术产业。其中，资源开采型产业包括（06）~（10），共 5 个产业；低技术产业包括（13）~（24）和（42），共 13 个产业；中低技术产业包括（25）~（34），共 10 个产业；中高技术产业包括（35）~（39），共 5 个产业；高技术产业包括（27）、（40）和（41），共 3 个产业。

首先，从全国加总的加权区位商[②]来看，资源开采型、低技术和中低技术专业化部门的地区分布较为普遍，与其相对应的各地区加总的专业化部门加权区位商指数具有较高值；而中高技术和高技术专业化部门则只分布在少数地区，相应地，其加总的加权区位商（WLQ）的值较低，仅为资源开采型

---

① 国家统计局设管司：《高技术产业统计分类目录》，国家统计局网站 2006 年 11 月 23 日。

② 注意与前面使用的地区加权区位商指数相区别，此处"加总的加权区位商"统计的是各技术类型专业化部门以其在全国的份额为权数计算的加权区位商的简单加总。

专业化部门的 1/7 ~ 1/5。换言之，前三种类型专业化部门的空间分布较为分散，而中高技术和高技术专业化部门的地理集中度相对较高。与 1990 年相比，2000 年，中低技术部门的地区专业化程度出现大幅度降低，加总的 WLQ 较 1990 年下降 42.2%，而资源开采型、低技术、中高技术和高技术专业化部门的加总 WLQ 分别较 1990 年提高 7.78%、23.55%、55.095% 和 50.17%。至 2007 年，各种技术类型的部门专业化基本延续了 2000 年的格局，仅资源开采型部门的加总 WLQ 比 2000 年下降了 22.42%。

表 6 – 5　按产业技术分类各地区专业化部门加总的加权区位商

技术类型 ＼ 年份	1990	2000	2007
资源开采	23.26	25.07	19.45
低技术	16.01	19.78	19.49
中低技术	21.07	12.17	11.73
中高技术	2.85	4.42	4.10
高技术	2.89	4.34	4.18

注：以采掘业和制造业的总产值数据计算。

资料来源：根据《中国工业经济统计年鉴》（1991、2001、2008）整理计算。

其次，从各种技术类型专业化部门的数量来看，2007 年，在全国各地区专业化部门中，低技术型最多，全国共有 135 个；然后是中低技术型和资源开采型，各有 94 个和 70 个；中高技术型和高技术型的数量最少，分别为 33 个和 32 个。与 1990 年相比，2007 年，东部地区和中部地区的专业化部门数量有所减少，而西部地区和东北部地区专业化部门的数量则有所增加。这种不同地区专业化部门数量此消彼长，从侧面反映了近年来国内产业转移引起的专业化分工格局的变化（见表 6 – 6）。而分地区看，2007 年，中部地区的平均专业化部门数量最高，达到 12.8 个，其次是东部地区 12.5 个，西部地区 11.64 个，东北地区 11.33 个。分技术类型看，东部每个地区平均有 5.4 个低技术型专业化部门、1.6 个高技术型专业化部门，均列全国首位；中部地区则以平均每个地区拥有 3.67 个中低技术型专业化部门，位列第一；而在以资源优势见长的西部地区，每个地区平均拥有 3.27 个资源开采型专业化部门；东北地区则以每个地区 2 个中高技术型部门的平均水平，在全国领先。由此可见，四大区域之间的专业化部门结构呈现技术互补的格局（见表 6 - 7）。

表 6 - 6　四大区域分类型专业化部门的数量　　　　单位：个

年份	类型	东北	东部	中部	西部	全国总计
1990	资源开采	5	16	15	28	64
	低技术	11	62	32	43	148
	中低技术	8	46	23	23	100
	中高技术	4	14	7	11	36
	高技术	2	16	3	10	31
	合计	30	154	80	115	379
年份	类型	东北	东部	中部	西部	全国总计
2000	资源开采	7	10	17	33	67
	低技术	3	65	31	30	129
	中低技术	7	31	27	36	101
	中高技术	2	20	5	12	39
	高技术	2	15	4	10	31
	合计	21	141	84	121	367
年份	类型	东北	东部	中部	西部	全国总计
2007	资源开采	8	10	16	36	70
	低技术	11	54	29	41	135
	中低技术	7	31	22	34	94
	中高技术	6	14	6	7	33
	高技术	2	16	4	10	32
	合计	34	125	77	128	364

资料来源：根据《中国工业经济统计年鉴》（1991、2001、2008）整理计算。

表6-7 四大区域专业化部门各类型的数量变化及其平均水平 单位:个

地区 年份 产业类型	东北		东部		中部		西部	
	2007	2007~1990	2007	2007~1990	2007	2007~1990	2007	2007~1990
合计	34	4	125	-29	77	-3	128	13
资源开采	8	3	10	-6	16	1	36	8
低技术	11	0	54	-8	29	-3	41	-2
中低技术	7	-1	31	-15	22	-1	34	11
中高技术	6	2	14	0	6	-1	7	-4
高技术	2	0	16	0	4	1	10	0
各地平均	11.33	1.33	12.50	-2.90	12.80	-0.50	11.64	0.14
资源开采	2.67	1.00	1.00	-0.60	2.67	0.16	3.27	0.47
低技术	3.67	0.00	5.40	-0.80	4.83	-0.50	3.73	-0.57
中低技术	2.33	-0.33	3.10	-1.50	3.67	-0.16	3.09	0.79
中高技术	2.00	0.67	1.40	0.00	1.00	-0.16	0.64	-0.46
高技术	0.67	0.00	1.60	0.00	0.67	0.16	0.91	-0.09

资料来源:根据《中国工业经济统计年鉴》(1991、2008)整理计算。

综合以上分析可知,中国各地区的专业化部门具有以下技术特征:①专业化部门技术层次偏低,资源开采型专业化部门、低技术专业化部门和中低技术专业化部门比重大,中高技术专业化部门和高技术专业化部门比重较低。②在四大区域之间,不同技术类型专业化部门的数量分布不平衡,东部地区优势明显。

三、中国区际产业分工格局变动

1990年以来,中国四大区域之间的区际产业分工状况已不能仅用一种分工类型来简单概括,而是呈现多种分工格局并存的局面,即东部地区与中西部地区呈"资源—加工型"垂直分工格局;东北地区与东部地区之间存在中高技术产业的水平型分工;四大区域之间存在低技术产业和中低技术产业的水平型分工。

首先,看东部地区与中西部地区之间的分工格局变动情况。东部地区除资源开采型工业外，其余四种技术类型专业化部门的实力一直在全国保持着领先地位。[①] 1990 年，东部地区低技术专业化部门、中低技术专业化部门、中高技术专业化部门和高技术专业化部门无论是加总的加权区位商，还是其平均值，都远远超过中西部地区（见表 6-8 和表 6-9）。而资源开采型工业是中西部地区最重要的专业化部门。从而东部地区与中西部地区之间呈现"资源—加工型"垂直分工格局。至 2007 年，东部地区低技术专业化部门、中低技术专业化部门、中高技术专业化部门和高技术专业化部门发展迅速，加总的加权区位商分别提高到 11.47、6.38、2.33 和 4.88，是西部地区的 1.77 倍、5.7 倍、4.4 倍和 16.8 倍，中部地区的 4.66 倍、4.09 倍、4.76 倍和 15.74 倍，与中西部地区专业化部门之间的差距进一步拉大。同年，中部地区和西部地区资源开采型专业化部门加总的加权区位商分别由 1990 年的 3.52 和 5.23 提高到 6.05 和 4.70。因此，东部地区与中西部地区之间的"资源—加工型"垂直分工格局一直延续并且进一步固化，中西部地区仍在使用能源、原材料等初级产品与东部的工业制成品进行交换，且这类交换在区际贸易中占据主导地位。

东北地区富含煤、铁矿和石油资源，历来是我国重要的重工业基地和装备制造业基地，其专业化部门以资源开采型和中高技术产业为代表。2007 年，东北地区资源开采型专业化部门加总的加权区位商达到 3.45，列全国第三位，中高技术型专业化部门则为 0.75，列全国第二位。从各地区平均水平来看，东北地区中高技术专业化部门的专业化水平和实力与东部地区最为接近。2007 年，东北地区中高技术专业化部门加总的加权区位商地区平均值是东部地区的 1.07 倍，中部地区、西部地区则分别为东部地区的 35% 和 19%。由此可以判断，东北地区与东部地区之间的分工主要是中高技术产业的水平型分工。

---

① 在东部，只有少数地区拥有资源，如天津的石油、河北的煤铁矿和石油、山东的煤和石油、海南的铁矿。

表6-8　四大区域专业化部门分类型加总的加权区位商

年份	类型	东北地区	东部地区	中部地区	西部地区
1990	资源开采	8.69	5.82	3.52	5.23
	低技术	8.86	13.70	3.60	5.50
	中低技术	0.42	3.97	0.66	0.38
	中高技术	0.49	1.50	0.51	0.35
	高技术	0.16	1.94	0.10	0.69
年份	类型	东北地区	东部地区	中部地区	西部地区
2000	资源开采	3.47	3.94	4.49	11.40
	低技术	0.97	11.03	2.41	7.28
	中低技术	0.37	5.07	1.77	2.85
	中高技术	0.69	2.92	0.37	0.47
	高技术	0.09	3.92	0.12	0.26
年份	类型	东北地区	东部地区	中部地区	西部地区
2007	资源开采	3.45	2.95	6.05	4.70
	低技术	1.22	11.47	2.46	6.49
	中低技术	0.24	6.38	1.56	1.12
	中高技术	0.75	2.33	0.49	0.53
	高技术	0.14	4.88	0.31	0.29

资料来源：根据《中国工业经济统计年鉴》（1991、2001、2008）整理计算。

表6-9　四大区域专业化部门分类型加总的加权区位商平均值比较

类型	东北地区	东部地区	中部地区	西部地区
	倍数	绝对值	倍数	倍数
1990 年				
资源开采	4.98	0.58	1.01	0.82
低技术	2.16	1.37	0.44	0.36
中低技术	0.35	0.40	0.28	0.09
中高技术	1.09	0.15	0.57	0.21
高技术	0.27	0.19	0.09	0.32

续表

类型	东北地区	东部地区	中部地区	西部地区
	倍数	绝对值	倍数	倍数
2000 年				
资源开采	2.94	0.39	1.90	2.41
低技术	0.29	1.10	0.36	0.55
中低技术	0.24	0.51	0.58	0.47
中高技术	0.79	0.29	0.21	0.13
高技术	0.08	0.39	0.05	0.06
2007 年				
资源开采	3.90	0.30	3.42	1.33
低技术	0.35	1.15	0.36	0.47
中低技术	0.13	0.64	0.41	0.15
中高技术	1.07	0.23	0.35	0.19
高技术	0.10	0.49	0.11	0.05

注：取各地区与东部地区相比的倍数。

资料来源：根据《中国工业经济统计年鉴》（1991、2001、2008）整理计算。

此外，在四大区域之间，还存在低技术和中低技术产业的水平型分工。四大区域都拥有一定数量的低技术专业化部门和中低技术专业化部门。如 2007 年，东部地区平均拥有 3.67 个低技术专业化部门和 2.33 个中低技术专业化部门，东部地区平均有 5.4 个和 3.1 个，中部地区平均有 4.83 个和 3.67 个，西部地区平均有 3.73 个和 3.09 个。虽然在数量上的差别不大，但是，各区域之间这两个技术类型专业化部门的专业化水平和实力却有很大差距。其中，东部地区的专业化水平和实力最强。2007 年，东部地区低技术专业化部门和中低技术专业化部门加总的加权区位商平均值分别为 1.15 和 0.64，而东北地区这两个专业化部门仅为东部地区的 0.35 倍和 0.13 倍，中部地区则为 0.36 倍和 0.41 倍，西部地区为 0.47 倍和 0.15 倍。由此可知，四大区域之间的这种低技术专业化部门和中低技术专业化部门的水平型分工是由东部地区主导的。

从参与分工的要素投入情况看，1990 年以来，由于科技进步，创造单位工业增加值所需要的投入在不断下降，但是，各地区的要素投入格局基本维持不变。东北地区主要通过资本来参与区际分工。2007 年，东北地区创造 1 万元工业增加值所占用的固定资产为 1.72 万元，人均固定资产原值达到 31.34 万元，一直居全国首位。东部地区则主要通过技术和劳动力加入区际分工。与其他地区相比，东部地区创造单位工业增加值所需的劳动力和占用的固定资产一直处于较低水平。[①] 2007 年，东部地区创造 1 万元的工业增加值只需 0.08 个劳动力和 1.31 万元固定资产，资本劳动比为 17.24，这反映出东部地区一直具有较高水平的劳动生产率。中部地区主要通过劳动力参与区际分工，其人均固定资产原值一直低于全国平均水平。2007 年，中部地区人均固定资产原值为 18.94 万元，比全国平均水平低 0.5 万元。1990 年、1994 年、1997 年、2000 年和 2005 年，中部地区创造单位工业增加值所需的固定资本投入都高于东部地区。但至 2007 年，中部地区这一指标反而低于东部地区（见表 6 - 10），从而反映出中部地区工业发展中的资本不足问题。为了克服这一矛盾，中部地区只能通过劳动力替代资本的方式来参与区际分工。西部地区也是通过资本来参与区际分工。除个别年份，西部地区创造 1 万元工业增加值所使用的固定资产一直列全国第二位，2007 年达到 1.48 万元，其资本劳动比则高达 24.94，仅次于东北地区的 31.34。而从各地区专业化部门的要素投入特征来看（见表 6 - 11），东北地区和西部地区的专业化部门是以资本密集型为主，而东部地区和中部地区的专业化部门则是以劳动力密集型为主。2007 年，东北地区专业化部门的人均占用固定资产原值达到 37.14 万元，是西部地区的 1.24 倍，东部地区的 2.47 倍，中部地区的 1.76 倍。

---

① 1994 年和 1997 年，东部地区人均固定资产偏高，这与当时外汇改革后，外资大量涌入东部地区有关。

表 6 - 10　四大区域工业资本和劳动力投入情况

	每创造 1 万元工业增加值占用			人均固定资产原值（元）	人均增加值（元）
	劳动力（个）	固定资本原值（万元）	资本劳动比率		
1990 年					
全国	1.55	2.66	1.72	17205	6457
东北地区	1.57	3.07	1.96	19583	6370
东部地区	1.36	2.27	1.68	16750	7374
中部地区	1.96	3.00	1.53	15314	5111
西部地区	1.67	3.09	1.85	18523	5992
1994 年					
全国	0.60	2.01	3.33	33265	16535
东北地区	0.65	2.41	3.73	37266	15456
东部地区	0.51	1.81	3.55	35549	19607
中部地区	0.74	2.05	2.79	27932	13602
西部地区	0.74	2.29	3.09	30869	13450
1997 年					
全国	0.42	2.71	6.41	64080	23681
东北地区	0.54	3.69	6.84	68407	18557
东部地区	0.34	2.44	7.17	71683	29347
中部地区	0.49	2.47	5.05	50509	20411
西部地区	0.53	3.22	6.02	60193	18699
2000 年					
全国	0.22	2.74	12.23	122306	44563
东北地区	0.19	3.23	16.72	167210	51703
东部地区	0.20	2.42	12.28	122806	50785
中部地区	0.32	3.05	9.52	95207	31171
西部地区	0.26	3.38	12.89	128917	38195
2005 年					
全国	0.10	1.61	16.11	161062	99899
东北地区	0.08	2.14	27.06	270593	126173
东部地区	0.10	1.46	14.55	145466	99568
中部地区	0.11	1.62	14.39	143875	89047
西部地区	0.10	1.99	20.16	201644	101451

	每创造 1 万元工业增加值占用			人均固定资产原值（元）	人均增加值（元）
	劳动力（个）	固定资本原值（万元）	资本劳动比率		
2007 年					
全国	0.07	1.37	19.44	194426	142150
东北地区	0.06	1.72	31.34	313414	181780
东部地区	0.08	1.31	17.24	172432	131640
中部地区	0.07	1.28	18.94	189353	147421
西部地区	0.06	1.48	24.94	249398	168025

资料来源：根据《中国工业经济统计年鉴》（1991、1995、1998、2001、2004、2008）整理计算。

表 6 – 11　四大区域专业化部门资本和劳动力投入情况（2007 年）

地区	年末职工人数（万人）	年末固定资产原值（亿元）	人均固定资产原值（元）	万元工业增加值占用固定资产（元）
东北地区	327.87	12175.68	371352	16675
东部地区	3429.09	51516.55	150234	12592
中部地区	761.30	16105.36	211551	13008
西部地区	566.67	16970.33	299474	14785

资料来源：根据《中国工业经济统计年鉴》（2008）整理计算。

　　由此看来，四大地区资源配置和分工格局并不十分利于各地区优势的利用和发挥。从各地区的资源禀赋条件看，东北地区、中西部地区自然资源丰富，东部地区则具有较强的资金实力、技术优势和人力资本优势。在这种资源配置和区际分工格局下，东部地区资金要素优势没有体现出来，中部地区的资源优势受资金制约而没有充分发挥，而西部地区则是以其相对短缺的资金要素参与全国的产业分工，中西部地区大量农村剩余劳动力在本地实现就业的比率偏低，大多倾向于到东部地区寻找就业机会。在中国进入工业化中期阶段后，工业发展对资源的依赖加剧，从而进一步固化了这种区域要素投入和产业分工格局。

　　但是，近年来出现的产业转移趋势，使得新型区际分工格局的建立成为可能。由于东部地区集聚经济过热，土地、劳动力等各类生产要素价格上涨，而中西部地区产业发展条件逐渐改善，从 2003 年开始，东部发达地区的制造业逐步向中西部地区和山东、河北两省转移。我们是从各地区的制造业市场份额变动来判断产业转移的发生。由表 6－12 可以看出，东部发达地区的低技术、中低技术和中高技术、高技术产业陆续转移出去，东部发达地区这些产业的市场份额由上升转为下降，一部分转移到山东和河北两省，① 另一部分则转移到中西部地区，使得中西部地区这几种类型制造业的市场份额由跌转升。

表 6－12　各地区制造业市场份额变动（1980～2007 年）　　　单位:%

年份	东部发达地区			中西部地区		
	低技术	中低技术	中高技术 高技术	低技术	中低技术	中高技术 高技术
1980	43.54	39.80	44.04	33.86	31.38	31.24
1985	40.83	39.25	45.55	36.38	33.54	31.48
1995	49.12	43.96	57.18	30.64	31.61	23.77
2000	52.60	45.79	63.84	26.05	27.82	18.03
2001	54.48	46.77	64.87	24.50	27.60	17.23
2002	**54.59**＊	46.50	64.39	23.67	27.48	17.30
2003	53.98	**46.70**＊	67.34	22.39	**27.05**＊	15.39
2004	53.77	46.20	**69.28**＊	**21.29**＊	27.09	**14.19**＊
2005	51.10	44.59	68.77	22.16	27.60	14.34
2006	49.73	44.17	68.02	22.85	28.32	14.63
2007	48.26	42.88	66.04	24.54	29.89	15.72
年份	山东、河北			东北地区		
	低技术	中低技术	中高技术 高技术	低技术	中低技术	中高技术 高技术
1980	11.81	9.46	8.00	10.84	19.77	16.71
1985	12.23	9.20	7.85	10.51	18.00	15.12
1995	13.19	12.28	9.25	6.73	12.00	9.62
2000	16.14	14.43	9.57	4.87	11.72	8.44

---

① 这两省近年来各类型制造业的市场份额一直趋于上升。

续表

年份	山东、河北			东北地区		
	低技术	中低技术	中高技术 高技术	低技术	中低技术	中高技术 高技术
2001	16.30	14.48	9.43	4.39	10.94	8.30
2002	17.05	15.72	9.90	**4.37** *	10.08	8.21
2003	18.15	16.49	9.85	4.53	9.50	7.20
2004	19.52	17.51	9.83	4.61	9.02	6.52
2005	21.01	18.93	10.62	4.95	8.74	**6.11** *
2006	21.35	18.68	10.96	5.31	8.61	6.27
2007	21.30	18.82	11.30	5.65	8.05	6.82

注：①东部发达地区指京、津、苏、沪、浙、闽、粤7省份；中西部地区包括四大区域中的中部地区（6省份）和西部地区（12省份）；东北地区包括东北三省。②＊表示各地区制造业市场份额变动的拐点。

资料来源：根据《中华人民共和国1985年工业普查资料》、《中华人民共和国1995年第三次全国工业普查资料汇编》、中国统计数据应用支持系统（2000～2007年）二位数分类制造业数据整理计算。

本章小结

本章讨论获得的结论，可以总结如下：

（1）中国地区专业化的历史发展，主要经历了近代静态比较优势主导下的被动发展，新中国成立初期至改革开放前平衡发展战略下的缓慢发展，以及改革开放以来对外开放和市场集聚主导的迅速发展三个阶段。

（2）对中国省域部门间专业化特征的研究表明，1990年以来，以全域专业化指数度量的中国地区专业化总体水平在逐步提高；中国地区专业化具有显著的地域特征，从生产结构上看，各地区生产结构与全国平均水平差距在扩大，东部地区和东北地区的生产结构趋于多样化，中西部地区的生产结构则较为单一；从专业化部门的实力上看，东部地区的专业化部门实力最强，然后依次是东北地区、中部地区和西部地区；从产业技术类型上看，专业化部门技术层次偏低，资源开采型、低技术和中低技术专业化部门比重大，中高技术和高技术专业化部门比重较低，且四大区域的数量分布不平衡，东部地区优势明显。

（3）中国四大区域之间的区际产业分工格局已由改革开放初期的"东部沿海—内陆"的单一型垂直分工转向多种分工模式并存的局面。东部地区与中西部地区呈"资源—加工"型垂直分工格局长期存在，同时其他类型区域分工模式有所发展。东北地区与东部地区之间存在中高技术产业的水平型分工，四大区域之间存在低技术和中低技术产业的水平型分工。由于地区间专业化部门的实力差距，仍然是垂直型分工主导这种混合型分工模式。从参与分工的要素投入情况看，四大区域资源配置和分工格局并不十分利于各地区优势的利用和发挥。东部地区主要通过技术和劳动力加入区际分工，资金要素优势没有体现出来；中部地区主要通过劳动力参与区际分工，资源优势受资金制约而没有充分发挥；西部地区则是以其相对短缺的资金要素参与全国的产业分工；东北地区主要通过资本参与区际分工。在中国进入工业化中期阶段后，工业发展对资源的依赖加剧，从而进一步固化了这种区域要素投入和产业分工格局。

第七章 中国地区专业化的决定因素

目前，国内学界鲜有对中国地区专业化决定因素进行较为系统和全面的相关研究。据第四章的分析，地区专业化是多种因素综合作用的结果。本章尝试结合地区专业化的形成机理，从供给因素、需求因素、区位因素和历史因素四个方面，来分析中国地区专业化的决定因素，提出相应的理论假说，并进行统计检验，期望给出1993年以来中国地区专业化发展决定因素的合理解释。

一、理论假说的提出

由于数据可得性的限制，本章根据供给因素、需求因素、区位因素、制度因素和历史因素五类因素对中国地区专业化的影响，相应提出了九个理论假说。

1. 供给因素

我们考虑资源禀赋或比较优势、内部规模经济和外部规模经济对中国地区专业化的影响。①由第六章的分析可知，中国的区域分工主要是围绕比较优势展开的，中西部地区主要从事资源开采和中低技术型产业的专业化生产，东部和东北地区则较多从事各层次制造业的专业化生产，从而比较优势可视为我国地区专业化的重要决定因素。②内部规模经济构成专业化生产的基础，对于资本密集型产业尤其重要。我国正处于工业化中期阶段，重化工业在工业发展中的比重大，因此，内部规模经济因素很可能主导中国的地区专业化发展。③大量研究表明，中国产业的地理集中度在逐步提高，制造业趋于向东部地区集聚，集聚经济对中国地区专业化发展的作用不可忽视，包括本地化经济和城市化经济。

因此，我们有：

假说1：比较优势越明显，越有利于专业化部门的发展。

假说2：内部规模经济越显著，越有利于发展专业化部门的发展。

假说3：集聚经济越发达，越有利于专业化部门的发展。

2. 需求因素

稳定的市场条件是专业化生产得以实现的重要因素，我们考虑本地市场和区际交换对地区专业化的影响。我国的大市场区主要集中在京津唐、长三角、珠三角三个大都市圈，以及成渝经济区、长株潭城市群、中原城市群等处于发育中的市场区。城市人口具有较高的购买力，同时也能为专业化部门提供优质的劳动力，从而能够吸引专业化部门到本地或邻近地区发展。

因此，我们有：

假说4：本地市场潜力越大，越能吸引专业化部门到本地布局。

假说5：外部市场潜力越大，越有利于促进专业化部门的发展。

3. 区位因素

在中国，区位差异对各地区专业化部门的影响显而易见。东部地区不仅有较为发达的交通基础设施条件，而且最早享受国家的对外开放优惠政策，在地理位置上，也更接近国际市场。同时，东部地区受经济全球化的影响也较大，不仅更广泛地参与国际分工，还吸引大量外商直接投资，享受FDI产生的外溢效应，如技术外溢等。从而，东部地区专业化部门的实力及其在国内生产体系中的地位都要超过其他地区。

因此，我们有：

假说6：交通区位条件优越，对专业化部门发展有正向影响。

4. 制度因素

地方保护主义一直是制约我国各地区专业化部门发展的不利因素，市场封锁或市场壁垒的存在，限制了区际贸易的发展和扩大。同时，改革开放以来，不均衡发展的区域发展战略使得东部地区获得了优先发展机遇，最早享受国家的对外开放优惠政策，不仅更广泛地参与国际分工，还吸引大量外商直接投资，享受 FDI 产生的外溢效应。从而，东部地区专业化部门的实力及其在国内生产体系中的地位都要超过其他地区。

因此，我们有：

假说 7：地方保护主义越严重，越不利于专业化部门的发展。

假说 8：对外开放程度越高，越有利于专业化部门的发展。

5. 历史因素

历史因素对中国地区专业化的作用，主要来自中国工业化进程初期的外资推动、特定历史事件以及新中国成立初期的工业布局规划和几个五年计划和三线建设，那个时期形成的大量老工业基地城市对后来各个地区的专业化部门的形成都具有深远的影响，如辽宁的钢铁工业、江苏的轻纺工业、四川和陕西的军转民性质的高新技术产业等。进入 20 世纪 80 年代以来，陆续实施的一系列改革开放政策更是极大地促进了东南沿海地区经济的迅速崛起。

因此，我们有：

假说 9：历史形成的产业基础对中国地区专业化的形成和发展具有显著正向影响。

二、计量模型

1. 变量的选择

考虑到数据的可获性和代表性，我们选择以下 10 个变量作为解释变量对上面提出的 9 个假说进行检验：比较优势，通过本地工业的平均生产效率（PROD）或本地工业与全国平均水平生产率差异（DPROD）表示，PROD 是以部门增加值除以部门就业人数之比计算，DPROD 则是本地工业平均生产率与全国工业生产率水平的算术差。内部规模经济（ES），通过本地平均工业企业规模表示，即工业企业平均年增加值近似计算。集聚经济包含两个变量，本地化经济（LE），用本地专业化部门年总产值比重表示；城市化经济（UE），用各地区赫芬达尔专业化指数的倒数表示。本地市场潜力包含两个变量，将地区生产总值（GRP）作为本地市场规模的近似衡量；同时考虑本地人口密度（PODEN）的作用，以各地区地级市年平均人口规模表示。外部市场潜力也包含两个变量，①邻近地区市场规模，用与本地区接壤的其他地区加总的地区生产总值（BGRP）表示。②每个地区拥有的国际市场规模，用各地区年出口额（EXPORT）表示。制度因素也包含两个变量：①地方保护主义，这里我们同样用邻近地区市场规模（BGRP）表示，即一个变量衡量两方面的影响，在地方保护主义比较严重的地区，邻近地区市场规模对本地专业化部门的影响是很难发挥出来的，此时变量 BGRP 的系数为负，反之，则为正。②对外开放因素，用各地区外商直接投资额（FDI）表示。交通区位因素用地区虚拟变量表示，由于数据样本容量的限制，只容许我们使用一个虚拟变量（Region Dummy Variable），将我国分成东部沿海和内地两个部分，取 1 的时候表示东部地区，取 0 时表示其他地区。最后，为了考察历史因素的影响，我们用前 8 个变量上一年的数据来表示，如 $PROD_{-1}$。

2. 模型形式的设定

由第六章的分析可知，中国各地区的克鲁格曼专业化指数（KSI_{it}）一直以来上升趋势较为明显。据此，我们假设解释变量与被解释变量之间存在线性关系，并建立一系列面板数据模型：

$$KSI_{it} = C_{it} + \sum_{j} \beta_{it}^{j} F_{it}^{j} + u_{it} \tag{7-1}$$

式中，F 表示中国地区生产结构变动的影响因素，它既可以是独立因素，也可以是综合因素（用交叉项表示）；j 表示影响因素的个数，并随着我们陆续加入各类解释因素而变动。

由于地区加权专业化指数的变化趋势主要呈 "U" 形或倒 "U" 形，在以地区加权专业化指数（$RAWLQ_{it}$）衡量中国地区专业化水平的决定因素模型中，我们假定解释变量与被解释变量之间是一种二次关系，① 并建立下列

---

① 这个假设是以模型 6-4 的回归结果为依据的。

面板数据模型：

$$RAWLQ_{it} = C_{it} + \sum_j \eta_{it}^j (F_{it}^j)^2 + \sum_j \beta_{it}^j F_{it}^j + u_{it} \qquad (7-2)$$

表7-1　中国地区专业化的决定因素

决定因素	变量名	理论假说	决定因素	变量名	理论假说
供给因素				$PROD_{it-1}$	+
地区劳动生产率	$PROD_{it}/DPROD_{it}$	+		ES_{it-1}	+
内部规模经济	ES_{it}	+			
集聚经济					
本地化经济	LE_{it}	+		LE_{it-1}	+
城市化经济	UE_{it}	+		UE_{it-1}	+
需求因素				GRP_{it-1}	+
本地市场规模	GRP_{it}	+	历史因素	$PODEN_{it-1}$	+
	$PODEN_{it}$	+			
	$BGRP_{it}$	+		$BGRP_{it-1}$	+
外部市场规模	$EXPORT_{it}$	+		$EXPORT_{i-1}$	+
区位因素					
交通区位因素	Region Dummy	+			
制度因素					
地方保护主义	$BGRP_{it}$	+/-		FDI_{it-1}	+
对外开放	FDI_{it}	+			

注："＋"表示决定因素对地区专业化起正向作用。

资料来源：作者整理。

3. 数据来源

本书用于实证模型的数据样本使用的是1993~2007年的30个省份[①]的采掘业和制造业数据，不包括电力、煤气、水的生产供应业。在年份的选择上，我们考虑中国在1993年实施汇率改革，正式对外开放国门，外资开始大量进入中国，故选择1993年作为实证研究的起始年份。我们使用的数据主要来自

---

① 不包括重庆市。

历年的《中国工业经济统计年鉴》和中国统计数据应用支持系统（www. armc. com. cn），1995 年的数据使用的是 1995 年中国第三次工业普查数据，1996 年的数据缺失。

由于本章的面板数据由 30 个截面和 14 个时间序列构成，截面的数目大大超过时间序列的长度，对于这类"大 N 小 T"的面板数据，我们重点关注截面特征，因此采用随机效应/固定效应模型来进行分析。

三、回归结果

我们使用 EVIEW 6.0 软件包，分别对 KSI 解释模型和 RAWLQ 解释模型进行回归。

1. KSI 模型

$$KSI_{it} = C_i + \beta_1 PROD_{it} + \beta_2 ES_{it} + \beta_3 LE_{it} + \beta_4 UE_{it} + \beta_5 GRP_{it} + \beta_6 PODEN_{it}$$
$$+ \beta_{11} LS_{it} \times UE_{it} + \beta_{22} GRP_{it} \times PODEN_{it} + u_{it}$$

$$(KSI - 1)$$

$$KSI_{it} = C_i + \beta_1 PROD_{it} + \beta_2 ES_{it} + \beta_3 LE_{it} + \beta_4 UE_{it} + \beta_5 GRP_{it} + \beta_6 PODEN_{it}$$
$$+ \beta_{11} LS_{it} \times UE_{it} + \beta_{22} GRP_{it} \times PODEN_{it} + \beta_7 BGRP_{it} + \beta_8 EXPORT_{it}$$
$$+ \beta_9 FDI_{it} + \beta_{33} BGRP_{it} \times EXPORT_{it} + u_{it}$$

$$(KSI - 2)$$

$$KSI_{it} = C_i + \beta_1 PROD_{it} + \beta_2 ES_{it} + \beta_3 LE_{it} + \beta_4 UE_{it} + \beta_5 GRP_{it} + \beta_6 PODEN_{it}$$
$$+ \beta_{11} LS_{it} \times UE_{it} + \beta_{22} GRP_{it} \times PODEN_{it} + \beta_9 FDI_{it} + \beta_{33} BGRP_{it}$$
$$\times EXPORT_{it} + \delta_1 PROD_{it-1} + \delta_2 ES_{it-1} + \delta_3 LE_{it-1} + \delta_4 UE_{it-1}$$
$$+ \delta_5 GRP_{it-1} + \delta_6 PODEN_{it-1} + \delta_{11} LS_{it-1} \times UE_{it-1} + \delta_{22} GRP_{it-1}$$
$$\times PODEN_{it-1} + \delta_9 FDI_{it} + \delta_{33} BGRP_{it} \times EXPORT_{it} + u_{it}$$

$$(KSI - 3)$$

$$KSI_{it} = C_i + \beta_1 PROD_{it} + \beta_2 ES_{it} + \beta_3 LE_{it} + \beta_4 UE_{it} + \beta_5 GRP_{it} + \beta_6 PODEN_{it}$$
$$+ \beta_7 BGRP_{it} + \beta_8 EXPORT_{it} + \beta_9 FDI_{it} + D_1 + \alpha_1 D_J \times PROD_{it} + \alpha_2 D_1$$
$$\times ES_{it} + \alpha_3 D_1 \times LE_{it} + \alpha_4 D_1 \times UE_{it} + \alpha_5 D_1 \times GRP_{it} + \alpha_6 D_1 \times PODEN_{it}$$

$$+ \alpha_7 D_1 \times BGRP_{it} + \alpha_8 D_1 \times EXPORT_{it} + u_{it}$$

$$（KSI-4）$$

模型（KSI-1）主要考察各个供给因素和本地市场潜力对地区生产结构的独立影响，两个交叉项分别表示供给因素和本地市场潜力的综合影响；模型（KSI-2）重点考察在模型（KSI-1）中增加外部市场潜力和经济全球化因素的情况下，是否能提高模型的解释力；模型（KSI-3）是在模型（KSI-2）基础上加入历史因素；最后，我们在模型（KSI-3）基础上加入区域虚拟变量 D_1，以考察交通区位因素对中国地区生产结构的影响。

先对模型（KSI-1）至模型（KSI-3）分别进行广义最小二乘法（GLS）回归，三个模型全部通过 HAUSMAN 检验，采取变截距固定效应模型的形式。由于样本中横截面的个数大于时间序列的个数，在回归的时候，我们选择按截面加权（Cross-section Weights）的方式，从而允许不同的截面存在异方差现象。

模型（KSI-1）的解释力达到 97.25%，结果表明，所有供给因素和本地人口密度对地区生产结构具有独立影响，且在统计上显著，其中本地工业平均生产效率对地区专业化的影响为负，表明生产率越低的地区，以克鲁格曼专业化指数衡量的地区专业化水平越高，这与第六章的分析也相符，即经济发达地区的生产结构与全国平均水平较为接近，而欠发达地区则与全国平均水平差异明显；内部规模经济、本地化经济和城市化经济对地区生产结构具有正向影响；本地人口密度的影响也为正，表明本地市场对中国地区专业化的重要性；本地区生产总值对地区生产结构的影响为正，但是在统计上不显著；集聚经济对中国地区专业化的综合影响为负，体现了本地化经济和城市化经济对专业化作用上的矛盾，这与前面二者的独立影响为正的结果并不冲突，由第四章的分析可知，本地化经济和城市化经济之间既可以并存，同时又是相互消长的关系，模型中，集聚经济交叉项的系数估计值远小于本地化经济和城市化经济系数估计值，因此这种负面影响已经被抵消，几乎可以忽略不计，如表 7-2 所示。

表 7 - 2 中国地区专业化决定因素的 GLS 固定效应模型（KSI - 1）

变量名称 ＼ 因变量	KSI		
C	0.315951 ***		
	(5.158783)		
PROD	− 2.29E − 07 *	GRP	1.09E − 07
	(− 1.762650)		(0.035787)
ES	2.45E − 06 ***	PODEN	2.65E − 05 ***
	(6.282651)		(8.121483)
LE	0.006802 ***	LE × UE	− 0.000390 ***
	(7.582973)		(− 6.756813)
UE	0.009261 **	GRP × PODEN	− 5.21E − 10
	(2.405242)		(− 1.537527)
观测值	420		
估计方法	GLS（Cross − section Weights）		
固定效应模型（变截距）	是		
Adjusted R²	0.972472		

注：***、**、*分别表示估计系数通过1%、5%、10%水平的显著性检验；t值在估计值下方的括号中显示。

我们在模型（KSI - 1）中，加入外部市场潜力因素和经济全球化因素后，模型（KSI - 2）的解释力提高到 97.30%，高出模型（KSI - 1）0.05 个百分点。引入新的因素后，对模型产生两个影响：一是在存在外部市场潜力因素和经济全球化因素情况下，本地区生产总值对地区专业化具有正向影响，但是与其他决定因素相比，显得较弱，系数的估计值仅为 0.00000935；二是在新引入的决定因素中，仅地区年出口额的系数在统计上显著，但是估计值取值为负，主要原因在于，出口量大的地区，都是沿海发达地区，接近国际市场，使这些地区的各个专业化部门的外部市场区域扩大，促进了这些地区生产结构的专业化，而出口量小的地区，多为内陆欠发达地区，国际市场狭小，故与当地专业化部门关联小，如表 7 - 3 所示。

表7-3　中国地区生产结构的决定因素 GLS 固定效应模型（KSI-2）

变量名称 \ 因变量	KSI		
C	0.334877 *** (5.326538)		
PROD	-4.16E-07 *** (-2.668569)	LE × UE	-0.000388 *** (-6.438987)
ES	2.50E-06 *** (6.012912)	GRP × PODEN	-8.32E-10 ** (-2.306122)
LE	0.006883 *** (7.481869)	BGRP	-1.85E-07 (-0.485028)
UE	0.007565 * (1.842896)	EXPORT	-8.64E-10 *** (-2.993275)
GRP	9.35E-06 ** (2.147787)	BGRP × EXPORT	7.57E-15 (1.327854)
PODEN	2.38E-05 *** (6.284862)	FDI	-1.82E-08 (-0.718806)
观测值	420		
估计方法	GLS（Cross-section Weights）		
固定效应模型（变截距）	是		
Adjusted R^2	0.972966		

注：***、**、*分别表示估计系数通过1%、5%、10%水平的显著性检验；t值在估计值下方的括号中显示。

进一步地，我们重点考察外部市场潜力因素的综合影响，并引入历史因素，得到模型（KSI-3）。由于我们用滞后一期变量表示历史因素，导致模型减少了30个自由度。与模型（KSI-2）不同，在模型（KSI-3）中，由于加入历史因素的作用，对外开放因素对地区专业化具有正向显著影响，当期的外部市场潜力因素的影响则为负；而历史因素对地区专业化的影响主要体现在滞后一期的本地化经济、城市化经济的独立作用和综合作用以及滞后一期的外部市场潜力的综合作用这四个指标上，且其影响都为正。其中，滞后一期的外部市场潜力的正面作用抵消了当期外部市场潜力的负面作用，即外部市场的扩大对专业化部门的发展仍十分有利，如表7-4所示。

表7-4　中国地区生产结构的决定因素 GLS 固定效应模型（KSI-3）

变量名称　　因变量	KSI		
C	0.214501 *** (2.912030)		
PROD	-5.42E-07 * (-1.756840)	PROD$_{-1}$	-9.90E-09 (-0.025426)
ES	2.68E-06 *** (4.223373)	ES$_{-1}$	-7.29E-08 (-0.115485)
LE	0.004559 *** (4.127629)	LE$_{-1}$	0.004503 *** (4.162362)
UE	-0.003382 (-0.693918)	UE$_{-1}$	0.018084 *** (3.766529)
GRP	2.34E-05 * (1.837073)	GRP$_{-1}$	-2.32E-05 (-1.620650)
PODEN	3.10E-05 *** (4.036477)	PODEN$_{-1}$	-1.01E-05 (-1.437238)
LE×UE	-0.000242 * (-3.467629)	LE$_{-1}$×UE$_{-1}$	-0.000271 *** (-3.932390)
GRP×PODEN	-5.13E-10 (-0.347044)	GRP$_{-1}$×PODEN$_{-1}$	1.28E-10 (0.073637)
BGRP×EXPORT	-1.36E-13 *** (-4.878847)	BGRP$_{-1}$×EXPORT$_{-1}$	1.87E-13 *** (4.589910)
FDI	5.94E-08 * (1.842879)	FDI$_{-1}$	-2.26E-08 (-0.630534)
观测值	390		
估计方法	GLS（Cross-section Weights）		
固定效应模型（变截距）	是		
Adjusted R^2	0.978851		

注：*** 、 *分别表示估计系数通过1%、10%水平的显著性检验；t值在估计值下方的括号中显示。

最后，我们在模型（KSI-3）基础上加入区域虚拟变量 D_1，以考察交通区位因素对中国地区生产结构的影响是否存在结构性差异。与前面三个模型不同，模型（KSI-4）采取随机效应模型的形式，虽然模型的解释力比其他模型低，只有 70.89%，但是我们关注焦点放在"地区间专业化决定因素是否存在结构差异"的问题上。回归结果表明，D_1 项的系数显著为负，说明沿海地区的克鲁格曼指数要低于内陆地区；$D_1 \times LE$ 和 $D_1 \times GRP$ 的系数显著为负，则内陆地区专业化外部性和本地市场的决定作用要大于沿海地区；$D_1 \times UE$ 和 $D_1 \times FDI$ 两项的系数显著为正，表明城市化外部性和经济全球化对沿海地区专业化部门的作用要比内陆地区显著得多。此外，在该模型中，BGRP 的系数显著为负，这表明，国内地区间的市场封锁还比较严重，尽管国内邻近市场容量比较大，但是本地产品难以进入，所以，国内邻近市场对本地专业化的影响为负，区域之间的竞争不利于专业化部门的发展，如表 7-5 所示。

表 7-5　中国地区生产结构决定因素的 GLS 随机效应模型（KSI-4）

变量名称 \ 因变量	KSI		
C	0.925601 *** (17.019310)	D_1	-0.189263 ** (-1.892616)
PROD	4.14E-07 (1.540141)	$D_1 \times PROD$	-4.39E-07 (-1.011080)
ES	7.74E-07 (1.158220)	$D_1 \times ES$	-2.42E-07 (-0.158518)
LE	0.002558 *** (5.365486)	$D_1 \times LE$	-0.002453 *** (-2.479829)
UE	-0.034363 (-15.322340)	$D_1 \times UE$	0.019934 *** (5.947821)
GRP	1.82E-05 *** (3.616615)	$D_1 \times GRP$	-1.45E-05 *** (-2.257694)
PODEN	-2.20E-07 (-0.042237)	$D_1 \times PODEN$	-7.09E-06 (-0.584972)

变量名称　　　因变量	KSI		
BGRP	$-1.25\text{E}-06^{**}$ (-2.136845)	$D_1 \times \text{BGRP}$	$1.09\text{E}-06$ (0.942824)
EXPORT	$-3.03\text{E}-09$ (-1.153293)	$D_1 \times \text{EXPORT}$	$2.58\text{E}-09$ (0.973692)
FDI	$-2.35\text{E}-07^{***}$ (-2.414196)	$D_1 \times \text{FDI}$	$2.61\text{E}-07^{***}$ (2.500331)
观测值	420		
估计方法	GLS（Cross - section Weights）		
随机效应模型 （变截距）	是		
Adjusted R^2	0.708918		

注：***、**、*分别表示估计系数通过 1%、5% 和 10% 水平的显著性检验；t 值在估计值下方的括号中显示。

此外，我们还发现，在每个 KSI 模型中，各个因素的作用力差异显著：集聚经济的作用要大于其他因素，本地市场的作用显著高于外部市场。如在模型 KSI – 3 中，本地化经济 LE 的系数为 0.004559，城市化经济 UE_{-1} 的系数则为 0.018084，远高于内部规模经济 ES 的系数 2.68E – 06，而本地市场因素 GRP 的系数为 2.34E – 05，亦高于外部市场综合因素交叉项 $\text{BGRP}_{-1} \times \text{EXPORT}_{-1}$ 的系数 1.87E – 13。

2. RAWLQ 模型

$$\begin{aligned}
\text{RAWLQ}_{it} =\ & C_{it} + \eta_1 (\text{DPROD}_{it})^2 + \eta_2 (\text{ES}_{it})^2 + \eta_3 (\text{LE}_{it})^2 + \eta_4 (\text{UE}_{it})^2 \\
& + \eta_5 (\text{GRP}_{it})^2 + \eta_6 (\text{PODEN}_{it})^2 + \eta_7 (\text{BGRP}_{it})^2 + \eta_2 8 \\
& (\text{EXPORT}_{it})^2 + \eta_9 (\text{FDI}_{it})^2 + \beta_1 \text{DPROD}_{it} + \beta_2 \text{ES}_{it} + \beta_3 \text{LE}_{it} + \\
& \beta_4 \text{UE}_{it} + \beta_5 \text{GRP}_{it} + \beta_6 \text{PODEN}_{it} + \beta_{11} \text{ES}_{it} \times \text{LE}_{it} + \beta_{22} \text{GRP}_{it} \cdot \text{PODEN}_{it} \\
& + \beta_7 \text{BGRP}_{it} + \beta_8 \text{EXPORT}_{it} + \beta_9 \text{FDI}_{it} + \beta_{33} \text{BGRP}_{it} \times \text{EXPORT}_{it} + u_{it}
\end{aligned}$$

$$\text{（RAWLQ – 1）}$$

$$RAWLQ_{it} = C_{it} + \eta_1 (DPROD_{it})^2 + \eta_2 (ES_{it})^2 + \eta_3 (LE_{it})^2 + \eta_4 (UE_{it})^2$$
$$+ \eta_5 (GRP_{it})^2 + \eta_6 (PODEN_{it})^2 + \eta_7 (BGRP_{it})^2$$
$$+ \eta_8 (EXPORT_{it})^2 + \eta_9 (FDI_{it})^2 + \beta_1 DPROD_{it} + \beta_2 ES_{it}$$
$$+ \beta_3 LE_{it} + \beta_4 UE_{it} + \beta_5 GRP_{it} + \beta_6 PODEN_{it} + \beta_{11} ES_{it} \times LE_{it}$$
$$+ \beta_{22} GRP_{it} \times PODEN_{it} + \beta_7 BGRP_{it} + \beta_8 EXPORT_{it} + \beta_9 FDI_{it}$$
$$+ \beta_{33} BGRP_{it} \times EXPORT_{it} + \alpha_1 D_1 \times PROD_{it} + \alpha_2 D_1 \times ES_{it}$$
$$+ \alpha_3 D_1 \times LE_{it} + \alpha_4 D_1 \times UE_{it} + \alpha_5 D_1 \times GRP_{it} + \alpha_6 D_1 \times PODEN_{it}$$
$$+ \alpha_7 D_1 \times BGRP_{it} + \alpha_8 D_1 \times EXPORT + u_{it}$$

$$(RAWLQ-2)$$

$$\log (RAWLQ_{it}) = C_i + \beta_1 \log (PROD_{it}) + \beta_2 \log (ES_{it}) + \beta_3 \log (LE_{it})$$
$$+ \beta_4 \log (UE_{it}) + \beta_5 \log (GRP_{it}) + \beta_6 \log (PODEN_{it})$$
$$+ \beta_7 \log (BGRP_{it}) + \beta_8 \log (EXPORT_{it})$$
$$+ \beta_9 \log (FDI_{it}) + u_{it}$$

$$(RAWLQ-3)$$

经过回归，我们筛选出拟合优度较高的三个模型：模型（RAWLQ-1）主要考察供给因素、需求因素和经济全球化因素对专业化部门发展的影响，交叉项表示各因素的综合影响；模型（RAWLQ-2）加入了区位虚拟变量，考察影响专业化部门的交通区位因素；由于前两个模型中，许多重要影响因素的系数在统计上不显著，我们又建立模型（RAWLQ-3），一个双对数模型，进一步考察各因素[1]的影响和特点。这三个模型都是使用按截面加权（Cross-section Weights）广义最小二乘法（GLS）进行回归，采取变截距固定效应模型的形式。

先看模型（RAWLQ-1）。该模型解释力达到90.84%。模型中，仅生产率差异（DPROD）和国际市场因素（EXPORT）的二次项系数统计上显著。其中，生产率差异因素的系数为正，表明生产率对专业化部门的作用随时间呈"U"形关系，表明比较优势对专业化部门的作用在其发展初期和成熟时期较为重要；出口因素的系数为负，说明国际市场对专业化部门发展的作用

---

[1] 在模型（RAWLQ-1）和模型（RAWLQ-2）中，我们用各地区与全国平均水平的工业生产率离差（DPROD）表示生产率对专业化部门的影响，用 ES×LE 表示专业化外部性的综合影响。

是一种倒"U"形关系，起初国际市场的作用并不十分显著，随着时间的推移，其重要性不断提升，发展到一定程度后又趋于下降。同时，模型（RAWLQ-1）中还有 6 个独立因素和 1 个综合因素对专业化部门有线性影响。其中，城市化经济（UE）的正向影响最大，其次是本地市场潜力的两个因子 GRP 和 PODEN，正向作用最小的是对外开放因素。而生产率差异和邻近地区市场规模对本地专业化部门的线性作用为负，这说明，一方面，各地区低层次专业化现象严重；另一方面，我国地区间市场壁垒较高，市场进入困难，不利于地区间分工的发展。此外，本地市场综合因子（GRP × PODEN）系数为负，但是这种作用十分微弱，已为各自的独立因子的正向作用所抵消，见表 7-6。

表 7-6　中国地区专业化部门发展的决定因素 GLS 固定效应模型（RAWLQ-1）

变量名称 ＼ 因变量	RAWLQ		
C	1. 166131 ** (2. 077110)		
DPROD × DPROD	8. 66E - 11 *** (3. 417522)	DPROD	- 6. 89E - 06 *** (- 3. 834680)
ES × ES	3. 38E - 11 (0. 432934)	ES	- 4. 69E - 06 (- 0. 284070)
LE × LE	9. 34E - 05 (0. 806276)	LE	- 0. 012645 (- 0. 854370)
UE × UE	- 0. 002152 (- 1. 343260)	UE	0. 071024 * (1. 774208)
GRP × GRP	2. 11E - 09 (0. 742735)	GRP	0. 000113 * (1. 611404)
PODEN × PODEN	- 6. 23E - 07 (- 0. 464100)	PODEN	0. 002283 ** (2. 039827)
BGRP × BGRP	1. 01E - 10 (1. 199922)	BGRP	- 2. 21E - 05 ** (- 2. 246110)

续表

因变量 变量名称	RAWLQ		
EXPORT × EXPORT	− 2. 89E − 17 ** （ − 2. 077030）	EXPORT	− 1. 09E − 09 （ − 0. 182770）
FDI × FDI	− 5. 21E − 13 （ − 1. 609370）	FDI	1. 03E − 06 * （1. 851223）
BGRP × EXPORT	7. 84E − 14 （0. 655287）	ES × LE	− 1. 85E − 08 （ − 0. 086040）
		GRP × PODEN	− 1. 05E − 07 * （ − 1. 924340）
观测值	420		
估计方法	GLS （Cross − section Weights）		
固定效应模型 （变截距）	是		
Adjusted R^2	0. 908445		

注：＊＊＊、＊＊、＊分别表示估计系数通过1％、5％、10％水平的显著性检验；t 值在估计值下方的括号中显示。

继而，我们试图考察历史因素对专业化部门的影响，但是结果发现，除专业化部门本身的路径依赖以外，其他因素的历史作用并不显著。因此，我们转向分析专业化部门决定因素中的区位差异，于是得到模型（RAWLQ − 2）。回归结果表明，加入区位因素后，模型（RAWLQ − 2）解释力比模型（RAWLQ − 1）略有提高，调整后的拟合优度为92.59％，高出模型（RAWLQ − 1）1.75 个百分点。D_1 × DPROD 和 D_1 × GRP 的系数显著为负，表明内陆地区生产率和本地市场的决定作用要超过沿海地区；D_1 × ES、D_1 × EXPORT 和 D_1 × FDI 的系数显著为正，表明沿海地区的专业化部门更易受规模经济、国际市场规模和对外开放的影响，见表7 − 7。

表 7 - 7　中国地区专业化部门发展的决定因素 GLS 固定效应模型（RAWLQ - 2）

变量名称 ＼ 因变量	RAWLQ		
C	1.450923 ** (2.152414)		
DPROD × DPROD	9.97E - 11 *** (3.481814)	DPROD	- 7.30E - 06 (- 2.788300)
ES × ES	7.34E - 11 (0.762346)	ES	- 1.75E - 05 (- 1.017370)
LE × LE	1.09E - 04 (0.993075)	LE	- 0.013325 (- 1.000400)
UE × UE	- 0.002270 (- 1.417450)	UE	0.086731 ** (2.027437)
GRP × GRP	5.58E - 09 ** (2.117211)	GRP	1.28E - 04 * (1.700682)
PODEN × PODEN	1.03E - 07 (0.061816)	PODEN	0.002009 (1.492986)
BGRP × BGRP	1.35E - 10 (1.488511)	BGRP	- 2.60E - 05 ** (- 2.252150)
EXPORT × EXPORT	- 4.62E - 17 (- 2.892580)	EXPORT	- 2.79E - 08 (- 1.593420)
FDI × FDI	- 8.65E - 13 (- 2.271760)	FDI	1.06E - 06 (1.483487)
ES × LE	1.20E - 07 (0.533886)	D_1 × DPROD	- 1.53E - 05 *** (- 3.181440)
GRP × PODEN	- 1.00E - 07 (- 1.583540)	D_1 × ES	3.54E - 05 *** (3.138559)
BGRP × EXPORT	- 7.33E - 16 (- 0.004710)	D_1 × LE	0.000630 (0.071185) *
D_1 × BGRP	- 1.17E - 05 (- 0.701850)	D_1 × UE	- 0.037967 (- 1.143860)

续表

因变量 变量名称	RAWLQ		
$D_1 \times EXPORT$	3.60E－08 * (1.878018)	$D_1 \times GRP$	－0.000219 *** (－3.326530)
$D_1 \times FDI$	1.77E－06 ** (2.029055)	$D_1 \times PODEN$	－0.001472 (－0.849430)
观测值	420		
估计方法	GLS（Cross－section Weights）		
固定效应模型 （变截距）	是		
Adjusted R^2	0.925899		

注：*** 、** 、* 分别表示估计系数通过1%、5%、10%水平的显著性检验；t值在括号中显示。

由于前面两个模型都观察不到规模经济和本地化经济的作用，我们转换了模型形式，试图用双对数模型（RAWLQ－3）来考察。回归结果显示，模型（RAWLQ－3）的解释力为93.27%，模型中有七类因素与RAWLQ呈对数关系，其中，规模经济、城市化经济、本地区生产总值、本地人口密度、出口规模和对外开放程度每增长1%，将带动专业化部门实力分别提高2.74%、40.27%、65.41%、19.32%、8.98%和9.65%；而邻近地区市场规模每增长1%，将引起专业化部门实力下降88.94%，但其他正面效应足以将这种负面影响所抵消。由此可见，城市化经济和本地市场规模是专业化部门发展的重要决定因素，国际市场和对外开放的作用不可忽视；同时，规模经济的影响在弱化，本地化经济的影响尚未发挥，地方保护主义导致的市场壁垒制约了专业化部门的发展，见表7－8。

表7-8　中国地区专业化部门发展的决定因素 GLS 固定效应模型（RAWLQ-3）

变量名称　　因变量	Log（RAWLQ）		
C	− 0.791700 （− 1.192800）	Log（GRP）	0.654067 *** （4.690453）
Log（ABS（DPROD））	0.011725 （0.982482）	Log（PODEN）	0.193167 ** （2.150561）
Log（ES）	0.027367 ** （2.270186）	Log（BGRP）	− 0.889410 *** （− 6.324810）
Log（LE）	− 0.072720 （− 0.780760）	Log（EXPORT）	0.089776 ** （2.463332）
Log（UE）	0.402669 *** （5.173127）	Log（FDI）	0.096501 *** （3.463215）
观测值	420		
估计方法	GLS（Cross − section Weights）		
固定效应模型 （变截距）	是		
Adjusted R^2	0.932654		

　　注：***、** 分别表示估计系数通过 1%、5% 水平的显著性检验；t 值在估计值下方的括号中显示。

本章小结

　　综合以上分析，我们可以看到，中国地区生产结构变化和专业化部门发展的决定因素既有相同之处，又存在不同。城市化经济、本地市场规模和交通区位因素都是决定二者的重要因素；区域市场封锁都制约了二者的发展；内部规模经济和本地化经济因素对地区生产结构差异化有正向作用，对专业化部门发展的作用却在弱化；国际市场因素和对外开放因素促进了各地区专业化部门的发展，但与地区生产结构差异化联系较弱；历史因素对地区生产结构的影响较为显著，而对专业化部门的作用较不明显。

　　地区生产结构差异化和专业化部门的发展是地区专业化这一问题的两个

方面，二者决定因素存在异同恰好揭示了我国地区部门专业化发展中存在的一些问题。

（1）地区劳动生产率的作用不显著，甚至是负效应，表明专业化部门未能充分利用专业化优势和当地优势。

（2）由于地方保护主义的存在，区域间市场壁垒过高，导致邻近地区市场效应难以发挥，既不利于区域分工的实现，又加剧了地区间产业结构趋同问题，为了打通邻近地区市场，厂商在市场开发过程中不得不使用一些非市场手段，这不仅限制了专业化部门规模的扩大，而且间接提高了专业化部门发展的成本。

（3）内部规模经济和本地化经济因素对两个方面地区专业化的作用存在差异，是在于内陆地区生产结构以高度依赖内外部规模经济的基础能源、原材料产业专业化为特征，而东部沿海地区的专业化部门则以加工制造业为主，在柔性生产取代福特制生产的今天，这些制造型专业化部门更倾向于对多样化外部性的利用。

（4）国际市场因素和对外开放因素对各地区专业化部门的促进作用更直接，但由于少数发达地区生产结构趋于多样化而其他地区生产结构更加专业化，造成地区生产结构差异对二者的作用不敏感。由于对外开放程度低，内陆地区的专业化部门难以充分利用国际市场和国际资源。

（5）由于地区生产结构相对变动较专业化部门更甚，专业化部门的路径依赖显著，历史因素对二者的影响差异明显。

为此，要实现一个地区工业经济又好又快发展，中央和地方政府必须进行合理引导，采取多种手段打破市场壁垒，建立区域利益协调机制，进一步扩大内陆地区对外开放，从而为专业化部门创造良好的发展环境，促进区域分工格局的适度调整和优化。同时，在专业化部门的产业政策设置上，也需要考虑专业化部门的类型和特点，加强相关产业政策的针对性，防止出现"一刀切"，以增强政策的灵活性和有效性。

表 7 - 9　中国地区生产结构与专业化部门决定因素之比较（1993～2007 年）

决定因素	地区生产结构	专业化部门
供给因素		
地区劳动生产率	-	"U"形
内部规模经济	+	无
集聚经济		
本地化经济	+	无
城市化经济	+	+
需求因素		
本地市场规模	+	+
外部市场规模		
国内邻近市场	-	-
国际市场	+	倒"U"形
区位因素		
交通区位因素	存在	存在
制度因素		
地方保护主义	存在	存在
对外开放	不明显	+
历史因素	明显	较不明显

注：＋表示正向作用，－表示负向作用。

资料来源：作者整理。

第八章 中国地区专业化
对经济增长的影响

地区专业化对经济增长的影响是多方面、多层次的，本章拟从三个层面剖析中国地区专业化对经济增长的影响。①考察中国地区专业化与经济发展水平之间的联系，探究其中是否有规律可循。②对地区专业化对经济增长的贡献及其结构效应和空间效应进行分析和测度。③探讨中国地区专业化与地区收入差异之间的关系。

一、中国地区专业化与经济发展
水平之间的联系

从全国的总体水平来看，1990~2007年，全域地区专业化指数和人均国内生产总值（人均GDP）呈明显的倒"U"形关系（见图8-1），方程拟合度达到96%，即随着经济发展水平的不断提高，地区专业化水平先上升，到达一定阶段后就趋于下降，或者更准确地说，地区生产结构先是趋异，然后又表现为趋同。这与Kim（1995）对1860~1987年美国制造业的研究结论相似，即地区专业化水平与经济发展水平存在倒"U"形关系。这表明，随着经济发展水平的提高，各省份工业部门趋于完善，地区间生产结构不断趋同，地区间的部门间分工在弱化，部门专业化有所减弱；同时，也间接说明传统部门间分工的主导地位正逐渐为部门内分工所代替。

从各地区的情况看，我们绘制了1990年和2007年的各省份的人均地区生产总值（人均GRP）和地区专业化指数的散点图和趋势线（见图8-2和图8-3）。结果表明，在这两年中，人均GRP和地区专业化指数的关系基本保持一致。从生产结构的角度看，地区专业化和经济发展负相关，即经济发达地区的生产结构趋于多样化，经济欠发达地区的生产结构则趋于专业化；

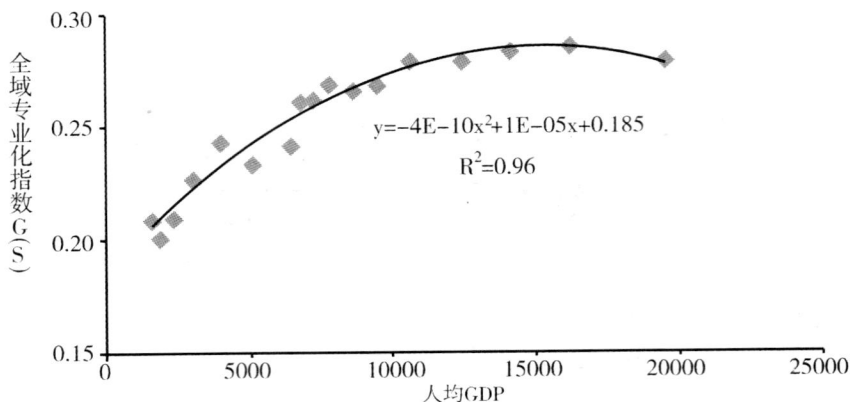

$$y = -4E-10x^2 + 1E-05x + 0.185$$
$$R^2 = 0.96$$

图 8-1　地区专业化与经济发展水平呈倒"U"形关系（1990～2007 年）

资料来源：根据历年《中国统计年鉴》、《中国工业经济统计年鉴》和《中华人民共和国 1995 年第三次全国工业普查资料汇编》整理计算。

而从专业化部门实力的角度分析，这里我们用地区加权区位商衡量各地区专业化水平，结果发现，地区专业化水平和经济发展水平之间正相关，即人均 GRP 水平较高的地区，其专业化部门的实力也较强，而人均 GRP 水平偏低的地区，其专业化部门实力较弱。

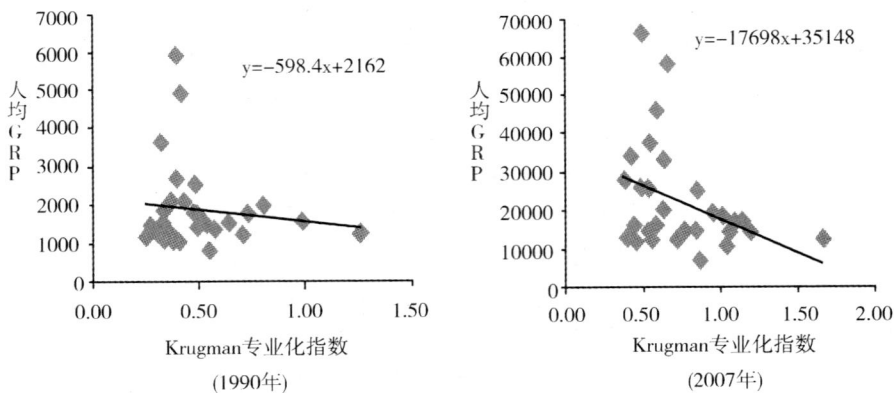

$$y = -598.4x + 2162$$

Krugman专业化指数

（1990年）

$$y = -17698x + 35148$$

Krugman专业化指数

（2007年）

图 8-2　经济发展水平与地区生产结构的关系（1990 年、2007 年）

资料来源：根据《中国统计年鉴》（1990、2007）和《中国工业经济统计年鉴》（1990、2007）整理计算。

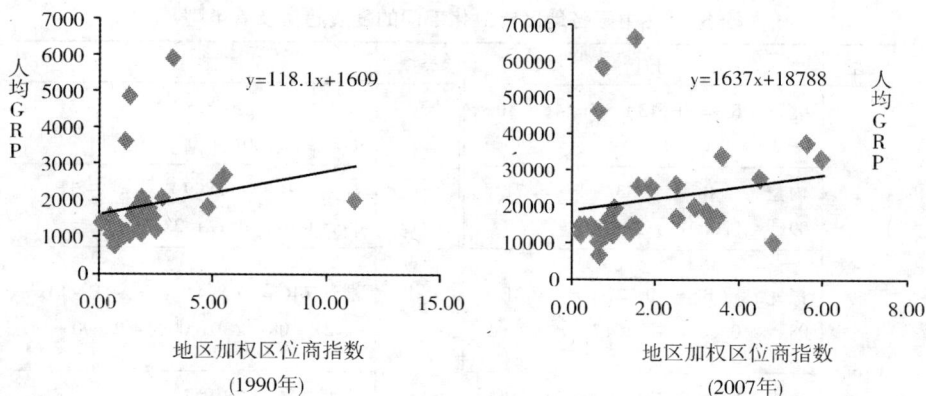

图 8-3 经济发展水平与地区专业化部门综合实力的关系（1990 年、2007 年）

资料来源：根据《中国统计年鉴》（1990、2007）和《中国工业经济统计年鉴》（1990、2007）整理计算。

我们进一步探讨随着经济发展水平的提高，各地区专业化部门综合实力演化的特点。为便于分析表述，令人均地区生产总值（人均 GRP）为横轴，地区加权区位商指数为纵轴，绘制各地区的散点图和趋势线。根据结果，我们可将各地区专业化部门综合实力的发展趋势大致划分为以下四种类型："U"形、倒"U"形、"W"形和"M"形（见表 8-1）。

呈"U"形发展趋势的主要有北京、海南、黑龙江以及西部的内蒙古、四川和西藏等 6 个省份。这些地区的专业化部门在全国生产体系中的经历了一个地位下降到回升的过程，在近期，这些地区专业化部门的实力趋于提高和改善。

呈倒"U"形发展趋势的地区居多，包括 11 个省份（东部 3 个，中部 3 个，西部 5 个）。其中，江苏、浙江、河南、陕西四地呈倒"U"形趋势，趋势线未达到顶点，从而，这些地区的专业化部门实力随经济发展水平的提高而不断改善。其余 7 个地区则呈现较为完整的倒"U"形趋势，说明这些地区的专业化部门在全国生产体系中的地位起初处于上升阶段，在经济发展达到一定阶段后，专业化部门的实力开始出现下滑。

表 8 − 1　中国各地区专业化部门的发展趋势及其类型

类型	地区	类型	地区
"U"形	北京（$R^2 = 0.613$）$y = 4E - 10x^2 - 3E - 05x + 1.345$	倒"U"形	陕西（$R^2 = 0.828$）$y = -5E - 09x^2 + 0.000x + 0.346$
	内蒙古（$R^2 = 0.332$）$y = 7E - 09x^2 - 0.000x + 2.073$		江苏（$R^2 = 0.809$）$y = -1E - 09x^2 + 6E - 05x + 2.596$
	黑龙江（$R^2 = 0.723$）$y = 3E - 08x^2 - 0.000x + 11.17$		浙江（$R^2 = 0.894$）$y = -4E - 13x^3 + 2E - 08x^2 - 0.000x + 2.690$
	海南（$R^2 = 0.913$）$y = 2E - 08x^2 - 0.000x + 2.608$		河南（$R^2 = 0.957$）$y = -5E - 09x^2 + 0.000x + 0.794$
	四川（$R^2 = 0.894$）$y = 4E - 14x^4 - 3E - 10x^3 + 1E - 06x^2 - 0.003x + 4.250$		河北（$R^2 = 0.252$）$y = -1E - 08x^2 + 0.000x + 2.114$
	西藏（$R^2 = 0.492$）$y = -4E - 12x^3 + 2E - 08x^2 - 7E - 06x + 0.378$		安徽（$R^2 = 0.707$）$y = 5E - 11x^3 - 5E - 07x^2 + 0.001x - 0.871$
"W"下降形	天津（$R^2 = 0.746$）$y = -9E - 12x^3 + 1E - 07x^2 - 0.001x + 3.146$		山西（$R^2 = 0.595$）$y = -2E - 08x^2 + 0.000x + 1.900$
	上海（$R^2 = 0.842$）$y = -9E - 12x^3 + 2E - 07x^2 - 0.002x + 9.913$		贵州（$R^2 = 0.847$）$Y = 1E - 13x^4 - 9E - 10x^3 + 3E - 06x^2 - 0.004x + 2.947$
	辽宁（$R^2 = 0.525$）$y = -8E - 11x^3 + 1E - 06x^2 - 0.005x + 13.00$		广西（$R^2 = 0.398$）$y = 4E - 13x^4 - 3E - 09x^3 + 1E - 05x^2 - 0.020x + 2.51$
	湖北（$R^2 = 0.794$）$y = 4E - 14x^4 - 5E - 10x^3 + 3E - 06x^2 - 0.006x + 6.864$		云南（$R^2 = 0.783$）$y = 4E - 11x^3 - 8E - 07x^2 + 0.004x - 2.106$
	甘肃（$R^2 = 0.459$）$y = 3E - 14x^4 - 4E - 10x^3 + 2E - 06x^2 - 0.003x + 2.994$		宁夏（$R^2 = 0.652$）$y = -8E - 12x^3 + 4E - 08x^2 - 5E - 05x + 0.165$

续表

类型	地区	类型	地区
"W"上升形	广东（$R^2 = 0.185$）$y = -6E - 11x^3 + 6E - 07x^2 - 0.002x + 8.067$	"M"形	福建（$R^2 = 0.710$）$y = -4E - 12x^3 - 1E - 07x^2 + 0.000x + 0.906$
	山东（$R^2 = 0.819$）$y = -2E - 11x^3 + 3E - 07x^2 - 0.001x + 6.188$		吉林（$R^2 = 0.515$）$y = 8E - 11x^3 - 8E - 07x^2 + 0.003x - 1.911$
	湖南（$R^2 = 0.416$）$y = -1E - 10x^3 + 8E - 07x^2 - 0.002x + 3.240$		江西（$R^2 = 0.651$）$y = -3E - 14x^4 + 3E - 10x^3 - 2E - 06x^2 + 0.004x - 2.753$
	青海（$R^2 = 0.593$）$y = 2E - 14x^4 - 3E - 10x^3 + 2E - 06x^2 - 0.005x + 5.522$		新疆（$R^2 = 0.636$）$y = 3E - 11x^3 - 3E - 07x^2 + 0.001x - 0.660$

注：x 表示人均 GRP；y 表示地区加权区位商指数；等式表示趋势线。

资料来源：根据历年《中国统计年鉴》、《中国工业经济统计年鉴》和《中华人民共和国 1995 年第三次全国工业普查资料汇编》整理计算。

　　"W"形趋势较为复杂，可进一步分为"W"上升形和"W"下降形，广东、山东、湖南、青海四地属于"W"上升形，它们的专业化部门发展虽然有小幅度波动，但总体发展趋势仍然是上升的。其他 5 个"W"下降形地区的情况又各不相同：对于天津和上海，在国内生产体系中的地位是显而易见的，但是地区工业结构的多样化削弱了专业化部门在本地生产体系中的地位，加之城市化进程推进较快，服务业比重较高，从而导致地区加权区位商指数随人均 GRP 呈现起伏下降的状态；辽宁表现出这种态势则反映出老工业基地经济缺乏活力，制造业的绩效急需改善等问题；而湖北和甘肃专业化部门与人均 GRP 的"W"下降形趋势说明这两省的专业化部门基础薄弱，实力有待进一步提高。

　　"M"形趋势地区主要有福建、吉林、江西和新疆，这些地区的专业化部门发展处于不断调整之中，在全国生产体系中占有较为重要的地位，地区加权区位商一直处于较高水平（见图 8-4）。

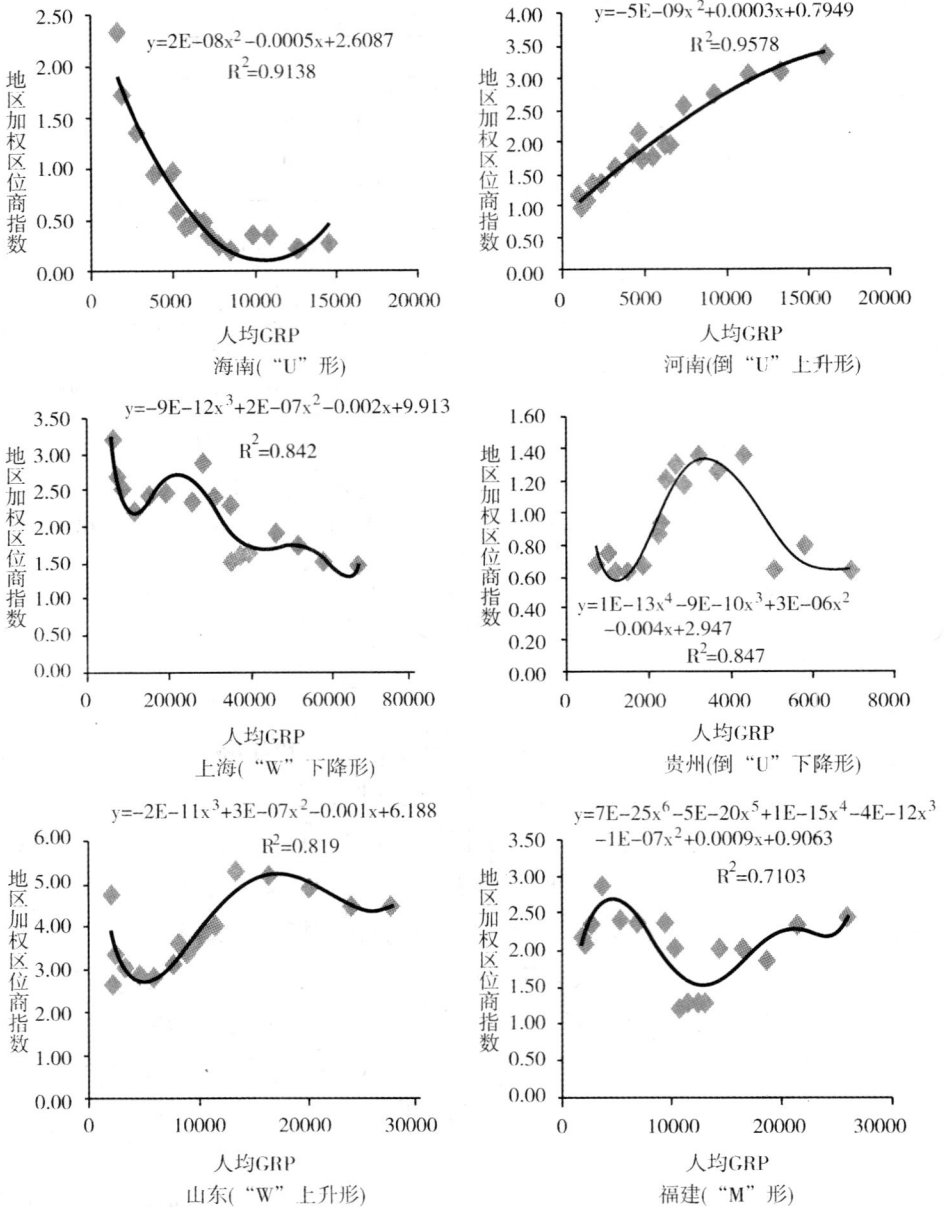

海南("U"形)

河南(倒"U"上升形)

上海("W"下降形)

贵州(倒"U"下降形)

山东("W"上升形)

福建("M"形)

图8-4　中国专业化部门发展趋势的类型（1990～2007年）

资料来源：根据历年《中国统计年鉴》、《中国工业经济统计年鉴》和《中华人民共和国1995年第三次全国工业普查资料汇编》整理计算。

二、中国地区专业化对经济增长的贡献
及其结构效应和空间效应

　　根据所掌握的数据，我们计算了1999～2007年各地区专业化部门对地区生产总值的贡献率。结果表明，1999年以来，专业化部门对经济增长的促进作用不断提高。1999年，各地区专业化部门对地区生产总值的平均贡献率仅为10.46%（见表8-2和表8-3），贡献率最高的三个省市分别为黑龙江20.02%、云南18.37%、上海18.28%。2001年以后，[①]各地区专业化部门高速增长，有力地拉动了地区经济增长。截至2007年，各地区专业化部门对地区生产总值的平均贡献率提高到20.91%。其中，山西较1999年提高22.56个百分点，陕西提高17.3个百分点，专业化部门贡献率最高的三个省市分别为天津32.96%、山西30.13%、山东28.69%。从四大区域的平均水平来看，1999年，四大区域之间平均贡献率的差距较为明显，最高地区和最低地区相差6.87个百分点，相对差距达到87%；而至2007年，最高地区和最低地区之间的差距缩小到6.34，相对差距减少到32.5%。1999～2004年，东北地区专业化部门对经济增长的贡献率最高，东部地区列第二，其次是西部地区，最低的是中部地区；2005～2007年，排列位次有些许变化，中部地区升至第三，超过西部地区。

表8-2　专业化部门对经济增长的贡献率（1999～2007年）　　　单位:%

区域	年份　地区	1999	2000	2001	2002	2003	2004	2005	2006	2007
东北	辽宁	11.11	10.77	12.78	13.06	14.78	18.63	20.75	24.68	26.87
	吉林	13.19	4.31	15.53	17.00	20.46	20.00	19.35	21.57	23.02
	黑龙江	20.02	19.89	26.64	22.85	21.10	23.24	24.73	27.57	27.74

---

①　2000年，各地区专业化部门对经济增长贡献率较低，主要受1999年香港金融风暴的影响。

续表

区域	年份 地区	1999	2000	2001	2002	2003	2004	2005	2006	2007
东部	北京	12.19	4.39	8.02	7.77	9.24	8.68	10.12	9.89	9.36
	天津	15.68	9.23	17.18	20.41	20.20	24.20	27.94	34.14	32.96
	河北	8.25	7.32	8.80	9.41	11.88	13.79	16.35	18.14	17.69
	山东	11.51	6.07	13.41	14.82	19.13	20.87	24.15	26.04	28.69
	上海	18.28	10.68	19.50	19.30	21.16	22.34	23.86	25.82	25.99
	江苏	14.05	6.68	15.05	15.95	20.05	22.96	25.20	26.94	28.28
	浙江	10.72	8.08	13.29	14.41	15.82	16.46	18.11	18.53	19.96
	福建	8.64	7.33	10.41	12.63	15.75	18.01	19.46	21.11	21.11
	广东	10.91	8.64	10.81	11.70	17.30	17.90	19.38	20.36	19.78
	海南	5.96	4.19	5.48	6.61	6.77	8.04	9.66	10.79	13.84
中部	山西	7.57	3.92	6.76	7.31	16.27	20.15	25.21	30.17	30.13
	安徽	8.07	7.00	8.30	9.08	12.63	13.47	15.97	17.64	19.69
	江西	3.10	2.25	4.28	4.33	5.84	6.33	7.97	10.45	12.92
	河南	7.42	4.34	7.91	7.93	11.04	11.39	14.79	17.45	21.26
	湖北	13.09	6.81	14.70	15.42	14.91	13.56	15.28	15.36	16.61
	湖南	8.14	6.33	8.96	9.44	11.68	12.97	14.94	16.89	18.10
西部	内蒙古	6.96	2.30	6.10	6.24	10.20	12.22	14.74	18.70	21.27
	广西	8.60	5.33	7.87	7.96	9.77	10.84	11.90	12.96	15.61
	重庆	5.86	2.01	7.61	7.87	9.58	9.60	9.62	12.77	15.03
	四川	8.85	6.85	8.68	9.80	11.47	13.15	15.13	17.07	19.69
	贵州	11.31	6.07	9.64	10.07	12.99	14.44	14.92	16.73	16.61
	云南	18.37	15.86	18.40	19.50	19.78	17.36	18.25	19.65	20.31
	西藏	3.38	1.54	2.86	2.65	4.18	2.93	3.54	3.82	4.78
	陕西	9.29	9.47	9.91	10.14	13.86	16.97	20.33	23.68	26.59
	甘肃	8.36	6.50	12.81	13.35	13.83	13.73	14.22	15.59	18.64
	青海	12.93	10.48	14.06	13.01	13.69	15.29	11.19	15.17	28.01
	宁夏	9.72	7.09	8.70	10.51	14.06	16.85	17.38	18.70	23.78
	新疆	12.75	11.52	15.27	13.41	12.91	16.21	19.72	23.10	24.04
各地区平均		10.46	7.20	11.28	11.74	13.95	15.24	16.91	19.08	20.91

注：专业化部门增加值经过工业品出厂价格指数进行平减。

资料来源：根据历年《中国统计年鉴》和中国统计数据应用支持系统（2000～2007 年）整理计算。

表8-3 四大区域专业化部门经济增长贡献率的均值

年份	东北	东部	中部	西部
1999	14.77	11.62	7.90	9.70
2000	11.66	7.26	5.11	7.08
2001	18.32	12.19	8.49	10.16
2002	17.64	13.30	8.92	10.38
2003	18.78	15.73	12.06	12.19
2004	20.62	17.33	12.98	13.30
2005	21.61	19.42	15.69	14.25
2006	24.61	21.18	17.99	16.50
2007	25.87	21.76	19.78	19.53

资料来源：根据历年《中国统计年鉴》和中国统计数据应用支持系统（2000~2007年）整理计算。

我们使用经典偏离份额分析模型对中国区域工业经济增长进行部门分解，测算1990~2007年，以间接测度中国地区工业经济发展过程中专业化部门的结构效应和生产率效应。

偏离份额分析法（Shift - share Analysis）又称增长因素分析法，被广泛运用于区域增长分析。它是以一定时期全国工业的平均增长速度为基准，分别测算不同地区按照这种平均增长速度所可能形成的假定份额，进而把这一假定份额同实际增长份额进行对比，分析地区增长相对于全国平均增长水平的偏离状况，并运用地区产业结构因素和区位竞争力因素来解释这种偏离。

在偏离份额分析中，区域经济增长可以分解为以下三个部分：

（1）全国份额分量（RS），指基期该地区按照国家所有产业的平均增长速度发展所增加的份额，从而衡量经济增长的共性部分，体现了宏观经济景气环境对区域产业增长的影响，即全国增长效应（the National Growth Effect）。

（2）结构偏离分量（PS），指按照全国各产业的平均增长率增长与按照全国所有产业平均增长率增长之间所产生的增量差额，体现了地区产业结构差异所导致的区域经济发展差异，是一种结构效应（the Industrial Mix

Effect）。若一个地区的工业结构是以国民经济中的成长型产业占主导地位，则结构偏离分量为正；反之，若该地区的增长型产业恰好是国民经济中停滞、低速甚至衰退型的产业时，则其结构偏离分量为负。[1] 我们假定，各地区的专业化部门都是具有活力的增长型部门，故此将这里的结构效应作为对专业化部门促进经济增长结构效应的间接衡量。[2]

（3）区位偏离分量或称竞争力偏离分量（DS），指按照特定区域各产业的实际增长率增长与按照全国各产业的平均增长率增长之间所产生的偏离份额，它反映了该地区工业增长快于其他地区的竞争优势或者领先程度，是一种空间效应（the Shift Share Effect）。若一个地区的实际增速超过全国该产业的平均增速的产业比重大，专业化部门实力较强，则该地区区位优势明显，区位偏离份额为正，反之则区位偏离份额为负。由于专业化部门的生产率往往优于其他部门，在此，我们用这种空间效应对专业化部门促进经济增长的生产率效应进行间接衡量。

令 E_0^r 和 E_t^r 表示区域 r 在初期和 t 期的总产值，$E_{i,0}^r$ 和 $E_{i,t}^r$ 是区域 r 在 0 时和 t 时产业 i 的产值或就业量。从初期到 t 期，区域总增长额为 $G_r = \sum_i E_{i,t}^r - \sum_i E_{i,0}^r$。根据定义，有

$$G_r = RS_r + PS_r + DS_r \tag{8-1}$$

式中，
$$RS_r = \sum_i E_{i,0}^r \sum_r \sum_i E_{i,t}^r \Big/ \sum_r \sum_i E_{i,0}^r - \sum_i E_{i,0}^r \tag{8-2}$$

$$PS_r = \sum_i E_{i,0}^r \Big[\sum_r E_{i,t}^r \Big/ \sum_r E_{i,0}^r - \sum_r \sum_i E_{i,t}^r \Big/ \sum_r \sum_i E_{i,0}^r \Big] \tag{8-3}$$

$$DS_r = \sum_i E_{i,0}^r \Big[E_{i,t}^r \Big/ E_{i,0}^r - \sum_r E_{i,t}^r \Big/ \sum_r E_{i,0}^r \Big] \tag{8-4}$$

将式（8-1）两边同时除以 G_r 就可以得到三种份额对区域工业增长的贡献率：

$$1 = \frac{RS_r}{G_r} \times 100\% + \frac{PS_r}{G_r} \times 100\% + \frac{DS_r}{G_r} \times 100\% \tag{8-5}$$

式（8-5）右边第一项表示国家整体经济对地区经济增长的贡献率，第

---

[1]　李俊：《地区产业结构与地区增长的动态分析》，载陈栋生主编：《经济布局与区域经济研究》，东北财经大学出版社，1990 年版，第 233～238 页。

[2]　后面的分析，也充分印证这一假定是符合中国国情的（见表 8-5、表 8-6 和表 8-7）。

二项表示结构效应，第三项表示产业空间效应或区位生产率效应。

我们将 1990～2007 年划分为 1990～1994 年、1994～1999 年、1999～2003 年、2003～2007 年四个时间段，使用《中国工业经济统计年鉴》（1991年、1995 年、2000 年、2004 年和 2008 年）提供的产业数据进行计算。由于《中国工业经济统计年鉴》公布的二位数分类采掘业和制造业统计数据，自1998 年由原来的 35 个缩减为 24 个，[①] 为便于分析比较，我们的分析只限于这 24 个国民经济主要工业行业。同时，为剔除价格因素的干扰，我们采用可比价进行计算，1990～1994 年、1994～1999 年和 1999～2003 年使用 1990 年可比价计算；2003～2007 年，则将 2007 年数据通过工业品出厂价格进行平减折算成 2003 年可比价。[②]

（1）专业化部门是各区域工业增长的重要增长点。专业化部门的发展与区域经济发展动态基本一致，在各区域各阶段，工业产值年增幅在前七位的高增长行业中，一般有一半以上都是专业化部门。[③] 个别情况除外，各地区专业化部门在增幅和年增长额方面，往往高于本地区工业的平均水平。可将专业化部门按其对工业经济增长的贡献划分为四种类型：①同时具有正的结构效应和正的生产率效应，此类专业化部门对本地工业经济增长的作用，不仅来源于其超过全国平均水平的高增长率，还依靠自身较强的竞争力。在我们研究四个时期，每个地区的高增长专业化部门都属于这种情况。②结构效应为正，生产率效应为负，此类专业化部门发展速度较快，但区域竞争力有待提高，亟待调整和转型升级。③具有负的结构效应和正的生产率效应，此类专业化部门的发展速度较慢，但是具有较强的竞争优势，这表明该专业化部门可能处于产业周期中期，或者正处于产能调整阶段。④结构效应和生产率效应同时为负，此类专业化部门处于低水平发展陷阱，对本地工业经济发

---

① 具体包括 06 煤炭开采和洗选业、07 石油和天然气开采业、08 黑色金属矿采选业、09 有色金属矿采选业四个采掘业，以及 13 农副食品加工业、14 食品制造业、15 饮料制造业、16 烟草制品业、17 纺织业、22 造纸及纸制品业、25 石油加工、炼焦及核燃料加工业、26 化学原料及化学制品制造业、27 医药制造业、28 化学纤维制造业、31 非金属矿物制品业、32 黑色金属冶炼及压延加工业、33 有色金属冶炼及压延加工业、34 金属制品业、35 通用设备制造业、36 专用设备制造业、37 交通运输设备制造业、39 电气机械及器材制造业、40 通信设备、计算机及其他电子设备制造业、41 仪器仪表及文化、办公用机械制造业 20 个制造业。

② 《中国工业经济统计年鉴》自 2005 年起取消可比价的相关统计。

③ 对于详细计算结果，感兴趣的读者可向作者索取。

展贡献不足。

（2）四大区域专业化部门对工业经济增长的结构效应和生产率效应出现不同程度的优化。1990～1994年，四大区域专业化部门的结构效应全部为负，工业经济增长缺乏活力；东部和中部地区比较优势显著，故生产率效应为正，分别为15.16%和5.01%；东北地区和西部地区的潜在比较优势尚未发挥，生产率效应则为负（见表8－4）。1994～1999年，仅东部地区专业化部门的结构效应和生产率效应同时为正，而其他三个地区专业化部门的结构效应和生产率效应皆为负，高增长专业化部门的结构正效应和生产率正效应完全为其他专业化部门相应的双面负效应所抵消（见表8－5）。这体现了东部地区较优的生产结构、高效的生产效率和较强的竞争实力。而东部地区专业化部门在这一时期的优异表现，得益于其率先实行的对外开放政策。1999～2003年，国企改革的加速促使东北地区专业化部门的结构效应由负转正，达到2.41%；西部大开发政策的作用使得西部地区专业化部门体现出正的生产率效应，其专业化部门的生产率优势对本地工业经济增长贡献为7.54%（见表8－6）。2003～2007年，受东北老工业基地振兴政策的影响，东北地区的结构效应更为明显，提高到21.15%；而随着西部地区基础设施的进一步改善，西部地区专业化部门增长加速，表现出正的结构效应，专业化部门增长对本地工业经济增长的贡献达到26.54%；同时，东部地区出现了负的结构效应而生产率效应仍为正，说明东部地区集聚了过多产能，发展空间趋于饱和，集聚不经济开始显现，导致产业增速相对放缓，因此，东部地区工业结构调整迫在眉睫，产业结构急需升级；而中部地区专业化部门实力明显提高，出现正的结构效应与正的生产率效应，分别为25.8%和4.36%（见表8－7）。由此可知，我国各区域的工业长期增长越来越依赖于产业结构优化和产业竞争力的提高，从而专业化部门在地区经济增长中的作用愈发重要，但是，仍有部分地区的专业化部门难以发挥正的生产率效应，甚至其结构效应也负。

经计算，得到以下结论：

表 8－4　中国四大区域工业产值增长的部门分解（1990～1994 年）

地区及部门	增长额（亿元）	平均增长额（亿元）	增幅（%）	对地区增长额的贡献（%）		
				全国效应	结构效应	生产率效应
东北	1267.96	52.83	59.46	204.95	－54.48	－50.47
专业化部门	523.79	58.20	47.75	72.94	－20.98	－10.65
高增长专业化部门	129.97	64.99	178.21	3.49	4.01	2.75
东部	12114.90	504.79	152.51	79.91	－8.26	28.35
专业化部门	5346.87	594.10	117.96	39.59	－10.62	15.16
高增长专业化部门	3468.39	867.10	272.37	9.76	7.73	11.14
中部	2819.46	117.48	101.47	120.10	－22.80	2.71
专业化部门	1850.13	132.15	103.49	69.92	－9.31	5.01
高增长专业化部门	1193.92	198.99	253.34	16.48	17.83	8.04
西部	1892.86	78.87	81.04	150.38	－34.45	－15.94
专业化部门	1055.11	87.93	97.15	69.92	－14.01	－0.16
高增长专业化部门	535.93	178.64	325.65	10.60	13.24	4.47

资料来源：根据《中国工业经济统计年鉴》（1991、1995）计算。

表 8－5　中国四大区域工业产值增长的部门分解（1994～1999 年）

地区及部门	增长额（亿元）	平均增长额（亿元）	增幅（%）	对地区增长额的贡献（%）		
				全国效应	结构效应	生产率效应
东北	1173.86	53.36	34.81	175.52	－13.32	－62.20
专业化部门	792.19	88.02	44.26	93.16	－7.81	－17.86
高增长专业化部门	635.81	211.94	83.22	38.69	4.91	10.57
东部	15858.95	720.86	78.06	78.27	5.71	16.02
专业化部门	10047.33	1004.73	87.23	44.37	8.33	10.65
高增长专业化部门	7654.78	345.95	94.77	16.19	27.76	3.93
中部	1963.65	89.26	34.68	176.17	－31.85	－44.32
专业化部门	1614.58	100.91	39.59	126.89	－24.11	－20.56
高增长专业化部门	642.32	160.58	72.25	29.20	5.58	－2.06
西部	1594.84	72.49	36.65	166.72	－7.80	－58.92
专业化部门	1217.58	93.66	44.65	104.47	－18.67	－9.46
高增长专业化部门	454.67	113.67	85.27	22.34	2.08	4.09

资料来源：根据《中国工业经济统计年鉴》（1995、2000）计算。

表 8 - 6　中国四大区域工业产值增长的部门分解（1999～2003 年）

地区及部门	增长额（亿元）	平均增长额（亿元）	增幅（%）	对地区增长额的贡献（%）		
				全国效应	结构效应	生产率效应
东北	3686.55	153.61	81.09	129.15	1.55	-30.70
专业化部门	2657.11	265.71	106.97	70.57	2.41	-0.90
高增长专业化部门	2025.07	405.01	128.30	42.30	7.33	5.30
东部	42686.07	1778.59	118.00	88.76	2.70	8.55
专业化部门	25614.06	3201.76	131.15	47.92	6.08	6.00
高增长专业化部门	20378.02	5094.51	142.67	31.21	12.17	4.36
中部	5217.20	217.38	68.42	153.08	-15.12	-37.96
专业化部门	4038.91	252.43	70.95	114.28	-13.39	-23.48
高增长专业化部门	1839.44	459.86	107.46	34.99	8.34	-8.08
西部	5273.55	219.73	88.68	118.11	-7.94	-10.17
专业化部门	4170.36	260.65	97.07	85.33	-13.79	7.54
高增长专业化部门	1842.33	307.06	160.27	20.49	3.01	11.43

资料来源：根据《中国工业经济统计年鉴》（2000、2004）计算。

表 8 - 7　中国四大区域工业产值增长的部门分解（2003～2007 年）

地区及部门	增长额（亿元）	平均增长额（亿元）	增幅（%）	对地区增长额的贡献（%）		
				全国效应	结构效应	生产率效应
东北	13067.84	544.49	158.73	101.12	19.43	-20.55
专业化部门	7421.88	570.91	186.32	45.14	21.15	-9.50
高增长专业化部门	5407.73	1081.55	342.74	14.66	33.46	-6.74
东部	118309.14	4929.55	150.02	86.14	25.15	-11.29
专业化部门	30318.21	3368.69	119.68	43.31	-19.44	1.76
高增长专业化部门						
中部	26806.33	1116.93	208.72	76.90	19.88	3.22
专业化部门	15112.28	1079.45	275.56	26.21	25.80	4.36
高增长专业化部门	12270.44	2045.07	409.18	17.95	27.36	0.46
西部	20226.90	842.79	180.27	89.04	19.85	-8.88
专业化部门	12619.43	901.39	230.95	36.60	26.54	-0.76
高增长专业化部门	9125.62	1520.94	402.18	18.01	27.89	-0.78

注：这一时期，东部地区专业化部门的产值增幅全部在本地区前七位以外。

资料来源：根据《中国工业经济统计年鉴》（2004、2008）计算。

（3）重复建设问题的存在制约了专业化部门增长效应的发挥。1990～1994 年，各地区都在发展非金属矿物制品业、金属制品业、通信设备、计算机及其他电子设备制造等行业（见表 8－8）。1994 年～1999 年，各区域增幅最大的基本都是制造业，尤其是交通运输设备制造业和通信设备、计算机及其他电子设备制造业（见表 8－9）。1999 年以后，工业发展对能源和原材料的需求加剧，工业结构趋同问题进一步加深。1999～2003 年，各地竞相发展黑色金属矿采选业和（或）黑色金属冶炼及压延加工业，石油和天然气开采业和（或）石油加工、炼焦及核燃料加工业，而交通运输设备制造业依然是各区域重点加快发展的行业之一。此后，随着中国进入工业化中期阶段，各区域重化工业的发展势头更猛。2003～2007 年，各区域增长最快的都是资源开采型工业和原材料型制造业，重复建设问题仍未有改善。在此期间，中西部地区增幅最大的前 7 位行业完全一致（见表 8－10），分别是煤炭开采和洗选业、石油和天然气开采业、黑色金属矿采选业、有色金属矿采选业、石油加工、炼焦及核燃料加工业、黑色金属冶炼及压延加工业、有色金属冶炼及压延加工业，而东北地区和东部地区增幅最大的前 7 位行业中，有 6 个行业是与中西部一致的。但是，东部地区的这些高增长行业没有一个是专业化部门，[①] 并且其实际增长额远远高于其他地区的同类行业，而中西部地区的高增长行业中各有 6 个专业化部门。如此的发展模式，不仅限制了东部地区产业优势的发挥，同时也加重了中西部地区工业发展对资源和原材料工业的依赖，十分不利于各区域的工业结构调整和升级以及新型区域分工模式的建立。此外，2003～2007 年，各区域增幅最大行业全部具有正向的结构效应，说明这些行业的增长不仅依靠自身在本地工业结构中的较高份额，而且主要是依靠行业自身超过全国平均水平的高发展速度（见表 8－11）。

---

① 2003～2007 年，东部地区的高增长行业中，煤炭开采和洗选业、黑色金属矿采选业和有色金属冶炼及压延加工业的空间效应为负，说明东部地区在这些行业中不具有生产率优势，竞争力较弱，它们的高速增长仅是通过东部地区大规模的资金投入来实现的。

表 8 - 8　1990～1994 年中国各区域工业增幅前 7 位行业

地区	行业名称	增长额（亿元）	增幅（％）	对地区增长额的贡献（％）		
				全国效应	结构效应	生产率效应
东北	13 农副食品加工业	158.04	1428.93	8.53	88.08	3.39
	08 黑色金属矿采选业*	7.08	366.84	33.22	0.67	66.11
	41 仪器仪表及文化、办公用机械制造业	21.53	182.30	31.66	41.05	27.29
	37 交通运输设备制造业*	224.54	175.37	34.08	39.67	26.25
	40 通信设备、计算机及其他电子设备制造业	65.36	163.97	69.81	90.43	-60.24
	34 金属制品业	71.53	119.38	45.19	25.01	29.80
	31 非金属矿物制品业	94.76	86.07	141.60	46.58	-88.18
东部	13 农副食品加工业	859.88	1191.63	10.23	105.62	-15.85
	41 仪器仪表及文化、办公用机械制造业*	249.24	401.94	20.16	26.14	53.70
	37 交通运输设备制造业	1113.97	353.91	22.73	26.46	50.81
	40 通信设备、计算机及其他电子设备制造业*	1356.51	339.86	34.77	45.05	20.18
	39 电气机械及器材制造业*	1136.39	231.15	38.19	18.10	43.71
	34 金属制品业*	726.25	226.50	32.34	17.90	49.76
	31 非金属矿物制品业	851.41	190.25	64.06	21.07	14.87
中部	13 农副食品加工业*	365.66	1526.13	7.99	82.47	9.54
	37 交通运输设备制造业	343.23	221.90	30.15	35.11	34.74
	08 黑色金属矿采选业*	15.64	221.22	55.09	1.11	43.80
	09 有色金属矿采选业*	45.98	203.54	59.87	5.80	34.33
	27 医药制造业*	102.18	163.15	74.70	16.70	8.60
	31 非金属矿物制品业*	321.23	160.33	76.01	25.00	-1.01
	34 金属制品业	113.46	147.48	40.93	22.65	36.43
西部	13 农副食品加工业*	310.53	1998.26	6.10	62.98	30.92
	09 有色金属矿采选业*	50.42	307.06	39.69	3.84	56.47
	37 交通运输设备制造业	200.97	172.71	34.33	39.97	25.70
	40 通信设备、计算机及其他电子设备制造业	142.46	148.91	76.40	98.97	-75.37
	31 非金属矿物制品业*	174.98	131.95	92.36	30.38	-22.74
	27 医药制造业	60.78	128.36	94.94	21.23	-16.17
	34 金属制品业	78.01	119.85	45.11	24.96	29.93

　　注：使用 1990 年可比价计算；＊表示该地区的专业化部门。

　　资料来源：根据《中国工业经济统计年鉴》（1991、1995）整理计算。

表 8 - 9 1994～1999 年中国各区域工业增幅前 7 位行业

地区	行业名称	增长额（亿元）	增幅（%）	对地区增长额的贡献（%）		
				全国效应	结构效应	生产率效应
东北	40 通信设备、计算机及其他电子设备制造业	366.42	348.24	17.54	59.74	22.72
	37 交通运输设备制造业 *	409.79	116.23	52.57	17.56	29.88
	27 医药制造业 *	92.82	86.44	70.68	46.23	-16.91
	28 化学纤维制造业	29.06	78.75	77.58	40.73	-18.31
	26 化学原料及化学制品制造业 *	133.2	47.00	130.00	-42.96	12.97
	14 食品制造业	28.86	46.29	131.97	-10.15	-21.83
	15 饮料制造业	29.21	39.48	154.74	5.08	-59.82
东部	40 通信设备、计算机及其他电子设备制造业 *	4987.24	284.07	21.51	73.23	5.26
	39 电气机械及器材制造业 *	1841.64	113.12	54.01	27.01	18.98
	22 造纸及纸制品业	430.39	107.16	57.02	7.81	35.18
	27 医药制造业 *	518.23	102.25	59.76	39.09	1.16
	41 仪器仪表及文化、办公用机械制造业 *	307.67	98.85	61.81	16.36	1.95
	28 化学纤维制造业	444.05	94.63	64.57	33.90	1.53
	37 交通运输设备制造业	1182.08	82.74	73.85	24.66	1.49
中部	40 通信设备、计算机及其他电子设备制造业	206.13	172.64	9.22	120.50	-55.89
	28 化学纤维制造业	63.4	125.45	48.70	25.57	25.72
	33 有色金属冶炼及压延加工业 *	167.67	85.18	71.73	7.85	20.43
	25 石油加工、炼焦及核燃料加工业 *	112.71	81.29	75.16	-0.30	25.14
	27 医药制造业	124.11	75.30	81.13	53.07	-34.20
	14 食品制造业 *	66.24	63.13	96.77	-7.44	10.67
	37 交通运输设备制造业 *	295.7	59.39	102.88	34.36	-37.23
西部	40 通信设备、计算机及其他电子设备制造业	410.67	172.46	35.43	120.63	-56.06
	27 医药制造业 *	161.42	149.28	40.93	26.77	32.30
	07 石油和天然气开采业 *	77.34	73.72	82.88	-38.08	55.20
	37 交通运输设备制造业	228.64	72.05	84.80	28.32	-13.12
	25 石油加工、炼焦及核燃料加工业	41.49	62.69	97.45	-0.39	2.94
	15 饮料制造业 *	70.17	60.85	100.41	3.30	-3.70
	33 有色金属冶炼及压延加工业 *	145.74	57.21	106.80	11.69	-18.48

注：使用 1990 年可比价计算；* 表示该地区的专业化部门。

资料来源：根据《中国工业经济统计年鉴》（1995、2000）整理计算。

表 8 - 10　1999~2003 年中国各区域工业增幅前 7 位行业

地区	行业名称	增长额 （亿元）	增幅 （%）	对地区增长额的贡献（%）		
				全国 效应	结构 效应	生产率 效应
东北	37 交通运输设备制造业 *	1262.54	165.61	63.24	29.30	7.46
	08 黑色金属矿采选业 *	19.18	154.68	67.71	9.28	23.01
	27 医药制造业 *	266.72	133.23	78.61	10.26	11.13
	35 通用设备制造业	266.56	123.75	84.64	9.53	5.84
	13 农副食品加工业 *	245.42	106.32	98.51	-21.79	23.28
	36 专用设备制造业	117.3	96.93	108.04	-13.33	5.29
	25 石油加工、炼焦及核燃料加工业 *	231.21	81.64	128.28	-32.61	4.33
东部	40 通信设备、计算机及其他电子设备制造业 *	13133.34	194.77	53.77	35.24	10.99
	37 交通运输设备制造业	4061.16	155.55	67.33	31.19	1.48
	32 黑色金属冶炼及压延加工业	2217.34	138.63	75.55	10.68	13.77
	41 仪器仪表及文化、办公用机械制造业 *	829.33	134.00	78.16	13.71	8.12
	27 医药制造业	1346.95	131.40	79.71	10.40	9.90
	35 通用设备制造业 *	2362.26	125.08	83.73	9.42	6.84
	39 电气机械及器材制造业 *	4053.09	116.82	89.66	5.64	4.70
中部	08 黑色金属矿采选业 *	25.47	115.56	90.63	12.42	-3.05
	32 黑色金属冶炼及压延加工业 *	622.6	110.57	94.72	13.39	-8.11
	37 交通运输设备制造业 *	830.24	104.62	100.11	46.38	-46.49
	40 通信设备、计算机及其他电子设备制造业	334.89	102.88	101.80	66.72	-68.52
	33 有色金属冶炼及压延加工业 *	361.13	99.07	105.71	-10.05	4.34
	35 通用设备制造业	261.89	94.08	111.32	12.53	-23.85
	07 石油和天然气开采业	35.25	92.69	112.99	-75.48	62.49
西部	36 专用设备制造业 *	291.22	207.02	50.59	-6.24	55.65
	37 交通运输设备制造业 *	1068.47	195.70	53.52	24.79	21.69
	14 食品制造业 *	175.16	169.40	61.83	-10.79	48.96
	25 石油加工、炼焦及核燃料加工业 *	171.17	158.98	65.88	-16.75	50.87
	08 黑色金属矿采选业 *	16.4	131.83	79.44	10.89	9.67
	06 煤炭开采和洗选业 *	119.91	98.67	106.15	-35.05	28.91
	39 电气机械及器材制造业	208.03	96.68	108.33	6.82	-15.15

注：使用 1990 年可比价计算；* 表示该地区的专业化部门。

资料来源：根据《中国工业经济统计年鉴》（2000、2004）整理计算。

表8-11 2003~2007年中国各区域工业增幅前7位行业

地区	行业名称	增长额（亿元）	增幅（%）	对地区增长额的贡献（%）		
				全国效应	结构效应	生产率效应
东北	08 黑色金属矿采选业*	218.01	750.83	14.49	70.53	14.98
	07 石油和天然气开采业*	1325.01	599.76	18.54	85.61	-4.16
	25 石油加工、炼焦及核燃料加工业*	1677.76	386.66	30.66	105.74	-36.40
	06 煤炭开采和洗选业	300.21	360.74	33.31	120.66	-53.97
	09 有色金属矿采选业	68.82	338.44	35.98	55.63	8.39
	32 黑色金属冶炼及压延加工业*	1301.31	261.31	49.80	86.54	-36.34
	13 农副食品加工业*	885.65	246.46	53.78	20.78	25.45
东部	07 石油和天然气开采业	2124.04	745.10	21.54	61.96	16.50
	08 黑色金属矿采选业	724.02	579.49	27.70	84.02	-11.72
	25 石油加工、炼焦及核燃料加工业	6953.00	566.77	28.32	60.85	10.83
	06 煤炭开采和洗选业	1651.49	493.28	32.54	73.44	-5.98
	33 有色金属冶炼及压延加工业	5345.63	368.65	43.54	60.18	-3.72
	32 黑色金属冶炼及压延加工业	13752.86	360.32	44.54	48.23	7.22
	16 烟草制品业	905.18	276.31	58.09	12.35	29.56
中部	08 黑色金属矿采选业*	282.73	595.09	26.97	81.82	-8.79
	06 煤炭开采和洗选业*	2664.07	537.74	29.85	67.37	2.78
	33 有色金属冶炼及压延加工业*	3387.41	466.82	34.38	47.53	18.09
	09 有色金属矿采选业*	564.85	446.98	35.91	34.59	29.50
	07 石油和天然气开采业	319.12	435.48	36.86	106.01	-42.87
	25 石油加工、炼焦及核燃料加工业*	1671.82	399.84	40.14	86.25	-26.39
	32 黑色金属冶炼及压延加工业*	3699.56	312.02	51.44	55.70	-7.14
西部	08 黑色金属矿采选业*	263.77	914.60	17.55	53.24	29.21
	25 石油加工、炼焦及核燃料加工业	1707.97	612.53	26.20	56.30	17.49
	06 煤炭开采和洗选业*	1448.93	600.12	26.74	60.37	12.89
	07 石油和天然气开采业*	1598.77	566.04	28.36	81.56	-9.92
	09 有色金属矿采选业*	471.99	450.72	35.61	34.30	30.09
	33 有色金属冶炼及压延加工业*	2709.53	362.58	44.27	61.19	-5.46
	32 黑色金属冶炼及压延加工业*	2632.63	304.60	52.69	57.05	-9.74

注：使用2003年可比价计算；*表示该地区的专业化部门。

资料来源：根据《中国工业经济统计年鉴》（2004、2008）整理计算。

三、中国地区专业化与地区收入
差异之间的关系

在这里，我们主要考察两个方面的问题：①检验中国地区专业化与地区差异之间是否存在长期稳定的关系。②截取远、中、近三个时期的数据对"东部沿海—内陆"的区域分工和专业化与地区收入差异之间的关系进行比较分析，以较为全面地反映中国地区专业化对地区收入差异影响的动态过程。

第一部分使用的数据样本是使用 1990～2007 年的中国 30 个省份[①]的采掘业和制造业数据计算的克鲁格曼地区间差异指数，以及地区间单位 GRP 差异的绝对值。因而，面板数据由 435 个截面和 17 个时间序列构成，截面的数目大大超过时间序列的长度，对于这类"大 N 小 T"的面板数据，我们重点关注截面特征，因此采用随机效应/固定效应模型来进行分析。

首先，建立面板数据模型：

$$\log(RID_{it}) = C_i + \alpha \log(KSI_{it}) + u_{it}$$

式中，RID 表示地区收入绝对差异；KSI 表示克鲁格曼地区间结构差异指数，为了剔除指标单位的影响，故采取了对数的形式。我们先使用广义最小二乘法（GLS）估计随机效应模型，并进行 Hausman 检验，最后确定采取横截面加权（Cross – section Weights）的变截距固定效应模型的形式，[②] 从而得到：

$$\log(RID_{it}) = 8.441675 + 3.672511\log(KSI_{it}) + u_{it}$$

$$t\ 值 \qquad (1144.369)\ (130.5935)$$

$$\overline{R^2} = 0.879092 \qquad F\ 值 = 124.5863 \qquad n = 7395$$

调整的 R^2 为 0.88，表明该模型拟合度良好，$\log(KSI)$ 的系数显著为正，说明解释变量和被解释变量之间存在正相关关系，克鲁格曼地区间结构差异指数每提高 1%，相应的地区间收入差异就会扩大 3.67%。

---

① 不包括重庆市；1996 年数据缺失。
② Hausman 检验结果：Chi – sq. 统计量为 264.734152，P 值为 0.0000。

此外，从时间维度看，该模型两个序列的稳定性良好，都是零阶平稳过程（见表 8 - 12）。而对上述固定效应面板数据模型采用 Engle 和 Granger 提出的基于协整回归残差 ADF 检验的 EG 两步法，结果表明，模型残差是一个平稳过程（见表 8 - 13），则 log（RID）和 log（KSI）之间存在协整关系，从而，中国地区专业化长期影响着地区差异的扩大。因此，无论从横截面看还是从时间序列看，中国地区专业化和地区收入差异都存在长期稳定的正相关关系。

根据第五章的分析，不同的专业化模式或区域分工模式对地区收入差异是有显著影响的。于是，我们截取 1990 年、2000 年、2007 年远、中、近三个时期的数据来分析，对中国经济影响最大的东部沿海地区和内陆地区之间的区域分工与专业化对地区收入差异的影响。[①]

表 8 - 12　面板数据单位根检验结果

面板数据	单位根检验	检验值	P 值	结论
log（RID）零阶差分	相同单位根检验 Levin，Lin & Chu t 不同单位根检验 Im，Pesaran and Shin W - stat ADF - Fisher Chi - square PP - Fisher Chi - square	- 33. 1038 - 12. 8205 1743. 3700 2206. 4600	0. 0000 0. 0000 0. 0000 0. 0000	平稳
log（KSI）零阶差分	相同单位根检验 Levin，Lin & Chu t 不同单位根检验 Im，Pesaran and Shin W - stat ADF - Fisher Chi - square PP - Fisher Chi - square	- 23. 8163 - 6. 14602 1104. 7200 1373. 3800	0. 0000 0. 0000 0. 0000 0. 0000	平稳

资料来源：使用 EVIEWS6. 0 软件包计算。

---

① 10 个东部沿海地区和 20 个内陆地区（不包括重庆市），故每个截面样本大小为 200。为便于在三个截面之间进行比较，这里对地区收入差异的衡量采用相对地区差异。

表 8 – 13　残差项单位根检验结果

数据项	单位根检验	检验值	P 值	结论
残差项零阶差分	相同单位根检验 Levin，Lin & Chu t 不同单位根检验 Im，Pesaran and Shin W – stat ADF – Fisher Chi – square PP – Fisher Chi – square	– 9. 41424 – 3. 8260 1212. 2600 1092. 2100	0. 0000 0. 0000 0. 0000 0. 0000	平稳

资料来源：使用 EVIEWS6. 0 软件包计算。

　　用 CRID 表示地区收入相对差异，KSI 表示克鲁格曼地区间结构差异指数，建立一元回归方程：

$$CRID_i = c + \beta KSI_i + u_i$$

回归结果见表 8 – 14。

　　常数项 c 表示当年东部沿海地区与内陆地区的收入差异均值，三个年份进行比较发现，1990 年以来，东部沿海地区与内陆地区的相对收入差异的平均水平在逐年扩大，由 1990 年的 48% 提高到 2000 年的 56%，2007 年则达到 58%（见表 8 – 14）。

　　克鲁格曼地区间结构差异指数的系数在这三个年份里都在统计上显著，但是符号有所变化，1990 年为正，2000 年和 2007 年为负。这表明，1990 年，区域分工程度与地区间收入差异正相关，东部沿海地区与内陆地区之间产业间分工程度越高，工业结构差异越大，地区间收入差异越大；2000 年和 2007 年的情况则相反，区域分工程度与地区间收入差异呈负相关关系，东部沿海与内陆地区之间工业结构越相似，地区间收入差异越大。这表明，20 世纪 90 年代的区域竞争和重复建设所引起产业同构，已严重制约了落后地区的经济发展，不利于地区收入差异的缩小。

　　当然，由于我们重点考察区域分工和专业化的影响，忽略了其他影响地区收入差异的重要因素，因此，三个一元回归方程的解释力仅为 1%。

表 8 - 14 横截面回归结果

变量名称 \ 因变量截面 \ 年份	CRID		
	1990 年	2000 年	2007 年
C	0.481672 *** (9.502991)	0.556957 *** (9.834746)	0.577825 *** (9.360709)
KSI	0.133993 ** (1.983487)	- 0.108270 ** (- 1.957080)	- 0.099660 * (- 1.743020)
观测值	200	200	200
估计方法	OLS	OLS	OLS
Adjusted R^2	0.014531	0.014023	0.010138

注: ***、 **、 * 分别表示估计系数在 1%、5%、10% 的水平上显著;t 值在估计值下方的括号中显示。

综合以上两方面的分析可知,自 1990 年以来,垂直型分工与专业化以及各区域工业结构趋同,总是倾向于扩大地区收入差异。

本章小结

本章对中国地区专业化对经济增长的分析表明:

(1) 从总体上看,1990 ~ 2007 年,中国地区专业化水平与经济发展水平存在倒 "U" 形关系。从各地区的情况看,经济发达地区的生产结构趋于多样化,经济欠发达地区的生产结构则趋于专业化;地区专业化水平和经济发展水平之间存在正相关关系,即人均 GRP 水平较高的地区,其专业化部门的实力也较强,而人均 GRP 水平偏低的地区,专业化部门实力较弱。随着经济发展水平的提高,可将中国各地区专业化部门综合实力的变动趋势大致划分为以下四种类型:"U" 形、倒 "U" 形、"W" 形和 "M" 形。

(2) 专业化部门对经济增长的促进作用十分显著。自 1999 年以来,各地区专业化部门对地区生产总值的平均贡献率明显提高。

(3) 运用偏离份额分析法对地区专业化促进经济增长的结构效应和生产

率效应的分析表明，各地区的结构效应和生产率效应出现不同程度的优化，各地区专业化部门是工业增长的重要增长点，但是地区间的重复建设问题有所加深。

（4）中国地区专业化和地区收入差异之间存在长期稳定的正相关，区域竞争和重复建设所引起产业同构，已严重制约了落后地区的经济发展，不利于缩小地区收入的差异。

第九章 结论与政策建议

一、结 论

在理论上，通过探究地区专业化的形成机理及其对经济增长的影响，我们获得以下结论：

结论1：地区专业化的形成发展是一个较为复杂的过程，是供给因素、需求因素、区位因素、历史因素和制度因素等多种因素综合作用的结果。从时间维度上看，地区比较优势总是处于不断地变化之中，并出现专业化部门的交替和更迭，在不同的发展阶段，专业化部门发展的主导因素也在发生演变。按照不同的动力机制，可以将地区专业化大致划分为以下三种类型，即要素驱动型、市场驱动型和创新驱动型，在一定条件下，不同类型之间会发生转换。从微观角度看，地区专业化形成的生命周期的各个阶段也受不同决定因素的影响。

结论2：地区专业化促进经济增长是通过一条累积循环路径来实现的，在这个过程中，地区专业化可视为一种特殊的要素配置方式，且具有高报酬、高密度、高流动性和高积累率等特征。在这种要素配置方式下，地区专业化通过利用内外部规模经济引起地区收入的增加，这也同时提高了本地居民的消费能力，促进本地市场潜力扩大和集聚经济的发展，进而推动专业化部门的发展，如此循环往复。地区专业化促进经济增长的效应可以概括为五个方面，即生产率效应、创新效应、劳动力市场效应、收入效应和产品市场效应，且各个效应之间存在相互促进的关系。不同类型的分工和专业化模式对地区差异的影响不尽相同，垂直型分工下的地区专业化倾向于扩大地区间收入差异，水平型分工下的地区专业化则容易引起地区差异缩小，混合型分工下的地区专业化对地区差异的影响则取决于何种分工模式占主导地位。

根据上述两条理论线索对中国的具体情况进行实证分析，研究发现：

中国地区生产结构变化和专业化部门发展的决定因素既有相同之处，又存在不同之处。城市化经济、本地市场规模和区位因素都是决定二者的重要因素；区域市场封锁都制约了二者的发展；内部规模经济和本地化经济因素对地区生产结构差异化有正向作用，却对专业化部门发展无显著作用；国际市场因素经济全球化因素促进了各地区专业化部门的发展，但与地区生产结构差异化不相关；历史因素对地区生产结构的影响较为显著，而对专业化部门的作用较不明显。地区生产结构差异化和专业化部门的发展是地区专业化这一问题的两个方面，这恰好揭示了我国地区专业化发展中仍存在一些问题，如分工不足导致专业化部门未能充分利用专业化优势和当地优势；区域市场壁垒过高，不利于区域分工的实现，并加剧了地区间产业结构趋同问题，间接提高了专业化部门发展的成本；由于对外开放程度低，内陆地区的专业化部门难以充分利用国际市场和国际资源。

于是，有：

结论3：城市化经济、本地市场规模和区位因素有力地促进了中国地区专业化的发展，分工不足、区域市场封锁和内陆地区对外开放程度低则制约了中国地区专业化部门的发展和区际分工模式的升级。

最后，通过分析中国地区专业化对经济增长的影响，得到：

结论4：中国地区专业化与经济增长关系密切，1990～2007年，中国地区专业化总体水平与经济发展水平呈倒"U"形关系；从各地区情况看，经济发达地区的生产结构趋于多样化，经济欠发达地区的生产结构则趋于专业化，专业化部门实力和经济发展水平存在正相关关系；专业化部门对经济增长的实际贡献率显著提高；地区生产结构效应和专业化部门的生产率效应明显改善，但是地区间重复建设问题有所加深；中国地区专业化和地区收入差异之间存在长期稳定的正相关关系，其根源在于，垂直型分工与专业化为主导的区域分工格局总是倾向于扩大地区收入差异。

二、政策建议

1. 实施长短期政策相配套

Essletzbichle（2005）曾提出一个地区专业化与政策制定相关的重要问题：是该激励生产的多样化以促进区域经济长期稳定增长，还是应单纯追求高增长率而忽视经济波动？区域科学家一贯推崇经济多样化政策，将其看作是某个特定的经济目标。区域经济发展越多样化，对外部冲击则越不敏感。很多西方国家的政策制定者也秉承了这样的传统观念，认为，经济多样化不仅促进稳定，而且有利于区域增长和低失业水平的目标的实现（Malizia 和 Ke，1993；Attaran，1987）。但是，Kort（1991）和 Siegel 等人（1995）对此提出质疑，他们认为，通过多样化政策的单一路径很难同时实现经济增长与保持稳定，这在理论分析的内部就缺乏一致性。

传统经济理论主张，增长应建立在比较优势基础上的专业化部门。稳定则是通过将经济活动多样化来实现风险分散的。从这个角度讲，区域政策制定者需要在增长目标和稳定目标之间进行权衡，并相应采取不同的政策措施。当政策制定者想同时实现两个目标时，矛盾就开始显现。Wagner 和 Deller（1998）认为同时追求增长和稳定并不矛盾。短期政策更注重增长，政策制定者把增长型产业作为战略目标，通过专业化在具有比较优势的产业实现。但是，短期目标的实现，也有不利的一面，在产业趋向成熟时，增速放缓，从而使稳定的增长难以为继。对此，Wagner 和 Deller（1998）的建议是，在一个长期的多样化政策下实行短期增长战略，使多样化政策成为短期区域政策的外壳。这样，可以通过接替发展的主导部门生命周期的重叠，来平抑外部市场的负面冲击。从而，长期的多样化政策和短期专业化政策相配套，就能同时促进稳定与增长。

但在中国，地方政府很难坚持长短期政策相配套。近年来，在科学发展观指引下，增长仍然是度量地区经济发展的重要指标，加之政府换届，使得在近期，地方政府对产业发展的引导在更多情况下仍是一种短期行为。而为了争夺区域利益，各地区竞相发展高利润产业，从而虽然我国地区间结构趋同问题近年来有所缓解，但是重复建设问题长期存在。

2. 建立新型区域分工格局

实施长短期配套政策，有利于维护本地经济长期增长和保持稳定，但若要保持整个国家宏观经济的健康发展，新型区域分工格局的建立刻不容缓。从原来的以垂直型分工为主，到以垂直型分工主导的混合型分工，中国的区域分工和专业化模式仍然是朝着扩大地区收入差异的方向发展的。发达地区的高增长往往建立在落后地区的低水平专业化之上，这种低水平体现在两个方面，一是较低层次的专业化部门，二是较低水平的收入增长。同时，重复建设问题的长期存在大大制约了区域分工向深层次发展，使我国地区间结构趋同和重复建设问题只能缓慢地改善，极不利于缩小地区收入差距。此外，还存在诸多制约地区专业化发展的因素，如区域市场壁垒和较低的内陆开放程度等。

因此，新型区域分工格局的建立，需要从以下几方面入手：

（1）建立新型区域协调机制，包括产业协调机制和合作共赢长效机制。

1）产业协调机制。地区专业化促进经济增长的实现机制，是以专业化部门为起点的，因此，要提高专业化部门实力，促进区域分工优化，必须实现区域间的产业协调发展。一方面，中西部地区要抓住东部地区产业结构升级的机遇，积极承接沿海产业转移，大力发展能够发挥比较优势的更高层次的专业化部门，推动以水平型分工主导的区域分工格局形成；另一方面，国家必须出台相关产业政策，控制各地区不顾比较优势而对高利润行业一哄而上的局面，通过税收杠杆进行调节，使重复建设问题逐渐改善，各地区更加重视通过比较优势参与区域分工。

2）合作共赢长效机制。沿海发达地区和内陆地区应通过优势互补谋求共同发展。由沿海发达地区提供内陆地区稀缺的资金、人力资本和技术，内陆地区提供土地、能源和原材料，共同投资于内陆地区的基础设施建设和产业发展。同时，要探索建立灵活合理的利益分成机制，根据双方投入，进行科学评估，从而促进沿海和内地的长期合作共赢。

（2）积极推动中西部地区的城镇化，提高城市的集聚经济水平，扩大本地市场规模，通过人口城镇化提升劳动力素质，从而为专业化部门的发展创造更有利的环境。

（3）积极扩大中西部地区对外开放。引导内陆地区企业"走出去"，更多地参与国际分工，以更充分利用国际市场和国际资源，为专业化部门开辟更广阔的外部市场。

（4）消除区域市场壁垒。必须打破地方保护，完善市场机制，合理引导要素和商品跨区域流动，降低专业化部门的发展成本。

3. 促进专业化部门实现优化升级

促进各地区专业化部门实现优化升级不仅关乎区域经济的发展，同时也是建立新型区域分工格局的重要条件。首先，要积极推动区域分工向纵深方向发展，由部门专业化向产品专业化和功能专业化转变，鼓励中西部地区通过产品专业化和功能专业化逐步培育起新兴的专业化部门，从而为中西部地区参与水平型分工创造条件，促进国内区域分工从以垂直型分工为主向以水平型分工模式为主转化。其次，提高原有专业化部门的竞争力。一是推动中西部地区专业化部门实现高级化。引导中西部地区以能源和原材料为主的专业化部门向中游产业链延伸，整合产业资源，促进生产力集中，帮助企业做大做强，拓展区域品牌，实施走出去战略，开发国际市场。二是通过产业协调，在推动沿海地区专业化部门升级的同时，将这些地区进入成熟期的劳动密集型和资源密集型专业化部门逐步向中西部地区转移，不仅可以为中西部地区创造更多的劳动就业岗位，有利于当地居民收入水平的提高，同时也促进了中西部地区的市场繁荣，能够为中西部地区专业化部门创造更为优越的发展条件。

三、研究展望

本书仅探讨了中国省域一级地域单元的地区专业化，对专业化分工的分析也局限于部门间分工，这使得本书仍有许多有待延续性讨论的问题：首先是更多层面的地区专业化问题。例如，城市间的专业化，探究中国城市体系的分工状况以及各大都市圈之间的分工和专业化情况；而且，如果能获取更加微观的数据，就可以对部门内分工下的地区专业化进行探讨，从而为分析水平型分工提供有力支撑。其次是不同层级地域单元的地区专业化之间的关系。如探究城市专业化及其与省域专业化之间的关系，分析不同层级地域单元的专业化之间存在怎样的互动关系，存在哪些类型，各种类型的特征如何，对地区经济增长的作用如何等。最后是将本书关于地区专业化促进经济增长的理论模型进一步数理化。希望将来能就这些问题做进一步深入的研究。

附录 第四章公式推导

根据 Braunerhjelm 和 Borgman（2004）的企业进入速度公式：

$$\frac{dn_{i,J}(t)}{dt} = a_{i,J} n_{i,J}(t)\left(1 - \frac{n_{i,J}(t)}{M_{i,J}(t)}\right)$$

进行积分，从而得到专业化部门形成过程中，企业总数目变动函数。
推导过程如下：

$$dn_{i,J}(t) = a_{i,J} n_{i,J}(t)\left(1 - \frac{n_{i,J}(t)}{M_{i,J}}\right) dt$$

$$\frac{dn_{i,J}(t)}{n_{i,J}(t)\left(1 - \frac{n_{i,J}(t)}{M_{i,J}}\right)} = a_{i,J} dt$$

$$\int \frac{dn_{i,J}(t)}{n_{i,J}(t)\left(1 - \frac{n_{i,J}(t)}{M_{i,J}}\right)} = \int a_{i,J} dt$$

$$\int \left(\frac{1}{n_{i,J}(t)} + \frac{1}{M_{i,J} - n_{i,J}(t)}\right) dn_{i,J}(t) = \int a_{i,J} dt$$

$$\int \frac{1}{n_{i,J}(t)} dn_{i,J}(t) - \int \left(\frac{1}{M_{i,J} - n_{i,J}(t)}\right) d\left(-n_{i,J}(t)\right) = \int a_{i,J} dt$$

$$\lg n_{i,J}(t) - \lg(M_{i,J} - n_{i,J}(t)) = a_{i,J} t$$

$$\frac{n_{i,J}(t)}{M_{i,J} - n_{i,J}(t)} = e^{a_{i,J}t}$$

$$n_{i,J}(t) = M_{i,J} \frac{e^{a_{i,J}t}}{1 + e^{a_{i,J}t}}$$

附　表

附表1　中国各地区的克鲁格曼专业化系数变动趋势

地　区	1990 年		1995/1990 年*	2000/1995 年*	2005/2000 年*	2007/2005 年*	2007 年	2007/1990 年*
	数值	排名	变动幅度	变动幅度	变动幅度	变动幅度	排名	变动幅度
北　京	0.41	15	34.57	33.00	−14.37	2.88	16	57.68
天　津	0.33	25	42.73	−2.94	17.68	30.07	19	76.79
河　北	0.27	29	35.50	18.27	42.79	9.10	17	126.70
山　西	0.64	6	24.20	6.49	32.32	4.01	3	75.87
内蒙古	0.49	11	23.96	29.91	9.93	−6.95	11	72.03
辽　宁	0.40	17	4.00	16.54	6.97	−6.32	26	19.40
吉　林	0.47	13	38.69	34.02	14.11	−8.69	9	101.44
黑龙江	0.80	3	1.68	38.62	−7.48	−2.62	8	26.80
上　海	0.40	18	16.15	3.12	−6.70	10.04	25	22.65
江　苏	0.37	20	7.28	4.04	−2.35	13.77	29	12.38
浙　江	0.43	14	−0.21	22.19	10.29	−4.79	22	25.96
安　徽	0.30	28	13.58	−0.97	34.34	−0.34	27	44.97
福　建	0.49	10	13.81	−28.30	28.69	5.84	24	5.31
江　西	0.33	24	27.02	17.43	10.52	−11.39	21	64.77
山　东	0.33	23	−1.12	25.01	−7.15	−14.75	31	11.18
河　南	0.31	27	25.94	17.07	28.27	1.91	20	86.85
湖　北	0.33	26	6.01	14.31	22.21	−0.76	28	31.54
湖　南	0.36	22	23.39	25.29	−1.12	−0.05	23	48.23
广　东	0.48	12	6.42	3.22	21.90	−3.72	18	28.60
广　西	0.40	16	38.79	33.41	3.74	−2.51	15	79.73
海　南	0.99	2	−6.20	−4.60	16.22	0.59	5	6.98
重　庆				35.04 **	−8.38	−7.45	14	24.97 ***

地区	1990 年		1995/1990 年*	2000/1995 年*	2005/2000 年*	2007/2005 年*	2007 年	2007/1990 年*
	数值	排名	变动幅度	变动幅度	变动幅度	变动幅度	排名	变动幅度
四　川	0.25	30	47.64	32.13	−9.24	−14.82	30	56.50
贵　州	0.55	8	29.58	37.52	−8.96	−4.14	10	56.79
云　南	0.70	5	32.16	16.31	−4.10	−3.89	7	46.94
西　藏	1.26	1	0.09	19.76	5.04	2.31	1	31.57
陕　西	0.37	21	10.55	36.50	34.79	22.44	13	111.40
甘　肃	0.38	19	94.77	4.79	26.16	17.07	6	173.81
青　海	0.52	9	75.95	38.48	−9.02	1.02	2	127.95
宁　夏	0.57	7	43.82	9.31	0.90	−6.85	12	47.22
新　疆	0.72	4	21.85	18.73	11.24	4.72	4	49.78

注：使用工业总产值数据计算；＊表示前面年份数据较后面年份数据的变动幅度；＊＊表示 2000 年比 1997 年；＊＊＊表示 2007 年比 1997 年。

资料来源：根据历年《中国工业经济统计年鉴》和《中华人民共和国 1995 年第三次全国工业普查资料汇编》整理计算。

附表 2　中国各地区的赫芬达尔专业化指数变动趋势

地　区	1990 年		1995/1990 年*	2000/1995 年*	2005/2000 年*	2007/2005 年*	2007 年	2007/1990 年*
	数值	排名	变动幅度	变动幅度	变动幅度	变动幅度	排名	变动幅度
北　京	0.07	19	4.36	80.30	−10.26	8.42	12	83.05
天　津	0.07	23	−0.03	26.20	25.62	−4.38	13	51.55
河　北	0.08	16	−15.92	16.62	91.09	−3.78	11	80.29
山　西	0.12	4	1.22	−1.14	48.46	1.12	2	50.22
内蒙古	0.09	10	−14.76	56.15	−18.43	−11.00	17	−3.38
辽　宁	0.08	14	−16.14	31.82	−0.99	−16.98	24	−9.14
吉　林	0.06	28	62.16	90.80	−7.87	−5.86	5	168.34
黑龙江	0.09	9	7.38	157.98	−38.67	−11.83	9	49.79
上　海	0.08	15	−12.30	4.12	37.14	3.31	15	29.37
江　苏	0.10	8	−31.05	−3.29	17.39	−2.88	23	−23.98
浙　江	0.10	6	−36.32	−2.03	−9.10	−0.82	27	−43.76
安　徽	0.07	24	−16.39	−4.91	11.59	3.75	25	−7.95
福　建	0.05	30	−8.44	9.09	20.12	−13.02	30	4.35

续表

地区	1990年		1995/1990年*	2000/1995年*	2005/2000年*	2007/2005年*	2007年	2007/1990年*
	数值	排名	变动幅度	变动幅度	变动幅度	变动幅度	排名	变动幅度
江　西	0.07	22	−27.07	24.77	5.05	27.89	19	22.24
山　东	0.07	20	−28.98	15.22	−10.87	−0.03	31	−27.09
河　南	0.07	25	−24.19	13.31	−4.96	1.82	28	−16.89
湖　北	0.07	18	−8.66	1.02	23.95	−9.39	22	3.64
湖　南	0.06	27	−13.44	19.41	−14.41	2.92	26	−8.94
广　东	0.05	29	9.37	7.54	82.92	−13.13	14	86.89
广　西	0.08	13	−18.39	30.20	6.13	−4.17	18	8.06
海　南	0.18	2	−51.95	−12.82	34.88	78.03	4	0.59
重　庆				125.87 **	−14.08	10.60	3	114.65 ***
四　川	0.07	21	−12.67	16.65	−13.43	−10.11	29	−20.73
贵　州	0.08	11	−15.44	44.91	−15.83	−3.33	21	−0.30
云　南	0.16	3	7.28	15.38	−31.89	1.12	10	−14.74
西　藏	1.76	1	−93.02	44.76	17.20	−23.23	7	−90.91
陕　西	0.07	17	−24.94	38.27	6.32	1.54	20	12.04
甘　肃	0.07	26	32.22	9.08	53.39	9.85	6	143.01
青　海	0.10	7	13.20	86.99	−21.53	−9.70	8	49.98
宁　夏	0.08	12	−4.92	29.40	−9.48	6.63	16	18.75
新　疆	0.12	5	42.59	41.89	0.37	−15.09	1	72.43

注：使用工业总产值数据计算；＊表示前面年份数据较后面年份数据的变动幅度；＊＊表示2000年比1997年；＊＊＊表示2007年比1997年。

资料来源：根据历年《中国工业经济统计年鉴》和《中华人民共和国1995年第三次全国工业普查资料汇编》整理计算。

附表3　中国各地区的地区熵指数变动趋势

地区	1990年		1995/1990年*	2000/1995年*	2005/2000年*	2007/2005年*	2007年	2007/1990年*
	数值	排名	变动幅度	变动幅度	变动幅度	变动幅度	排名	变动幅度
北　京	4.18	16	−0.61	−11.12	2.12	−0.19	21	−9.95
天　津	4.25	9	0.54	−4.02	−5.51	−0.68	19	−9.44
河　北	4.23	13	4.79	−2.69	−9.30	0.52	18	−7.03
山　西	3.66	28	2.56	−1.64	−16.22	−0.63	30	−16.02

续表

地 区	1990 年		1995/1990 年*	2000/1995 年*	2005/2000 年*	2007/2005 年*	2007 年	2007/1990 年*
	数值	排名	变动幅度	变动幅度	变动幅度	变动幅度	排名	变动幅度
内蒙古	4.44	4	-3.89	-11.23	2.45	2.84	16	-10.11
辽 宁	4.08	22	7.07	-6.86	2.29	3.19	8	5.25
吉 林	4.42	5	-7.61	-19.21	3.08	4.13	25	-19.88
黑龙江	4.18	15	-1.70	-27.70	18.14	2.96	22	-13.56
上 海	4.11	20	4.06	-0.43	-6.31	-0.37	17	-3.29
江 苏	3.98	25	8.57	-0.15	-2.96	0.28	11	5.48
浙 江	4.04	23	8.92	-0.37	2.15	-0.27	5	10.55
安 徽	4.22	14	6.30	-0.37	-1.50	-0.56	7	3.73
福 建	4.50	2	3.12	-2.75	-0.62	1.79	2	1.45
江 西	4.72	1	-2.94	-5.38	1.12	-2.88	9	-9.81
山 东	4.24	10	8.32	-3.50	3.19	-0.15	1	7.69
河 南	4.28	8	6.52	-2.43	1.55	-0.11	3	5.42
湖 北	4.16	17	4.10	-0.54	-3.71	2.61	10	2.30
湖 南	4.44	3	0.87	-4.21	4.24	-0.34	6	0.37
广 东	4.42	6	1.14	-1.40	-8.65	2.21	12	-6.89
广 西	4.11	19	7.10	-7.26	-1.73	1.33	13	-1.09
海 南	4.09	21	-0.47	1.53	-5.62	-13.35	26	-17.36
重 庆				-17.74**	5.74	-2.02	23	-14.78***
四 川	4.24	11	4.18	-4.40	4.23	2.09	4	5.96
贵 州	4.03	24	4.43	-10.12	4.80	1.08	15	-0.57
云 南	3.49	29	3.30	-8.56	7.41	0.26	24	1.72
西 藏	3.10	30	12.00	-11.66	-8.43	5.20	31	-4.69
陕 西	4.14	18	8.48	-6.60	-1.65	-1.62	14	-1.97
甘 肃	4.24	12	-3.88	-3.65	-10.96	-3.54	27	-20.46
青 海	4.30	7	-12.99	-24.00	11.45	1.27	28	-25.36
宁 夏	3.89	26	4.28	-4.71	-1.12	-1.11	20	-2.84
新 疆	3.83	27	-7.81	-11.31	-5.97	7.92	29	-17.03

注：使用工业总产值数据计算；*表示前面年份数据较后面年份数据的变动幅度；**表示 2000 年比 1997 年；***表示 2007 年比 1997 年。

资料来源：根据历年《中国工业经济统计年鉴》和《中华人民共和国 1995 年第三次全国工业普查资料汇编》整理计算。

附表4　中国各地区的地区加权区位商指数变动趋势

地　区	1990 年	1995 年	2000 年	2005 年	2007 年	1990～2007 年
	数值	数值	数值	数值	数值	标准差/均值
北　京	1.28	0.91	1.13	0.49	0.70	0.29
天　津	1.11	0.84	0.89	0.47	0.64	0.25
河　北	2.24	2.59	3.72	3.08	2.90	0.28
山　西	2.29	2.72	3.82	3.46	3.46	0.21
内蒙古	1.74	1.97	0.64	1.37	1.87	0.40
辽　宁	5.49	1.55	1.21	1.37	1.59	0.62
吉　林	2.07	2.57	0.86	0.92	0.98	0.55
黑龙江	11.10	7.16	3.58	3.35	3.23	0.43
上　海	3.22	2.46	2.32	1.34	1.47	0.24
江　苏	2.76	2.96	3.06	3.10	3.55	0.10
浙　江	1.90	1.94	2.96	5.39	5.58	0.41
安　徽	0.95	1.38	1.17	0.76	0.73	0.31
福　建	2.15	2.38	1.29	1.75	2.47	0.25
江　西	0.92	1.42	0.49	0.79	0.93	0.42
山　东	4.75	2.84	3.58	4.91	4.48	0.22
河　南	1.17	1.60	1.75	3.04	3.36	0.31
湖　北	1.51	1.32	1.31	0.85	0.86	0.22
湖　南	1.62	1.27	1.50	1.57	1.51	0.14
广　东	5.22	5.38	5.62	3.85	5.95	0.15
广　西	0.58	1.15	7.53	0.54	0.66	1.24
海　南	2.34	0.59	0.49	0.35	0.26	0.89
重　庆			0.50	0.47	0.46	0.10
四　川	1.91	1.28	1.05	1.24	1.36	0.21
贵　州	0.68	0.67	1.32	0.65	0.63	0.31
云　南	2.42	6.88	7.15	5.23	4.78	0.30
西　藏	0.42	0.42	0.59	0.07	0.17	0.59
陕　西	0.74	0.71	0.77	1.64	1.41	0.30
甘　肃	1.40	0.88	1.47	0.61	0.64	0.48
青　海	0.54	0.30	0.90	0.90	1.00	0.71

续表

地 区	1990 年	1995 年	2000 年	2005 年	2007 年	1990～2007 年
	数值	数值	数值	数值	数值	标准差/均值
宁 夏	0.14	0.27	0.30	0.20	0.17	0.33
新 疆	1.66	1.63	1.13	2.10	2.51	0.25

注：使用工业总产值数据计算。

资料来源：根据历年《中国工业经济统计年鉴》和《中华人民共和国 1995 年第三次全国工业普查资料汇编》整理计算。

附表 5 1990～2007 年各专业化指数平均变化率   单位:%

地　区 ＼ 指标名称	克鲁格曼指数	赫芬达尔指数	地区熵指数	加权区位商
各地区平均	16.89	26.37	5.41	37.82
北　京	19.59	28.06	5.38	28.55
天　津	16.51	20.85	4.35	23.56
河　北	26.33	32.86	4.57	26.36
山　西	19.29	17.26	7.35	19.54
内蒙古	18.45	17.36	5.16	38.51
辽　宁	10.74	10.05	3.54	57.98
吉　林	24.22	43.19	12.89	54.02
黑龙江	15.17	37.35	10.30	43.98
上　海	8.17	14.78	3.58	25.64
江　苏	4.43	14.71	3.45	10.32
浙　江	11.36	22.34	4.57	43.69
安　徽	18.44	7.58	2.43	30.06
福　建	10.46	13.69	3.12	24.23
江　西	18.60	16.30	3.45	39.26
山　东	13.13	13.99	3.96	53.84
河　南	21.29	10.37	2.59	37.28
湖　北	14.80	12.50	3.32	21.62
湖　南	15.70	9.08	2.23	13.62
广　东	10.93	34.25	4.69	15.93
广　西	19.43	13.99	3.98	118.84

续表

指标名称 地　区	克鲁格曼 指数	赫芬达尔 指数	地区熵 指数	加权 区位商
海　南	22.65	104.91	6.92	85.52
重　庆	8.46	27.05	8.49	8.83
四　川	19.09	8.14	2.98	19.89
贵　州	18.50	14.29	3.83	31.46
云　南	14.46	16.35	4.77	28.08
西　藏	11.06	150.90	10.80	60.34
陕　西	27.16	14.78	4.02	37.14
甘　肃	28.50	31.02	6.96	46.31
青　海	26.40	25.56	12.10	67.41
宁　夏	13.18	10.73	3.34	32.05
新　疆	17.03	23.08	8.45	28.50

注：表中所有专业化指标都是以工业总产值计算；平均变化率计算公式：平均变化率＝标准差/均值×100。

资料来源：根据历年《中国工业经济统计年鉴》和《中华人民共和国1995年第三次全国工业普查资料汇编》整理计算。

附表6　中国四大区域克鲁格曼专业化指数的地理分布情况

1990 年		
低水平专业化 KSI≤0.75	中等水平专业化 0.75＜KSI≤1.25	高水平专业化 1.25＜KSI≤2
东　北　辽宁（0.40）吉林（0.47）	黑龙江（0.80）	
东　部　河北（0.27）天津（0.33） 山东（0.33）江苏（0.37） 上海（0.40）北京（0.41） 浙江（0.43）广东（0.48） 福建（0.49）	海南（0.99）	
中　部　安徽（0.30）河南（0.31） 湖北（0.33）江西（0.33） 湖南（0.36）山西（0.64） 内蒙古（0.49）		

1990 年			
西　部	四川（0.25）陕西（0.37） 甘肃（0.38）广西（0.40） 青海（0.52）贵州（0.55） 宁夏（0.57）云南（0.70） 新疆（0.72）		西藏（1.26）
2000 年			
东　北	辽宁（0.48）	吉林（0.87）黑龙江（1.12）	
东　部	福建（0.40）山东（0.41） 江苏（0.41）河北（0.44） 天津（0.45）上海（0.47） 浙江（0.52）广东（0.53） 北京（0.74）	海南（0.88）	
中　部	安徽（0.34）湖北（0.39） 河南（0.45）江西（0.49） 湖南（0.55）	山西（0.85）	
西　部	四川（0.48）陕西（0.55） 广西（0.75）	甘肃（0.77）重庆（0.82） 宁夏（0.89）贵州（0.98） 新疆（1.05）云南（1.07） 内蒙古（0.78）	青海（1.27） 西藏（1.51）
2007 年			
东　北	辽宁（0.48）	吉林（0.94）黑龙江（1.0）	
东　部	山东（0.37）江苏（0.41） 上海（0.49）福建（0.52） 浙江（0.54）天津（0.58） 广东（0.62）河北（0.62） 北京（0.65）	海南（1.06）	
中　部	湖北（0.43）安徽（0.44） 湖南（0.53）江西（0.54） 河南（0.57）	山西（1.13）	
西　部	四川（0.39）广西（0.72）	重庆（0.75）陕西（0.77） 宁夏（0.83）贵州（0.87） 云南（1.03）青海（1.19） 甘肃（1.03）新疆（1.08） 内蒙古（0.83）	西藏（1.66）

资料来源：根据《中国工业经济统计年鉴》（1991、2001、2008）整理计算。

附表7 中国四大区域地区加权区位商的地理分布情况

1990 年		
低水平专业化 RAWLQ≤1	中等水平专业化 1 < RAWLQ≤2.5	高水平专业化 RAWLQ > 2.5
东北	吉林 (2.07)	辽宁 (5.49) 黑龙江 (11.2)
东部	天津 (1.11) 北京 (1.28) 浙江 (1.90) 福建 (2.15) 河北 (2.24) 海南 (2.34)	江苏 (2.76) 上海 (3.22) 山东 (4.75) 广东 (5.22)
中部 江西 (0.92) 安徽 (0.95)	河南 (1.17) 湖北 (1.51) 湖南 (1.62) 山西 (2.29)	
西部 宁夏 (0.14) 西藏 (0.42) 青海 (0.54) 广西 (0.58) 贵州 (0.68) 陕西 (0.74)	甘肃 (1.39) 四川 (1.91) 新疆 (1.66) 云南 (2.42) 内蒙古 (1.74)	

2000 年		
东北 吉林 (0.86)	辽宁 (1.21)	黑龙江 (3.58)
东部 海南 (0.49) 天津 (0.89)	北京 (1.13) 福建 (1.29) 上海 (2.32)	浙江 (2.96) 江苏 (3.06) 山东 (3.59) 河北 (3.72) 广东 (5.62)
中部 江西 (0.49)	安徽 (1.17) 湖北 (1.31) 湖南 (1.50) 河南 (1.50)	山西 (3.82)
西部 宁夏 (0.30) 重庆 (0.50) 西藏 (0.59) 陕西 (0.77) 青海 (0.90) 内蒙古 (0.64)	四川 (1.05) 新疆 (1.18) 贵州 (1.32) 甘肃 (1.47)	云南 (7.14) 广西 (7.53)

2007 年		
东北 吉林 (0.98)	辽宁 (1.59)	黑龙江 (3.23)
东部 海南 (0.25) 天津 (0.64) 北京 (0.70)	上海 (1.47) 福建 (2.47)	河北 (2.90) 江苏 (3.55) 山东 (4.48) 浙江 (5.58) 广东 (5.95)
中部 安徽 (0.73) 湖北 (0.86) 江西 (0.93)	湖南 (1.51)	河南 (3.36) 山西 (3.46)
西部 西藏 (0.17) 宁夏 (0.17) 重庆 (0.46) 贵州 (0.63) 甘肃 (0.64) 广西 (0.66) 青海 (1.00)	四川 (1.36) 陕西 (1.41) 内蒙古 (1.87)	新疆 (2.51) 云南 (4.78)

资料来源：根据《中国工业经济统计年鉴》（1991、2001、2008）整理计算。

附表 8　1990 年东部地区专业化部门的技术类型

产业分类＼地区	北 京	天 津	河 北
资源原材料型	C13 (2.03)	C11 (2.34)	C06 (1.54) C08 (5.66) C11 (1.45)
低技术	C18 (1.62) C20 (1.10) C21 (1.55) C23 (2.39) C24 (1.69) C42 (1.38)	C13 (1.03) C18 (1.32) C19 (1.21) C24 (1.62)	C17 (1.23) C21 (1.02) C22 (1.13) C42 (1.09)
中低技术	C25 (1.38) C26 (1.71) C29 (1.08) C32 (1.41)	C25 (7.30) C26 (1.39) C28 (1.36) C29 (1.45) C32 (1.38) C34 (1.71)	C25 (6.64) C26 (1.02) C31 (1.45) C32 (1.49) C34 (1.05)
中高技术	C35 (1.05) C37 (1.99)	C35 (1.11) C39 (1.16)	C35 (1.02)
高技术	C40 (1.86) C41 (1.30)	C27 (1.08) C40 (1.55) C41 (1.05)	C27 (1.25)

产业分类＼地区	山 东	上 海	江 苏
资源原材料型	C06 (1.13) C07 (2.16) C10 (1.73) C11 (2.25)		
低技术	C13 (1.06) C14 (1.18) C15 (1.42) C17 (1.34) C19 (1.22) C21 (1.44) C22 (1.04) C42 (1.85)	C17 (1.08) C18 (1.30) C42 (3.31)	C17 (1.78) C18 (1.14) C19 (1.07) C42 (1.03)
中低技术	C25 (14.7) C30 (1.14) C31 (1.03) C34 (1.01)	C25 (5.95) C28 (2.40) C29 (1.32) C32 (1.67) C34 (1.22)	C25 (4.29) C26 (1.22) C28 (1.97) C30 (1.31) C31 (1.01) C34 (1.07)
中高技术	C35 (1.00)	C35 (1.30) C37 (1.27) C39 (1.32)	C35 (1.11) C39 (1.07)
高技术		C40 (1.57) C41 (1.79)	C40 (1.58) C41 (1.17)

续表

产业分类 \ 地区	浙 江	广 东	
资源原材料型	C10（1.27）	C10（1.04）	
低技术	C15（1.30）C17（1.97） C18（1.44）C19（1.73） C22（1.08）C24（1.27） C42（2.07）	C13（1.96）C14（1.25） C15（1.19）C18（1.80） C19（2.06）C20（1.14） C21（2.08）C22（1.10） C23（1.21）C24（2.89） C42（1.81）	
中低技术	C25（5.11）C28（1.00） C30（1.91）C31（1.07） C34（1.22）	C25（12.1）C28（1.27） C30（1.94）C31（1.11） C34（1.33）	
中高技术	C39（1.20）	C39（2.12）	
高技术	C41（1.46）	C27（1.58）C40（1.70）	
产业分类 \ 地区	福 建	海 南	
资源原材料型	C08（1.28）C10（1.09） C11（1.18）	C08（32.9）C11（3.54）	
低技术	C13（1.95）C14（1.47） C15（1.29）C18（1.96） C19（1.85）C20（3.86） C21（1.47）C22（2.36） C23（1.38）C24（1.60）	C14（3.79）C16（1.51） C21（1.04）C22（1.15） C23（1.43）	
中低技术	C26（1.06）C28（1.02） C30（2.20）C42（2.66）	C28（6.27）C29（4.14）	
中高技术		C40（2.25）	
高技术	C40（2.18）C41（1.04）	C27（2.15）	

资料来源：根据《中国工业经济统计年鉴》（1991）整理计算。

附表 9　1990 年东北地区专业化部门的技术类型

产业分类＼地区	辽 宁	吉 林	黑龙江
资源原材料型	C06（1.05）C07（1.19）	C07（1.16）	C06（2.23）C07（9.39）
低技术	C22（1.03）	C13（1.34）C14（1.15） C15（1.34）C20（2.52） C22（1.77）C23（1.15）	C14（1.39）C15（1.04） C20（3.79）C22（1.16）
中低技术	C25（24.0）C26（1.02） C32（2.29）	C25（6.65）C26（1.49） C28（1.10）C31（1.05）	C25（23.9）
中高技术	C35（1.19）C37（1.15） C39（1.09）	C36（2.89）	
高技术		C27（2.14）	C27（1.00）

资料来源：根据《中国工业经济统计年鉴》（1991）整理计算。

附表 10　1990 年中部地区专业化部门的技术类型

产业分类＼地区	山 西	安 徽	江 西
资源原材料型	C06（9.82）C08（1.80） C10（1.00）	C06（1.58）C10（2.04）	C06（1.38）C10（1.58）
低技术		C13（1.05）C14（1.44） C15（1.70）C16（2.08） C17（1.04）C21（1.04） C22（1.13）	C13（1.37）C14（1.34） C15（1.13）C18（1.07） C20（3.16）C21（1.22） C22（1.24）C23（1.30） C42（1.43）
中低技术	C26（1.22）C32（1.92）	C25（9.92）C31（1.46）	C25（10.4）C28（1.07） C31（1.50）C32（1.10）
中高技术	C35（1.10）		C36（1.48）
高技术			C27（1.62）C41（1.01）

续表

产业分类＼地区	湖　北	湖　南	河　南
资源原材料型	C10 (1.63) C11 (1.91)	C06 (1.13) C08 (3.34) C10 (1.51) C11 (1.02)	C06 (2.28) C07 (1.61)
低技术	C16 (1.21) C17 (1.11) C18 (1.29) C21 (1.28) C23 (1.03)	C13 (2.01) C16 (2.48) C22 (1.67) C23 (1.38) C42 (1.06)	C14 (1.01) C15 (1.37) C16 (1.92) C19 (1.20) C21 (1.05) C22 (1.07)
中低技术	C25 (9.31) C31 (1.08) C32 (1.60) C34 (1.03)	C25 (10.3) C26 (1.47) C31 (1.40)	C25 (7.17) C28 (1.23) C29 (1.11) C31 (1.39)
中高技术	C37 (2.49)	C35 (1.02) C37 (1.20) C39 (1.13)	C35 (1.30)
高技术			C27 (1.06)

资料来源：根据《中国工业经济统计年鉴》（1991）整理计算。

附表 11　1990 年西部地区专业化部门的技术类型

产业分类＼地区	内蒙古	广　西	四　川
资源原材料型	C06 (2.77) C08 (1.22) C10 (2.55) C11 (3.79)	C08 (3.17)	C06 (1.04) C08 (2.26) C11 (3.17)
低技术	C13 (1.16) C14 (1.80) C15 (1.27) C19 (1.33) C20 (1.39) C21 (1.22) C42 (1.03)	C13 (1.38) C14 (2.47) C15 (1.16) C16 (2.00) C20 (1.58) C22 (1.52) C23 (1.39) C42 (1.77)	C14 (1.23) C15 (1.52) C22 (1.24) C23 (1.10)
中低技术	C31 (1.02) C32 (1.95)	C26 (1.16) C31 (1.36)	C26 (1.06) C32 (1.58)
中高技术			C35 (1.18) C37 (1.33)
高技术		C27 (1.09)	C27 (1.03) C40 (1.22) C41 (1.49)

地 区 产业分类	西 藏	贵 州	云 南
资源原材料型	C08 (50.6) C10 (11.7)	C06 (1.53) C10 (2.12)	C08 (1.96) C10 (1.11) C11 (1.47)
低技术	C14 (1.00) C19 (1.88) C20 (5.80) C21 (2.76) C23 (5.61) C42 (3.53)	C13 (1.09) C15 (2.54) C16 (6.66) C23 (1.23)	C14 (1.15) C16 (12.2)
中低技术	C31 (4.87) C37 (2.52)	C29 (1.92) C31 (1.04) C32 (1.06)	C23 (1.60) C26 (1.11)
中高技术		C35 (1.03) C37 (1.93)	
高技术			C41 (1.04)

地 区 产业分类	青 海	新 疆	陕 西
资源原材料型	C07 (2.00) C10 (5.37) C11 (13.85)	C06 (1.10) C07 (9.33) C10 (1.10) C11 (7.13)	
低技术	C14 (1.22) C19 (1.62) C20 (1.26)	C14 (1.45) C17 (1.44) C19 (1.77)	C15 (1.83) C17 (1.15) C23 (1.44)
中低技术	C32 (2.50) C34 (1.11)	C25 (15.9)	C25 (2.94)
中高技术	C35 (1.55) C37 (1.05)		C35 (1.24) C37 (1.77) C39 (1.07)
高技术			C27 (1.14) C40 (2.92) C41 (3.04)

续表

产业分类＼地区	甘肃	宁夏	
资源原材料型	C06（1.10）C07（2.25） C10（1.98）	C06（4.44）C07（1.24） C10（1.11）	
低技术	C14（1.01）	C14（1.28）C22（1.49） C23（1.00）	
中低技术	C25（31.2）C26（1.53） C31（1.23）	C29（4.82）C31（1.06） C32（1.03）	
中高技术	C39（1.03）	C35（1.88）	
高技术	C40（1.06）	C41（2.86）	

资料来源：根据《中国工业经济统计年鉴》（1991）整理计算。

附表 12 2000 年东部地区专业化部门的技术类型

产业分类＼地区	北京	天津	河北
资源原材料型		C07（1.54）	C06（1.63）C08（8.01）
低技术	C14（1.55）C15（1.29） C23（2.11）C42（1.38）	C14（1.25）C18（1.05） C21（2.20）C24（1.11）	C14（1.27）C15（1.26） C19（1.39）C20（1.27） C22（1.52）
中低技术	C25（1.88）C26（1.71） C32（1.21）	C26（1.10）C28（1.36） C29（1.12）C32（1.34） C34（1.30）	C26（1.15）C31（1.42） C32（2.80）C34（1.07）
中高技术	C36（1.92）C37（1.99）	C37（1.04）	
高技术	C27（1.08）C40（4.21） C41（1.38）	C27（1.30）C40（2.86）	C27（1.77）

地区 产业分类	山东	上海	江苏
资源原材料型	C06（1.59）C07（1.48） C10（1.61）		
低技术	C13（2.31）C14（1.04） C15（1.14）C17（1.23） C19（1.08）C22（1.88）	C18（1.16）C20（1.79） C23（1.27）C24（1.54）	C17（1.91）C18（1.41） C20（1.24）C24（1.25）
中低技术	C25（1.09）C29（2.49） C31（1.28）	C28（2.52）C32（1.59） C34（1.36）	C26（1.46）C28（1.85） C30（1.18）C34（1.39）
中高技术	C35（1.19）C36（2.08）	C35（1.34）C37（1.93） C39（1.23）	C35（1.79）C39（1.31）
高技术		C27（1.22）C40（1.54） C41（1.13）	C41（1.19）

地区 产业分类	浙江	广东	
资源原材料型		C10（1.03）	
低技术	C17（2.18）C18（2.22） C19（2.27）C20（1.37） C21（1.18）C22（1.26） C24（1.48）	C14（1.29）C18（1.92） C19（1.92）C20（1.11） C21（1.84）C23（1.50） C24（2.99）	
中低技术	C28（1.74）C29（1.10） C30（1.56）C34（1.22）	C30（2.01）C31（1.00） C34（1.61）	
中高技术	C35（1.60）C39（1.68）	C39（1.61）	
高技术	C27（1.26）C41（1.19）	C40（2.22）C41（2.81）	

续表

地　区 产业分类	福　建	海　南	
资源原材料型		C08（9.09）C09（2.76） C10（1.50）	
低技术	C13（1.12）C14（1.67） C16（1.25）C18（1.69） C19（3.83）C20（1.35） C21（1.93）C22（1.58） C23（1.27）C24（1.59）	C13（2.51）C14（5.46） C15（3.46）C16（1.07） C20（3.20）C21（2.50） C23（1.56）	
中低技术	C28（1.61）C30（1.60） C31（1.34）C34（1.03）	C26（1.11）C28（2.19） C29（1.93）C31（1.08） C34（1.24）	
中高技术	C39（1.07）	C37（1.53）	
高技术	C40（1.40）C41（1.16）	C27（5.44）	

资料来源：根据《中国工业经济统计年鉴》（2001）整理计算。

附表 13　2000 年东北地区专业化部门的技术类型

地　区 产业分类	辽　宁	吉　林	黑龙江
资源原材料型	C06（1.06）C07（1.60） C08（1.19）	C07（1.05）C08（1.12）	C06（2.08）C07（10.4）
低技术		C13（1.21）C20（1.43）	C21（1.16）
中低技术	C25（2.99）C26（1.02）	C26（2.32）C28（1.10）	C25（2.90）
中高技术	C35（1.28）	C37（5.40）	
高技术			C27（1.80）

资料来源：根据《中国工业经济统计年鉴》（2001）整理计算。

附表 14　2000 年中部地区专业化部门的技术类型

地区 产业分类	山 西	安 徽	江 西
资源原材料型	C06（16.7）C08（2.79） C10（1.03）	C06（3.16）C08（3.52） C09（1.46）C10（1.29）	C06（1.57）C10（1.72）
低技术		C13（1.27）C14（1.08） C15（2.32）C16（1.81） C17（1.07）C20（1.72）	C13（1.65）C15（1.08） C16（1.82）C20（2.11） C22（1.10）C23（2.09）
中低技术	C25（1.58）C26（1.54） C31（1.21）C32（1.92） C33（5.46）	C25（1.01）C26（1.04） C29（1.87）C30（1.31） C32（1.20）C33（2.50）	C25（1.74）C28（1.00） C31（1.33）C32（1.51） C33（3.56）
中高技术		C36（1.26）C37（1.09）	C37（1.15）
高技术	C27（1.51）		C27（1.37）

地区 产业分类	河 南	湖 北	湖 南
资源原材料型	C06（3.17）C07（1.07） C10（1.32）	C08（2.73）C10（2.14）	C06（1.35）C09（4.28） C10（2.10）
低技术	C13（2.02）C14（2.37） C15（1.28）C16（1.29） C19（1.32）C22（2.05）	C13（1.27）C14（1.10） C15（1.18）C16（1.21） C17（1.23）C18（1.12） C23（1.10）	C13（1.13）C16（4.88） C20（1.36）C21（1.21） C22（1.55）C23（1.46）
中低技术	C29（1.13）C31（2.18） C33（2.35）	C31（1.19）C32（1.31） C34（1.04）	C25（1.71）C26（1.33） C31（1.58）C32（1.11） C33（3.58）
中高技术	C36（1.64）	C37（2.25）	
高技术	C27（1.06）	C27（1.44）	

资料来源：根据《中国工业经济统计年鉴》（2001）整理计算。

附表 15　2000 年西部地区专业化部门的技术类型

地 区 产业分类	内蒙古	广 西	四 川
资源原材料型	C06 (6.01) C08 (2.23) C09 (2.45) C10 (1.67)	C08 (2.64) C09 (23.8) C10 (1.48)	C06 (1.08) C09 (2.17) C10 (1.46)
低技术	C13 (1.66) C14 (2.35) C15 (1.78) C17 (1.85)	C13 (3.38) C14 (1.43) C16 (1.21) C20 (1.72) C22 (2.05)	C13 (1.27) C15 (4.09) C16 (1.62) C22 (1.08) C23 (1.19)
中低技术	C32 (3.95) C33 (2.61)	C31 (1.49) C33 (4.99) C35 (1.06) C37 (1.70)	C26 (1.08) C31 (1.38) C32 (1.58) C33 (1.09)
中高技术			
高技术		C27 (1.09)	C27 (1.07) C40 (1.40)

地 区 产业分类	重 庆	贵 州	云 南
资源原材料型	C06 (1.18)	C06 (2.38) C09 (1.33) C10 (5.92)	C08 (1.31) C09 (10.5) C10 (1.18)
低技术	C16 (1.88)	C15 (2.24) C16 (9.74) C23 (1.74)	C13 (1.13) C16 (19.8) C22 (1.07) C23 (3.20)
中低技术	C26 (1.18) C31 (1.27) C32 (1.04)	C26 (1.54) C29 (3.52) C31 (1.16) C32 (1.91) C33 (6.47)	C26 (1.16)
中高技术	C35 (1.22) C37 (5.63)	C35 (1.03) C37 (1.93)	C33 (5.45)
高技术	C27 (1.49) C41 (1.85)		

地 区 产业分类	青 海	新 疆	陕 西
资源原材料型	C07 (7.51) C09 (11.6) C10 (2.58)	C07 (9.52) C08 (1.68)	C06 (1.21) C07 (4.36) C09 (4.15)
低技术		C17 (1.08) C21 (1.16)	C15 (1.16) C16 (1.81) C23 (2.12)
中低技术	C32 (1.97) C33 (14.0)	C25 (3.09)	C25 (1.14)
中高技术			C36 (1.89)
高技术	C41 (1.29)		C27 (2.73) C40 (1.31)

续表

地　区 产业分类	甘　肃	宁　夏	西　藏
资源原材料型	C06（1.35）C09（6.52） C10（3.64）	C06（5.49）C07（2.62）	C08（61.7）C09（17.1） C10（16.2）
低技术	C15（1.05）	C19（1.82）C22（2.99）	C15（5.94）C20（8.15） C23（4.80）
中低技术	C25（2.78）C26（1.44） C30（1.39）C31（1.15） C32（1.23）C33（9.09）	C26（2.89）C33（5.70） C34（1.34）	C31（6.47）
中高技术		C35（1.58）	
高技术	C40（1.06）	C41（2.86）	

资料来源：根据《中国工业经济统计年鉴》（2001）整理计算。

附表16　2007年东部地区专业化部门的技术类型

地　区 产业分类	北　京	天　津	河　北
资源原材料型		C07（3.35）	C06（1.15）C07（1.06） C08（6.57）
低技术	C14（1.02）C15（10.8） C23（2.09）C42（1.17）		C13（1.04）C14（1.43） C19（1.52）
中低技术	C25（1.49）	C25（1.13）C32（1.96） C34（1.17）	C25（1.05）C31（1.16） C32（3.75）C34（1.01）
中高技术	C36（1.38）C37（1.72）	C37（1.50）	
高技术	C27（1.40）C40（3.00） C41（2.21）	C27（1.13）C40（1.97）	C27（1.12）

续表

地 区 产业分类	山 东	上 海	江 苏
资源原材料型	C06（1.15）C09（1.14） C10（1.70）		
低技术	C13（2.09）C14（1.53） C17（1.54）C20（1.41） C22（1.67）C42（1.30）	C16（1.31）C18（1.00） C21（1.44）C23（1.37） C24（1.38）	C17（1.70）C18（1.66） C20（1.16）C24（1.14）
中低技术	C25（1.02）C26（1.31） C29（2.23）C31（1.41）	C26（1.06）C30（1.00） C34（1.28）	C26（1.42）C28（2.31） C32（1.13）C34（1.29）
中高技术	C35（1.25）C36（1.29）	C35（1.80）C37（1.53） C39（1.15）	C35（1.33）C39（1.24）
高技术	C27（1.08）	C40（2.23）C41（1.28）	C40（1.54）C41（1.40）

地 区 产业分类	浙 江	广 东	
资源原材料型			
低技术	C17（2.51）C18（1.95） C19（2.42）C20（1.05） C21（1.76）C22（1.28） C23（1.25）C24（1.90） C42（1.99）	C18（1.34）C19（1.39） C21（2.03）C22（1.16） C23（1.80）C24（2.57） C42（1.82）	
中低技术	C28（4.18）C29（1.15） C30（1.91）C34（1.43）	C30（1.83）C34（1.68）	
中高技术	C35（1.58）C39（1.44）	C39（1.91）	
高技术	C41（1.30）	C40（2.50）C41（2.27）	

产业分类 \ 地区	福 建	海 南	
资源原材料型	C10（1.16）	C08（2.29）C09（2.30）	
低技术	C13（1.06）C14（1.44） C15（1.14）C16（1.10） C17（1.22）C18（2.98） C19（5.24）C20（1.79） C21（1.61）C22（1.49） C24（1.69）C42（3.16）	C13（1.56）C14（1.49） C15（1.65）C22（4.20）	
中低技术	C28（1.78）C29（1.80） C30（1.72）C31（1.72）	C25（7.88）C26（1.22）	
中高技术		C37（1.78）	
高技术	C40（1.30）	C27（2.05）	

资料来源：根据《中国工业经济统计年鉴》（2008）整理计算

附表 17　2007 年东北地区专业化部门的技术类型

产业分类 \ 地区	辽 宁	吉 林	黑龙江
资源原材料型	C07（1.18）C08（2.84） C10（1.10）	C07（2.30）C08（1.31） C10（1.31）	C06（1.93）C07（13.8）
低技术	C13（1.32）C20（1.09） C21（1.48）	C13（2.00）C14（1.01） C15（1.83）C20（2.72）	C13（1.81）C14（2.24） C15（1.34）C20（1.20）
中低技术	C25（2.80）C31（1.17） C32（1.55）C34（1.01）	C26（1.61）C28（1.15）	C25（3.37）
中高技术	C35（1.71）C36（1.41） C37（1.24）	C37（5.11）	C35（1.18）C36（1.14）
高技术		C27（2.56）	C27（1.55）

资料来源：根据《中国工业经济统计年鉴》（2008）整理计算。

附表 18 2007 年中部地区专业化部门的技术类型

地区 产业分类	山　西	安　徽	江　西
资源原材料型	C06 (12.6) C08 (2.56)	C06 (2.24) C08 (1.71) C10 (1.10)	C08 (1.97) C09 (3.77) C10 (2.25)
低技术		C13 (1.30) C14 (1.25) C15 (1.52) C16 (2.15) C20 (1.37) C23 (1.15)	C16 (1.20) C18 (1.12) C20 (1.72) C23 (1.34)
中低技术	C25 (2.97) C32 (2.75) C33 (1.26)	C29 (1.55) C30 (1.25) C31 (1.12) C32 (1.15) C33 (1.81)	C31 (1.57) C32 (1.10) C33 (4.68)
中高技术	C36 (1.30)	C37 (1.37) C39 (1.80)	
高技术			C27 (2.25)

地区 产业分类	河　南	湖　北	湖　南
资源原材料型	C06 (2.84) C09 (4.87) C10 (2.21)	C08 (1.51) C10 (2.74)	C06 (1.21) C09 (3.44) C10 (2.80)
低技术	C13 (1.92) C14 (2.08) C15 (1.53) C16 (1.03) C20 (1.24) C22 (1.75) C42 (1.21)	C13 (1.18) C15 (1.98) C16 (2.56) C17 (1.08) C23 (1.24)	C13 (1.42) C14 (1.70) C15 (1.01) C16 (4.61) C20 (2.16) C22 (1.49) C23 (1.36)
中低技术	C29 (1.37) C31 (2.42) C33 (1.99)	C25 (1.13) C31 (1.08) C32 (1.20)	C25 (1.15) C26 (1.18) C31 (1.37) C32 (1.21) C33 (2.34)
中高技术	C36 (1.56)	C37 (2.69)	C36 (1.96)
高技术	C27 (1.23)	C27 (1.55)	C27 (1.23)

资料来源：根据《中国工业经济统计年鉴》（2008）整理计算。

附表 19 2007 年西部地区专业化部门的技术类型

产业分类＼地区	内蒙古	广 西	四 川
资源原材料型	C06（6.09）C08（4.64）C09（5.79）C10（3.21）	C08（1.60）C09（3.30）C10（1.77）	C06（1.39）C07（1.32）C08（1.17）C09（1.25）C10（1.61）
低技术	C13（1.67）C14（4.79）C15（1.26）C17（1.02）C20（1.20）	C13（3.14）C15（1.70）C17（1.85）C20（2.81）C22（1.22）C23（1.21）	C13（1.88）C14（1.12）C15（4.58）C19（1.04）C21（1.26）C23（1.44）
中低技术	C32（1.75）C33（2.44）	C26（1.06）C31（1.35）C32（1.60）C33（1.92）	C26（1.13）C31（1.35）C32（1.16）
中高技术		C36（1.53）C37（1.88）	C35（1.32）C36（1.29）
高技术		C27（1.40）	C27（1.85）

产业分类＼地区	重 庆	贵 州	云 南
资源原材料型	C06（1.07）	C06（4.00）C09（1.02）C10（1.87）	C08（2.17）C09（5.81）C10（2.60）
低技术	C16（1.56）C23（1.19）	C15（4.08）C16（7.43）C23（1.01）C42（1.09）	C15（1.30）C16（19.7）C23（2.07）
中低技术	C31（1.14）C33（1.65）	C26（1.82）C29（2.83）C32（1.72）C33（2.43）	C26（1.33）C32（1.36）C33（5.48）
中高技术	C37（5.45）		
高技术	C27（1.51）C41（1.31）	C27（3.45）	C27（1.23）

产业分类＼地区	青 海	新 疆	陕 西
资源原材料型	C07（9.36）C09（20.1）C10（1.73）	C07（16.4）C08（2.09）C09（2.34）	C06（2.96）C07（7.95）C09（2.09）
低技术		C14（1.09）	C14（1.11）C15（1.78）C16（1.58）C23（1.07）
中低技术	C26（1.86）C32（1.49）C33（4.84）	C25（4.92）	C25（2.81）C33（1.27）
中高技术			C36（1.23）C37（1.59）
高技术	C27（1.06）		C27（1.73）

续表

产业分类 ＼ 地区	甘 肃	宁 夏	西 藏
资源原材料型	C06（1.06）C07（2.12） C08（1.01）C09（3.39）	C06（5.27）	C08（19.2）C09（34.5） C10（1.73）
低技术	C15（1.15）C16（1.52）	C14（1.87）C15（1.27） C17（1.27）C22（1.61）	C14（1.57）C15（10.6） C20（3.88）C23（3.76）
中低技术	C25（5.43）C32（1.49） C33（5.48）	C25（2.05）C26（1.79） C29（3.25）C31（1.12） C32（1.03）C33（3.80）	C31（5.61）
中高技术			
高技术		C27（1.11）	C27（9.73）

资料来源：根据《中国工业经济统计年鉴》（2008）整理计算。

参考文献

［1］安虎森．区域经济学通论．北京：经济科学出版社，2004．

［2］白重恩，杜颖娟，陶志刚，全月婷．地方保护主义及产业地区集中度的决定因素和变动趋势．经济研究，2004．

［3］薄文广．外部性与产业增长：来自中国省级面板数据的研究．中国工业经济，2007．

［4］保罗·克鲁格曼．地理和贸易．张兆杰，译，北京：北京大学出版社，2000．

［5］陈建军，黄洁．集聚视角下中国的产业、城市和区域：国内空间经济学最新进展综述．浙江大学学报：人文社会科学版，2008（38）．

［6］陈良文，杨开忠．集聚经济的六类模型：一个研究综述．经济科学，2006（6）．

［7］陈良文，杨开忠．我国区域经济差异变动的原因：一个要素流动和集聚经济的视角．当代经济科学，2007（29）．

［8］范剑勇．市场一体化、地区专业化与产业集聚趋势：兼谈对地区差距的影响．中国社会科学，2004（6）．

［9］范剑勇．长三角一体化、地区专业化与制造业空间转移．管理世界，2004（11）．

［10］贺灿飞，谢秀珍．中国制造业地理集中与省区专业化．地理学报，2006（2）．

［11］高峰，刘志彪．产业协同集聚：长三角经验及对京津唐产业发展战略的启示．河北学刊，2008（1）．

［12］葛赢．产业集聚和对外贸易．第四届经济学年会会议论文，2004．

［13］郭志仪，姚敏．我国工业的地区专业化程度．经济管理，2007

（15）.

[14] 何雄浪，李国平. 专业化产业集聚、空间成本与区域工业化. 经济学：季刊，2007（4）.

[15] 何奕，童牧. 产业转移与产业集聚的动态与路径选择——基于长三角第二、三类制造业的研究. 宏观经济研究，2008（7）.

[16] 胡兆量等. 经济地理学导论. 北京：商务印书馆，1987.

[17] 黄玖立，李坤望. 对外贸易、地方保护和中国的产业布局. 经济学：季刊，2006（3）.

[18] 黄雯，程大中. 我国六省市服务业的区位分布与地区专业化. 中国软科学，2006（11）.

[19] 金丽国. 区域主体与空间经济自组织. 上海：上海人民出版社，2007.

[20] 金煜，陈钊，陆铭. 中国的地区工业集聚：经济地理、新经济地理与经济政策. 经济研究，2005（4）.

[21] 李少惠，鲁诚至. 地区专业化形成机制研究. 生态经济，2006（2）.

[22] 梁琦. 分工、专业化与集聚. 管理科学学报，2006（6）.

[23] 梁琦. 分工、集聚与增长. 北京：商务印书馆，2009.

[24] 蒋娇蓉. 产业地理集中与地区经济差距. 生产力研究，2007（9）.

[25] 林理升，王晔倩. 运输成本、劳动力流动与制造业区域分布. 经济研究，2006（3）.

[26] 林秀丽. 中国省区工业产业专业化程度实证研究：1988～2002. 上海经济研究，2007（1）.

[27] 林秀丽. 地区专业化、产业集聚与省区工业产业发展. 经济评论，2007（6）.

[28] 刘斌. 产业集聚竞争优势的经济分析. 北京：中国发展出版社，2004.

[29] 刘勇. 区域经济发展与地区主导产业. 北京：商务印书馆，2006.

[30] 苗长青. 中国地区专业化与经济增长关系的实证研究：基于工业

两位数数据上的分析. 产业经济研究, 2007 (6).

[31] 萨乌什金. 经济地理学. 北京: 商务印书馆, 1987.

[32] 石涛, 鞠晓伟. 要素禀赋、市场份额对区域产业结构趋同的影响研究. 工业技术经济, 2008 (5).

[33] 藤田昌久, 雅克-弗朗科斯·蒂斯. 集聚经济学. 刘峰, 译. 成都: 西南财经大学出版社, 2004.

[34] 汪斌, 董赟. 从古典到新兴古典经济学的专业化分工理论与当代产业集群的演进. 学术月刊, 2005 (2).

[35] 王建廷. 区域经济发展动力与动力机制. 上海: 上海人民出版社, 2007.

[36] 王琳. 产业结构与经济增长动态关系的实证研究: 基于长江三角洲 16 城市的统计数据. 江淮论坛, 2008 (4).

[37] 魏后凯. 区域经济发展的新格局. 昆明: 云南人民出版社, 1995.

[38] 魏后凯. 中西部工业化与城市发展. 北京: 经济管理出版社, 2000.

[39] 魏后凯. 现代区域经济学. 北京: 经济管理出版社, 2006.

[40] 魏后凯. 中国产业集聚与集群发展战略. 北京: 经济管理出版社, 2008.

[41] 冼国明, 文东伟. FDI、地区专业化与产业集聚. 管理世界, 2006 (12).

[42] 谢燮, 杨开忠. 劳动力流动与区域经济差异: 新经济地理学透视. 北京: 新华出版社, 2005.

[43] 谢燮, 杨开忠. 新经济地理学模型的政策含义及其对中国的启示. 地理与地理信息科学, 2005 (3).

[44] 杨开忠. 中国区域发展研究. 北京: 海洋出版社, 1989.

[45] 杨小凯, 黄有光. 专业化与经济组织: 一种新兴古典微观经济学框架. 北京: 经济科学出版社, 1999.

[46] 张同升, 梁进社, 宋金平. 中国制造业省区间分布的集中与分散研究. 经济地理, 2005 (5).

[47] 踪家峰, 曹敏. 地区专业化与产业地理集中度的实证分析. 厦门

大学学报：哲学社会科学版，2006（5）.

［48］Acemoglu D. A Microfoundation for Social Increasing Returns in Human Capital Accumulation. Quarterly Journal of Economics, Vol. 111, No. 3, 1996.

［49］Acemoglu D, Zilibotti F. Information Accumulation in Development. Journal of Economic Growth, Vol. 4, 1999.

［50］Abdel – Rahman H. M. When do Cities Specialize in Production?. Regional Science and Urban Economics, Vol. 26, 1995.

［51］Akgüngör S, Falcioğlu, P. European Integration and Regional Specialization Patterns in Turkey's Manufacturing Industry. Dokuz Eylül University, Department of Economics, Discussion Paper Series, No. 05/01, 2005.

［52］Aiginger K, Böheim M, Gugler K, Peneder M, Pfaffermayr M. Specialisation and （geographic）concentration of European manufacturing. Enterprise DG Working Paper No. 1, Brussels, 1999.

［53］Aiginger K, Davies S W. Industrial Specialisation and Geographic Concetration: Two Sides of the Same Coin?. Not for The European Union. Journal of Applied Economics, Vol. VII, No. 2, 2004.

［54］Almeida R. Local Characteristics and Growth in Portuguese Regions, processed Universitat Pompeu Frabra, 2001.

［55］Amiti M, Specialisation Patterns in Europe. Centre for Economic Performance Discussion Paper No. 363, London School of Economics and Political Science, 1997.

［56］Amiti M. New Trade Theories and Industrial Location in the EU: A Survey of Evidence. Oxford Review of Economic Policy, Vol. 14, 1998.

［57］Amiti M. Specialisation Patterns in Europe. Weltwirtschaftliches, Vol. 135, 1999.

［58］Amiti M. Location of Vertically Linked Industries: Agglomeration Versus Comparative Advantage. European Economic Review, Vol. 49, 2005.

［59］Andersson F, Lane J I. Cities, Matching and the Productivity Gains of Agglomeration. Journal of Urban Economics, Vol. 61, 2007.

［60］Audretsch D B, Feldman M P. R&D Spillovers and the Geography of

Innovation and Production. American Economic Review, Vol. 86, 1996.

[61] Bai C, Du Y, Tao Z and Tong S Y. Local Protectionism and Regional Specialization: Evidence from China's Industries. Journal of International Economics, Vol. 63, 2004.

[62] Baldwin R E. Agglomeration and Endogenous. Capital. European Economic Review, Vol. 43, 1999.

[63] Baldwin R E, Forslid R. The Core – Periphery Model and Endogenous Growth: Stabilizing and Destabilizing Integration. Economica, New Series, Vol. 67, No. 267, 2000.

[64] Baldwin R E, Martin P. Agglomeration and Regional Growth. Handbook of Regional and Urban Economics Volume 4: Cities and Geography edited by J. Vernon Henderson and Jacques – Francois Thisse, chapter 60, 2004.

[65] Baldwin R E, Martin P and Ottaviano G. Global Income Divergence, Trade and Industrialization: The Geography of Growth Take – off. Journal of Economic Growth, Vol. 6, 5 – 37, 2001.

[66] Baldwin R E, Brown W M. Regional Manufacturing Employment Volatility in Canada: The Effects of Specialisation and Trade. Papers in Regional Science, Vol. 83, No. 3, 2004.

[67] Batisse C. Structure Industrielle et Croissance Locale en République Populaire de Chine. http: //region – developpement. univ – tln. fr/fr/pdf/R16/R16 _ Batisse. pdf, 2002.

[68] Beker G S, Murphy K M. The Division of Labor, Coordination Costs, and Knowledge. Quarterly Journal of Economics, Vol. 107, No. 4, 1992.

[69] Black D, Henderson V. A Theory of Urban Growth. Journal of Political Economy, Vol. 107, No. 2, 1999.

[70] Blair J P. Local Economic Development: Analysis and Practice. Sage, Thousand Oaks, California, 1995.

[71] Bottazzi L, Peri G. Innovation and Spillovers in Regions: Evidence from European Patent Data. European Economic Review, Vol. 47, 2003.

[72] Braunerhjelm P, Borgman B. Geographical Concentration, Entrepre-

neurship and Regional Growth: Evidence from Regional Data in Sweden, 1975 – 1999. Regional Studies, Vol. 38, Nol. 8, 2004.

[73] Brülhart M. Economic Geography, Industry Location and Trade: The Evidence. The World Economy, Vol. 21, 1998.

[74] Brülhart M. Growing Alike or Growing Apart? Industrial Specialization of EU Countries. C. Wyplosz (ed.) The Impact of EMU on Europe and the Developing Countries, Oxford University Press, 2001.

[75] Brülhart M, Torstensson J. Regional Integration, Scale Economies and Industry Location in the European Union. Revised Version of CEPR Discussion Paper, No. 1435, 1996.

[76] Chandra S. Regional Economic Size and The Growth – instability Frontier: Evidence from Europe. Journal of Regional Science, Vol. 43, 2003.

[77] Ciccone A, Hall R E. Productivity and the Density of Economic Activity. The American Economic Review, Vol. 86, No. 1, 1996.

[78] Cingano F Schivardi F. Identifying the Sources of Local Productivity Growth. Journal of the European Economic Association, Vol. 2, No. 4, 2004.

[79] Combes P P. Economic Structure and Local Growth: France, 1984 – 1993. Journal of Urban Economics, Vol. 47, 2000.

[80] Combes P P, Overman H. The spatial distribution of economic activities in the European Union. Draft edition of a chapter for the forthcoming Handbook of Urban and Regional Economics, Vol 4, Vernon Henderson and Jacques Thisse (eds.), 2003.

[81] Conroy M D. The Concept and Measurement of Regional Industrial Diversification. Southern Economic Journal, Vol. 41, 1975.

[82] Davis D R. Intra – Industry Trade: A Heckscher – Ohlin – Ricardo Approach. Journal of International Economics, Vol. 39, 1995.

[83] Davis D R. Critical Evidence on Comparative Advantage? North – North Trade in a Multilateral World. Journal of Political Economy, Vol. 105, No. 5, 1997.

[84] Davis D, Reeve T. Human Capital, Unemployment, and Relative Wa-

ges in a Global Economy. NBER Working Paper, No. 6133, 1997.

[85] Davis D. R. Weinstein D E. Economic Geography and Regional Production Structure: An Empirical Investigation. European Economic Review, Vol. 43, 1999.

[86] De Lucio J, Herce J, Goicolea A. The Effects of Externalities on Productivity Growth in Spanish Industry. Regional Science and Urban Economics, Vol. 32, 2002.

[87] Dissart J C. Regional Economic Diversity and Regional Economic Stability. International Regional Science Review, Vol. 26, 2003.

[88] Dowrick S. Innovation and Growth: Implications of the New Theory and Evidence. J. Fagerberg, L. Lundberg, P. Hansson and A. Melchior's Technology and international trade , Edward Elgar, Cheltenham, 1997.

[89] Duranton G, Puga P. Diversity and Specialization in Cities: Why, Where and When Does it Matter?. Urban Studies, Vol. 37, No. 3, 2000.

[90] Duranton G, Puga P. Nursery cities: Urban Diversity, Process Innovation, and the Life Cycle of Products. American Economic Review, Vol. 37, No. 3, 2001.

[91] Eaton J, Eckstein Z. Cities and Growth: Theory and Evidence from France and Japan. Regional Science and Urban Economics, Vol. 27, 1997.

[92] Ezcurra R, Gil C, Rapun M, Pascual P. Regional Productive Specialization and Inequality in the European Union. http://www.ersa.org, 2004.

[93] Ezcurra R, Gil C, Pascual P. Regional specialization in the European Union. Regional Studies, Vol. 40, 2006.

[94] Ellison G, Glaeser E L. The Geographic Concentration of Industry: Does Natural Advantage Explain Agglomeration?. The American Economic Review, Vol. 89, No. 2, 1999.

[95] Falcioğlu P, Akgüngör S. Regional Specialization and Industrial Concentration Patterns in Turkish Manufacturing Industry After Trade Liberation. European Planning Studies, Vol. 16, 2008.

[96] Feldman M P and Audretsch D B. Innovation in Cities: Science – based

Diversity, Specialization and Localized Competition. European Economic Review, Vol. 43, Nol. 2, 1999.

[97] Feser E. Tracing the Sources of Local External Economies. CES Working Paper, No. 04 – 13, 2004.

[98] Findlay R. Factor Proportions and Comparative Advantage in the Long Run. Journal of Political Economy, Vol. 78, No. 1, 1970.

[99] Forni M, Paba S. Knowledge Spillovers and the Growth of Local Industries. CEPR Discussion Paper, No. 2934, 2001.

[100] Forslid R, Wooton I. Comparative Advantage and the Location of Production. Review of International Economics, Vol. 11, No. 4, 2003.

[101] Frenken K, Van Oort F G, Verburg T. Boschma R. A. Variety and Regional Economic Growth in the Netherlands. Final report to the Ministry of Economic Affairs, 2004.

[102] Fritsch M, Slavtchev V. Industry Specialization, Diversity and the Efficiency of Regional Innovation Systems. Jena Economic Research Papers, No. 2007 – 2018, 2007.

[103] Fujita M, Thisse J F. Agglomeration and Growth with Migration and Knowledge Externalities. University Institute for Economic Research, Working Paper. http://www. core. ucl. ac. be/PolIntDes/papers/fujita. pdf, 2002.

[104] Funke M, Niebuhr A. Spatial R&D Spillovers and Economic Growth: Evidence from West Germany. HWWA, Discussion Paper No. 98, Hamburg, 2000.

[105] Gao T. Regional industrial growth: evidence from Chinese industries. Regional Science and Urban Economics, Vol. 34, 2004.

[106] Glaeser E, Kallal H, Sheinkman J, Schleifer A. Growth in Cities. Journal of Political Economy, Vol. 100, 1992.

[107] Golovanova S V. Evolution of Regional Specialization in Russia, 1997 – 2004. Working Paper of SU – HSE, 2008.

[108] Greunz L. Industrial Structure and Innovation – evidence from European Regions. Journal of Evolutionary Economics, Vol. 14, 2004.

[109] Grossman G, Helpman E. Innovation and Growth in the Global Econo-

my, MIT Press, 1991.

[110] Haaland J, Kind H, Midelfart – Knarvik K, Torstensson J. What Determines the Economic Geography of Europe? . Discussion Paper 19/98. Norwegian School of Economics and Business Administration, 1998.

[111] Hallet M. Regional Specialisation and Concentration in the EU. European Commission, Economic Papers, No. 141, 2000.

[112] Harrigan J. Scale Economies and the Volume of Trade. Review of Economics and Statistics, Vol. 76, Nol. 2, 1994.

[113] Harrigan J. Factor Endowments and the International Location of Production: Econometric Evidence for the OECD, 1970 – 1985. Journal of International Economics, Vol. 39, 1995.

[114] Harrigan J. Technology, Factor Supplies, and International Specialisation: Estimating the Neoclassical Model. American Economic Review, Vol. 87, Nol. 4, 1997.

[115] Harrigan J, Zakrajsek E. Factor Supplies and Specialisation in the World Economy. NBER Working Paper 7848, 2000.

[116] Helpman E, Krugman P. Market Structure and Foreign Trade: Increasing Returns, Imperfect Competition, and the International Economy, MIT Press, 1985.

[117] Helpman E, Razin A. A Theory of International Trade Under Uncertainty, Academic Press, 1978.

[118] Henderson V. The Sizes and Types of Cities. American Economic Review, Vol. 64, No. 4, 1974.

[119] Henderson V. Efficiency of Resource Usage and City Size. Journal of Urban Economics, Vol. 19, 1986.

[120] Henderson V, Kuncoro A, Turner M. Industrial Development in Cities. Journal of Political Economics, Vol. 103, No. 5, 1995.

[121] Henderson V. Externalities and Industrial Development. Journal of Urban Economics, Vol. 42, 1997.

[122] Henderson V. Marshall's scale economies. NBER Working Paper

7358, 1999.

[123] Hoover E, Giarratani F. An Introduction to Regional Economics, McGraw – Hill Companies, 3rd edition, 1984.

[124] Hu D P. Trade, Rural – urban Migration, and Regional Income Disparity in Developing Countries: a Spatial General Equilibrium Model Inspired by the Case of China. Regional Science and Urban Economics, Vol. 32, 2002.

[125] Iara A, Traistaru I. Integration, Regional Specialization and Growth Differentials in EU Acceding Countries: Evidence from Hungary. Center for European Integration Studies, University of Bonn, Germany. http://www – sre. wu – wien. ac. at/ersa/ersaconfs/ersa04/PDF/298. pdf, 2004.

[126] Imbs J, Wacziarg R. Stages of Diversification. American Economic Review, Vol. 93, No. 1, 2003.

[127] Jacobs J. The Economy of Cities, Random House, 1969.

[128] Kalemli – Ozcan S, Sørensen B E, Yosha O. Risk Sharing and Industrial Specialization: Regional and International Evidence. American Economic Review, Vol. 93, No. 3, 2003.

[129] Kim S. Expansion of Markets and the Geographic Distribution of Economic Activities: The Trends in U. S. Regional Manufacturing Structure, 1860 – 1987. Quarterly Journal of Economics, Vol. 110, No. 4, 1995.

[130] Kondo H. Multiple Growth and Urbanization Patterns in an Endogenous Growth Model with Spatial Agglomeration. Journal of Development Economics, Vol. 75, 2004.

[131] Krieger – Boden C. Globalization, Integration and Regional Specialization. Kiel Working Paper No. 1009, 2000.

[132] Krugman, Paul R. Scale Economies, Product Differentiation and the Pattern of Trade. American Economic Review, Vol. 70, 1980.

[133] Krugman P. The Narrow Moving Band, the Dutch Disease and the Competitive Consequences of Mrs Thatcher: Notes on Trade in the Presence of Scale Economies. Journal of Development Economics, Vol. 27, 1987.

[134] Krugman P. Geography and Trade, MIT Press, 1991.

［135］ Krugman P. Increasing Returns and Economic Geography. Journal of Political Economy Vol. 99, 1991.

［136］ Krugman P. What's New about the New Economic Geography. Oxford Review of Economic Policy, Vol. 14, No. 2, 1998.

［137］ Krugman P. Venables A. J. Integration and the Competitiveness of Peripheral Industry. C. Bliss and G. de Macedo (eds), Unity with Diversity in the European Community, Cambridge and London, Cambridge University Press/Centre for Economic Policy Research, 1990.

［138］ Krugman P, Venables A J. Globalization and the Inequality of Nations. Quarterly Journal of Economics, Vol. 110, No. 4, 1995.

［139］ Liang Z C, Xu L D. Regional Specialization and Dynamic Pattern of Comparative Advantage: Evidence from China's Industries 1988 - 2001. RURDS, Vol. 16, No. 3, 2004.

［140］ Lorentz A. Sectoral Specialization and Growth Rate, Differences among Integrated Economies. Laboratory of Economics and Management, Sant'Anna School of Advanced Studies, Working Paper Series, 2004.

［141］ Lucas R E. On the Mechanics of Economic Development. Journal of monetary economics, Vol. 22, 1988.

［142］ Maré D C, Timmins J. Geographic Concentration and Firm Productivity. Motu Working Paper 06 - 08, 2006.

［143］ Markusen J R, Venables A J. Foreign Direct Investment as a Catalyst for Industrial Development. European Economic Review, Vol. 43, 1999.

［144］ Martin P, Ottaviano G. Growing Locations: Industry Location in a Model of Endogenous Growth. European Economic Review, Vol. 43, 1999.

［145］ Martin P, Ottaviano G. Growth and Agglomeration. International Economic Review, Vol. 42, No. 4, 2001.

［146］ Maskell P, Malmberg A. Localised Learning and Industrial Competitiveness. Paper presented at the Regional Studies Association European conference on Gothenburg, 1995.

［147］ Michaels G. The Long - Term Consequences of Regional Specialization. CEP Discussion Paper, No. 766, 2006.

[148] Midelfart – Knarvik K H, Overman H G, Venables A. J. Comparative Advantage and Economic Geography: Estimating the Location of Production in the EU. CEPR Discussion Paper, No. 2618, 2000.

[149] Midelfart – Knarvik K, Overman H G, Venables A. J. The Location of European Industry. Economic Papers No. 142, European Commission, 2000.

[150] Mulligan G, Schmidt C. A Note on Localization and Specialization. Growth and Change, Vol. 36, No. 4, 2005.

[151] Nakamura R. Agglomeration Economies in Urban Manufacturing Industries: A Case of Japanese Cities. Journal of Urban Economics, Vol. 17, 1985.

[152] Oosterhaven J, Broersma L. Sector Structure and Cluster Economies: A Decomposition of Regional Labour Productivity. Regional Studies, Vol. 41, 2007.

[153] Ottaviano G, Puga D. Agglomeration in the Global Economy: a Survey of the New Economic Geography. http://cep. lse. ac. uk/pubs/download/dp0356. pdf, 1997.

[154] Paci R, Usai S. Externalities, Knowledge Spillovers and the Spatial Distribution of Innovation. GeoJournal, Vol. 49, 1999.

[155] Paci R, Usai S. Technological Enclaves and Industrial Districts: An Analysis of the Regional Distribution of Innovative Activity in Europe. Regional Studies, Vol. 34, 2000.

[156] Paci R, Usai S. The Role of Specialization and Diversity Externalities in the Agglomeration of Innovative Activities. Rivista Italiana Degli Economisti, Vol. 2, 2000.

[157] Paci R, Usai S. Externalities and Local Economic Growth in Manufacturing Industries. CRENOS Working Paper No. 01/13, 2002.

[158] Panne G, Beers C. On the Marshall – Jacobs controversy: It Takes Two to Tango. Industrial and Corporate Change, Vol. 15, 2006.

[159] Park S C. Specialization and Geographical Concentration in East Asia: Trend and Industry Characteristics. KIEP Working Paper 03 – 16. http://www. eaber. org/intranet/documents/22/355/KIEP_ Park_ 03. pdf, 2003.

［160］ Partridge M D, Rickman D S. Static and Dynamic Externalities, Industry Composition, and State Labor Productivity: A Panel Study of States. Southern Economic Journal, Vol. 66, No. 2, 1999.

［161］ Quah D, Rauch J E. Openness and the Rate of Economic Growth. Preliminary Draft, UCSD. 1990.

［162］ Redding S. Dynamic Comparative Advantage and the Welfare Effects of Trade. Oxford Economic Papers, Vol. 51, 1999.

［163］ Redding S. Specialization Dynamics. Journal of International Economics, Vol. 58, 2002.

［164］ Ricci L A. Economic Geography and Comparative Advantage: Agglomeration Versus Specialization. European Economic Review, Vol. 43, 1999.

［165］ Rivera - Batiz L A, Romer P. International Trade and Endogenous Technological Change. European Economic Review, Vol. 35, 1991.

［166］ Rivera - Batiz L A, Xie D. Integration among Unequals. Regional Science and Urban Economics, Vol. 23, 1993.

［167］ Rotemberg J, Saloner G. Competition and Human Capital Accumulation: A Theory of Interregional Specialization and Trade. Regional Science and Urban Economics, Vol. 30, 2000.

［168］ Saxenian A. Regional Advantage: Culture and Competition in Silicon Valley and Route128, Harvard University Press, 1994.

［169］ Schütz U V, Stierle M H. Regional Specialization and Sectoral Concentration: An Empirical Analysis for the Enlarged EU. http://www - sre. wu - wien. ac. at/ersa/ersaconfs/ersa03/cdrom/papers/317. pdf, 2003.

［170］ Siegel P B, Johnson T G. Alwang J. Regional Economic Diversity and Diversification. Growth and Change, Vol. 26, 1995.

［171］ Takatsuka H, Zeng D Z. Regional specialization via difference in transport costs. http://www. feweb. vu. nl/ersa2005/final_ papers/448. pdf, 2005.

［172］ Traistaru I, Iara A. European Integration, Regional Specialization and Location of Industrial Activity in Accession Countries: Data and Measurement. Center for European Integration Studies, PHARE ACE Project P98 - 1117 -

R, 2002.

[173] Traistaru I, Nijkamp P, Longhi S. Regional Specialization and Concentration of Industrial Activity in Accession Countries. ZEI Working Paper, No. B16, 2002.

[174] Traistaru I, Pauna C. Economic Integration, Regional Specialization and Location of Industrial Activity in Romania. ZEI, Phare ACE Project P98 – 1117 – R, 2002.

[175] Tohmo T, Littunen H, Tanninen H. Backward and Forward Linkages, Specialization and Concentration in Finnish Manufacturing in the Period 1995 – 1999. European Journal of Spatial Developmen, No. 19, 2006.

[176] Torstensson J. Country Size and Comparative Advantage: An Empirical Study. Discussion Paper 1554, CEPR, London, 1997.

[177] Van Soest D, Gerking S, Van Oort F. Knowledge Externalities, Agglomeration Economies, and Employment Growth in Dutch Cities. Center Discussion Paper No 2002 – 2041, 2002.

[178] Venables A J. Equilibrium Locations of Vertically Linked Lndustries. International Economic Review, Vol. 37, 1996.

[179] Venables A J. The International Division of Industries: Clustering and Comparative Advantage in a Multi – industry Model. Scandanavian Journal of Economics, Vol. 101, No. 4, 1999.

[180] Wagner J E, Deller S C. Measuring the Effects of Economic Diversity on Growth and Stability. Land Economics, Vol. 74, No. 4, 1998.

[181] Weinhold D, Rauch J E. Openness, Specialization and Productivity Growth in Less Developed Countries. Canadian Journal of Economics, Vol. 32, No. 4, 1999.

[182] Wheeler C H. Do Localization Economies Derive from Human Capital Externalities? . Federal Reserve Bank of st. louis, Working Paper 2005 – 015A. http: //research. stlouisfed. org/wp/2005/2005 – 015. pdf, 2005.

[183] Young A. Increasing Returns and Economic Progress. Economic Journal, Vol. 38, 1928.

［184］ Young A. Lessons From the East Asian NICs: A contrarian View. NBER Working Paper No. 4482, 1993.

［185］ Young A. The Razor's Edge: Distortions and Incremental Reform in the People's Republic of China. Quarterly Journal of Economics, CXV (4), 2000.

后 记

本书是在我的博士论文基础上整理完成的。回顾历时两年的写作过程，充满艰苦与欢欣。海量的文献、烦琐的数据不断挑战我的耐心；理论框架的构思和实证模型的琢磨常常挤占我的睡眠。有时，会因理智短缺而消沉懈怠；有时，也会因老师的点拨茅塞顿开而欢呼雀跃。

要感谢人的很多。

首先要特别感谢我的博士生导师魏后凯老师。当年，一个偶然的机会接触到魏老师的著作，我就被他严谨的学术风格深深吸引。区域经济学的博大精深，常让我感到自己的渺小。好在魏老师总能在繁忙的工作中抽出时间为我们答疑解惑，悉心指导论文写作和课题研究的每一个环节。不管是视角之广阔、才思之敏锐，还是学问之谨严、用功之精勤，魏老师都为学生们树立了良好的典范，必将永远激励我不断进行学术积累，向更高的层次迈进。记得魏老师常说，"做研究要耐得住寂寞"、要"戒骄戒躁"、要"坐得住"。寥寥数语，让我铭记在心，受用终生。

感谢中国社会科学院工业经济研究所对我的培养。研究所为我们创造了优越的学习环境，大量的国际和国内学术会议开阔了我的眼界，接触到了产业经济学理论前沿的思想碰撞；感谢工业经济研究所的老师对我在学期间的指导和帮助，陈耀、刘楷、石碧华、李晓华、孙承平等老师给了我很多教诲，谷玉珍和李维民等老师在日常学习和收集资料方面给了我很多帮助，张其仔等老师在前沿综述时为我的博士论文思路提供了许多宝贵的建议。老师对我的教诲和帮助，都将鞭策我前进。

感谢我的硕士生导师陈雯教授，在硕士研读期间，她给了我很多参与课题的机会，指导我写成了第一篇比较规范的学术论文，培养了我对学术研究的浓厚兴趣，引导我走向更高一级的学术殿堂。在我攻读博士期间，她也时常关注我的学习情况。

感谢我的学友们，是你们诚挚的友谊，让我的学习生活丰富多彩，繁重的学习任务不再枯燥乏味。

感谢国务院发展研究中心的李善同研究员和北京大学的贺灿飞教授在论文评审过程中提出的宝贵建议，对论文的完善有很大帮助。

感谢我的至亲。以我贪玩的个性，若不是父亲长期以来的严格家教，也没有我的今天。父亲往日的叮咛和提醒，培养了我观察细致、善于思考的做事风格。在我遇到困难的时候，总能从母亲那里得到支持，获得克服困难的勇气和动力。双亲退休以后，更是为我付出颇多，为了支持我的学业，母亲曾一度远赴福建打工。还有一手把我拉扯大的祖母，自高中毕业，我就离家在外求学，少有时间陪伴她，未能尽多少孝道。2008 年底，她罹患癌症，为了不影响我的毕业论文写作，在忍受病痛和化疗折磨的同时，她还总是乐观地安慰和鼓励我。我唯有踏踏实实地做人，一丝不苟地做研究来报答他们。

感谢我的爱人刘小涛博士。在论文写作期间，他主动承担起一部分家务，牺牲了工作和休息的时间。若不是他在精神上的支持、生活上的体贴和照顾，设身处地为我着想，不吝言辞地督促我，我的论文写作过程可能会面临更多波折。

感谢我的公公、婆婆和哥哥、嫂嫂。他们十分关心我的学业和工作，经常嘘寒问暖，让我这个时常需要长辈提醒的年轻人惭愧不已。

还要感谢我的工作单位上海社会科学院部门经济研究所的支持，所里提供了宽松的工作环境和温馨的学术氛围，使我能静下心来，完成论文的写作。

本书的出版意味着我将面对学术界专家的检验，希望能够得到更多的建议，帮助本书进一步完善。我也准备好了迎接批评的勇气和破除困难的决心。未来我会在这一领域继续努力，扩展研究的深度和广度，以自己的绵薄之力争取做出一点贡献。

蒋媛媛

2012 年 3 月 3 日于上海嘉定